D1577892

Cartas de amor y rebeldía

Cartas de amor y rebeldía

Lydia Cacho

DEBATE

Cartas de amor y rebeldía

Primera edición: abril, 2022

penguinlibros.com

Las imágenes de interiores pertenecen al archivo personal de Lydia Cacho
Diseño de interiores: Amalia Ángeles

ISBN: 978-607-381-321-1

Impreso en México – *Printed in Mexico*

A Myriam,
tu sabiduría y amor incondicional
me han salvado
en las noches más oscuras de mi vida

"La verdad
tiene secretos
para introducirse
en un alma
que ya no
se atrinchera
contra ella."

MARGUERITE YOURCENAR,
Opus nigrum

"La escritura
funciona como
una lucha
contra el caos."

**VIRGINIE
DESPENTES**

Preámbulo

Desde el exilio escribo este libro que inesperadamente se puso frente a mis manos vacías y temblorosas, negadas a escribir una palabra más sobre lo injusto, porque la muerte nuevamente me pisó los talones y mis piernas cansadas querían detener el paso, darse por vencidas, entregarse al vacío, a la pérdida, al agotamiento y a la soledad.

El 23 de julio de 2019 unos sicarios entraron en mi hogar, mataron a mis perras, fieles compañeras de mis días, mientras la fortuna quiso que mi viaje encontrara obstáculos para no llegar a tiempo a lo que parecía el último enfrentamiento con la muerte. Hui de México cuando dos expertos de la Interpol y la Administración de Control de Drogas (DEA, por sus siglas en inglés) me aseguraron que ésta sí era, efectivamente, la última llamada de los poderosos líderes de las mafias de tratantes de niñas, pues su emporio se resquebrajó en abril de ese mismo año con mis últimas declaraciones y más tarde con la alerta roja de la Interpol que los convirtió en prófugos de la justicia internacional.

Antes de sentarme a escribir este libro pasé por un angustioso periplo por Nueva York, California y España. Había pagado una gran cantidad de dinero a un abogado de migración estadounidense para que me consiguiera una visa de trabajo, que fue preaprobada, y dos semanas después Trump ordenó la cancelación de nuevas visas de trabajo para periodistas y escritoras mexicanas. Pasé en silencio incesantes noches de angustia, llantos nocturnos bebidos en soledad en las habitaciones de diez viviendas diferentes. Mientras tanto, sonreía débilmente ante mis amistades y familiares para evitar angustiarlos más. Durante las noches me observaba rumiar la ansiedad alejando ráfagas de pensamientos suicidas frente al espejo, diciéndome cada día: "Lydia, también esto habrá de pasar".

Una mañana, luego de comprar verduras en el mercado en Madrid, me desvié para entregarle algo de comer a una joven sin hogar que vivía escondida en un portal al lado del piso que arrendaba; ella me confesó que no quería ni refugio ni hogar, la heroína le arrebató la voluntad de añorar. Al volver a casa me consolé pensando absurdamente en el privilegio de no estar en una situación tan precaria, sólo para descubrirme más tarde frente a un listado de gastos del exilio, viendo que mis ahorros empequeñecían rápidamente ante una vida en fuga.

Conforme pasaban los meses aumentaba mi angustia por la búsqueda de un estatus legal que me permitiera permanecer en algún país que me acogiera, sin la amenaza de que ese refugio temporal terminara pronto y me forzara a volver —en medio de una crisis pandémica— a manos de los sicarios y de un gobierno mexicano que avala la impunidad. Mientras trabajaba de sol a sol para mantener dos vidas suspendidas, en un país europeo con mi economía de reportera mexicana, mis amistades del alma me cobijaron haciendo un poco más llevadero el periplo.

Un médico argentino en Madrid, luego de revisarme y advertir el alto costo que el estrés postraumático cobraba en mi salud, me dijo que estoy sufriendo el "síndrome de la exiliada": tengo el corazón partido por la mitad, un fragmento en México y otro aquí, en España. Debía buscar la forma de traer esa otra mitad conmigo, porque hay vacíos que paralizan, que pulverizan la esperanza y nos acercan a la muerte emocional y biológica.

Había algo que necesitaba para sentirme más cerca de ese metafórico corazón: las cartas que durante toda una vida me escribió mi madre, las que me escribieron amistades y familiares, las que yo escribí y con los años fui recuperando porque la gente había pensado tirarlas y prefirió preguntar si me interesaban. Y mis diarios, desde ese primer cuaderno que mi madre me obsequió a los doce años para que documentara historias, hasta el de mis viajes de investigación de 2018. Fue entonces que llegaron poco a poco en manos de amistades que, pandemia de por medio, pudieron viajar entre México y España, ayudándome paulatinamente a repatriar mi pasado.

Comencé a releer las cartas y los diarios, tapicé una pared con fotografías de instantes simbólicos, viajes y momentos clave de mi carrera periodística. Inicié entonces la aventura de un éxodo en el que rescaté a la niña que a los doce años habló por vez primera sobre la muerte y el suicidio, la que huyó de casa y aprendió a amar mirando a sus abuelos caminar por un puente tomados de la mano. Al transcribir las cartas y fragmentos de los diarios, fui acercando la vida de la que soy en 2022 a la de la joven que soñaba con una vida de aventuras.

Sin intentarlo siquiera, arrastré mi pasado hacia un pequeño estudio en un antiguo barrio madrileño —como quien trae un animal herido a casa— y escribiendo en mi computadora portátil fui sanando, hasta que un buen día descubrí que revivía. Estaba escribiendo la biografía de una vida inacabada y, mientras lo hacía, recogía retales de mi corazón regados por el mundo.

Durante treinta y seis años personas de mi entorno y quienes leen mis obras han preguntado cómo llegué hasta aquí, qué secreto subyace detrás de una mujer que a los veintidós años decidió lanzarse a la aventura de la defensa de los derechos humanos y la libertad de expresión bajo la consigna de que se debe vivir desde la congruencia y, de ser necesario, pagar las consecuencias de semejante atrevimiento. Cualquier respuesta ha sido siempre una fácil huida para no profundizar en toda una vida de asombro y rabia, de inseguridad y fortaleza interna, de búsqueda, miedo, pasión y desconocimiento, habitada desde niña por una ansiedad vital que intenta comprender lo que a simple vista parece inescrutable.

El origen de la valentía de cualquier ser humano es inverificable, se sustenta en semillas de dolor, de amor, de inconformismo frente a la realidad a veces insoportable; simiente del pasado que retumba en una memoria colectiva que nos llama, aunque intentemos ignorarla. Es inspiración originada por la vida ejemplar de las personas a quienes admiramos en la juventud, es también el rescate de documentos que nos recuerdan cómo era esa vida, a qué olía la ciudad, el sabor de los guisos de la niñez, los miedos y las alegrías, crecer a destiempo, contar mientras se vive creyendo que se exorciza el presente sin comprender que se escribe para el futuro.

Me he negado a hablar del imaginario secreto de mi fuerza, porque no creo que exista. Los misterios no me pertenecen, ni siquiera la vida es mía, la única certeza que me habita desde la niñez es la del vacío y la muerte, tenerla de cerca, entender su presencia absoluta en nuestra vida. No hay nada desconocido en la muerte, todo lo ignoto e incomprensible se halla en el lado de la vida, en lo absurda e injusta que resulta para millones de personas, en la inmoral desigualdad que nos divide en castas, géneros y clases, en los azotes que enfrentamos al intentar develar un rumbo diferente que favorezca un sentido de humanidad más profundo. Intentamos desesperadamente erradicar las excusas y argumentos que sostienen la violencia como norma que regula nuestra vida en lo público y lo privado.

He dicho incontables veces que lo mío no son el martirologio ni la bonhomía. Lo que me ha movido para dedicar mi vida a escribir, a convertirme en reportera de guerra en el mundo que atestigua la batalla contra las vidas y cuerpos de mujeres y niñas, enfrentar mafiosos y feminicidas, torturadores y corruptores, asesinos y criminales de cuello blanco, es en realidad el simple y claro sentido de justicia, el haber descubierto en la niñez que nadie debería preguntar si merece la vida que le ha tocado vivir o si alguien merecía una muerte violenta a manos de un tercero.

Este libro no tiene grandes pretensiones, son los fragmentos históricos de una vida bien vivida, los secretos de una chica rebelde, los amores de una feminista, sus discusiones, pérdidas, confesiones, serendipias y revelaciones. Es la historia de cómo llegó de vuelta a mis manos el otro pedazo de mi corazón para no morir de hastío.

Cuando mi madre me entregó la primera libreta en 1975 y me dijo "escribe lo que sientes", sin saberlo iniciaba un viaje que ella quiso recorrer también, pues soñaba con ser escritora. Sus cartas aquí publicadas son un homenaje a ella, que ya muerta publica un retazo de su palabra que inexorablemente va atada a la mía.

Colonia Mixcoac, Ciudad de México,
12 de abril de 1975

Hoy cumplí doce años y mi tío Manuel Ribeiro dijo que tengo que apuntar en mi diario este día especial porque es un año mágico. Dice que en enero cambió la historia de mi país porque en la Constitución (que es un libro donde apuntan las leyes para que la gente obedezca, hagan cosas buenas y no se maten todos) pusieron que el varón y la mujer son iguales ante la ley. A los hombres les dicen varones.

Esto no nos lo enseñaron en la escuela, por eso mi tío me lo platica, porque él quiere que yo aprenda muchas cosas importantes de la vida.

Antes de esto, cuando yo nací, los grandes creían que los hombres eran más importantes que las mujeres y las podían mandar en todo. Dice mi tío Manolo que ya no van a poder hacer como si fuéramos menos y que cuando yo sea grande voy a poder hacer todo lo que quiera igual que un niño puede hacer todo lo que quiere.

Mi tío Manolo es el más bueno del mundo, yo lo amo. Es el hombre más inteligente y guapo, toca la guitarra y canta, él tiene unos ojos buenos. Cuando me abraza yo siento que soy una niña fuerte y feliz.

Mi cumpleaños más importante es éste, porque es el año de las mujeres, y aunque yo soy una niña algún día me van a decir mujer y voy a leer todo lo que escribo en mis diarios.

Mi mamá me hizo una carlota de chocolate, que es mi pastel favorito, y dice que las mujeres siempre han sido iguales a los hombres, que lo que pasó es que hace mucho tiempo inventaron mentiras para que creyeran que podían tenernos como en el cuento de *La bella y la bestia* o el de *Rapunzel*, en los que las encierran para que no piensen por sí mismas.

Vinieron mis amigos del colegio: Carlos, Gabriela, Víctor, Beatriz y Mireya, les platiqué lo que me dijo mi tío Manolo sobre el año mágico y a todos les pareció muy interesante porque tampoco sabían que los adultos eran tan tontos que pensaban que los niños son superiores a las niñas. Mis papás me regalaron el juego de acuarelas y el caballete que pedí para mis clases de pintura de la Casa del Lago de Bellas Artes. Mis abuelitos me regalaron unas zapatillas de ballet. Mi tía Lucero me trajo una muñeca y no me atreví a decirle que odio a las muñecas y a las princesas; ya se lo he dicho muchas veces, pero dice mi papá que a ella le gusta tomarse sus copitas y se le olvida todo.

Lydia Cacho Ribeiro

Ciudad de México, 1976

Mi prima me invitó a dormir a su casa en la colonia Nápoles, estuvimos patinando en su calle porque la casa que compró mi tío Alejandro es muy elegante y no nos dejan jugar adentro. La casa tiene unas escaleras muy grandes que son lo que se llama escaleras de caracol, como de una película. Tengo mucho miedo de escribir.

Mi primo Alejandro, que tiene trece años como yo, no es muy buena persona.

Yo estaba en la cama junto a la de mi prima y ya que estaba apagada la luz, de repente sentí que alguien se metía en mi cama y salté, me puso la mano en la boca y me dijo que no hiciera ruido, que era mi primo. Se empezó a apretar contra mí y quería meterme la mano adentro del pantalón de pijama. Yo le dije que no y como no me hacía caso me volteé y con todas mis fuerzas le pellizqué el pene, él gritó y mi prima prendió la luz. Alejandro me pegó en la cabeza, chillaba diciéndome groserías, a mí no me dolió que me pegara porque estaba muy enojada. Mi prima me preguntó y yo le dije la verdad, que su hermano se metió a mi cama y quería tocar mis genitales. Ella se quedó callada como asustada, por eso yo creo que se lo hace también.

Estábamos haciendo ruido y entró mi tía, mi primo empezó a llorar y dijo que yo lo había lastimado en su *pito*, mi tía me preguntó que yo por qué jugaba a las cochinadas. Le dije que yo no tengo la culpa y que no son cochinadas ni estábamos jugando, que nadie tiene derecho a tocar mi cuerpo, que mi primo tenía el pene duro y me quería tocar. Yo empecé a llorar y dije que quería irme con mi mamá. Mi tía dijo que ya, que no había pasado nada y que no le dijéramos a nadie, que era cosa de niños. Ya se fueron a dormir otra vez y yo no quise apagar la luz. Cuando mi prima se durmió yo me salí callada y me bajé para hablarle por teléfono a mi mamá. Ella vino por mí muy rápido, mi papá estaba de viaje. Cuando yo abrí la puerta mi tía salió de arriba y preguntó qué pasaba y yo corrí abrazar a mi mamá. Mamá les dijo que después hablaban, que era muy tarde; eran como las tres de la mañana y nos fuimos a mi casa en Donatello.

Yo le conté todo a mi mamá. Ella me dijo que yo había sido muy valiente, que es una buena idea pellizcar el pene y los testículos cuando un niño te quiere tocar y tú no quieres. Yo le pregunté por qué mi tía le dice *pito* en lugar de usar las palabras correctas y mamá dijo que era porque a la gente no le gusta hablar correctamente, que inventan palabras para que no se hable de sexo, que cuando lo ocultan vienen los problemas. Yo no entiendo por qué no quieren hablar de sexo, pero quieren hacerlo. Le dije a mi mamá que ya no quiero ir a esa casa y si podría dormir con la luz prendida; como mi papá está de viaje me dejó dormir con ella abrazada. Yo seguía llorando porque fue muy feo que mi primo que me caía muy bien quisiera atacarme así. Yo no sé si le hace eso a mi prima y mamá me dijo que yo no me meta, que ella lo va a hablar con mi tía y con mi prima. Yo le dije que quiero mucho a mi tía, que ella me había echado la culpa y por eso ya no la quiero tanto. Mamá dice que tengo derecho a no sentir amor por alguien que me acusa en falso. Mi mamá me abrazó y nos dormimos con la lámpara prendida. Es la mejor mamá del mundo, ojalá todas las mamás abracen así a sus hijas y les enseñen cosas para que se defiendan de los niños, aunque sean sus primos.

Estoy en mi litera escribiendo en mi diario, tengo que llorar porque dice mamá que es bueno desahogarse, yo siento que me ahogo.

Hoy en la mañana mi hermana Sonia me preguntó qué pasó y le dije todo, ella dice que hay niños malos y que hice muy bien en defenderme, que ya no vamos a jugar con Alejandro nunca más. Sonia también piensa que qué horrible tener un hermano así. Mis hermanos son muy buenos, ellos no hacen daño, saben que no deben maltratar a nadie, ni a las niñas ni a los niños tampoco, porque dice mi papá que la violencia es cosa de personas poco inteligentes.

Yo voy a platicarles a mis amigas de la escuela por si un día les pasa eso que sepan que sí funciona pellizcar muy fuerte con toda la mano.

Es muy triste que ya no quiero a mi primo, pero así es esta vida.

Lydia

15 de octubre de 1977

Fue el cumpleaños de mi hermanita Myriam (la Goyis). Le hicieron una piñata, ella estuvo feliz como siempre porque es una niña que está contenta todo el tiempo; nació con un carácter bondadoso, todos la queremos mucho. Le regalaron una jaula con unos pajaritos, ella dice que los va a cuidar mucho; mi hermano José tiene una pecera con dos culebras en su cuarto y Alfredo tenía un hámster. A mí no me gustan los pajaritos encerrados, me dan mucha tristeza.

La gente festeja los cumpleaños como si fueran todos iguales, yo creo que hay gente a la que se le nota que le gusta mucho estar viva, como a Goyis, pero no todas pensamos igual. A Carlos no le gustaban los cumpleaños, a mí a veces me gustan, otras veces me pregunto si vale la pena soportar a la humanidad y toda la crueldad que hay en nuestro alrededor, lo que sale en las noticias que ven mis papás, de las personas que soportan la pobreza y la humillación, de los políticos que dicen mentiras, de las personas que desaparecieron desde que yo era niña en 1968 y que la gente ande por la calle como si no hubiera peligros; en verdad no lo entiendo.

El otro día nos avisaron en el salón de clases que la policía estaba en la puerta de la escuela y que a la salida teníamos que formarnos para que nos revisaran las mochilas. Yo tengo un morral hippie y Ester me dijo que ya no lo traiga porque cuando los policías te ven con morral y a las niñas con pantalones de mezclilla piensan que traen mariguana. A mí me dio mucho coraje. La maestra Trueta nos dijo que tenemos derecho a no dejarnos esculcar por los policías, pero Regino Díaz Redondo, que es hijo de un periodista, dijo que mejor ni hablemos porque a esos policías los dirige un tipo que le llaman el Negro Durazo y que es un jefe de la policía que manda matar a la gente o mete a la cárcel a los jóvenes que parecen drogadictos. No entiendo por qué esta represión.

Me revisaron y cuando el policía quería revisar mis pantalones y tocarme las nalgas le dije que no tenía derecho a tocarme el cuerpo; me estaban sudando las manos y quería llorar, pero me aguanté y comencé a levantar la voz. El prefecto, que estaba en la puerta, me ayudó y le dijo al policía que somos niñas, que no nos deben tocar. Me fui corriendo a mi casa y le conté a mi mamá. Me dijo que no vaya de falda y que no cambie mi ropa por miedo a los policías.

El otro día se llevaron a unos chavos del Madrid que estaban fumando cigarros afuera del Williams, sólo porque traían el pelo largo. Ese Negro Durazo es un hipócrita, dice mi papá que es mala persona, que no es de confiar. No entiendo por qué nos persiguen, que dizque porque somos del Colegio Madrid somos drogadictos y rebeldes. Yo sí soy rebelde pero no soy drogadicta.

Mi papá todos los días se despierta a las 5:30 de la mañana y prende el radio para oír las noticias mientras hace sus ejercicios de calistenia y gimnasia de Charles Atlas. Yo oigo todo lo que dicen en el radio y me pone nerviosa porque parece que la gente sólo quiere hacerse el mal. A veces para reírse oye a unos cómicos que se llama *Tres patines* y *La tremenda corte*. Allí están siempre en un juicio, dicen que hubo un galleguicidio, un sobrinicidio y así; todos hablan de que mataron a una persona, aunque todo al final es un malentendido y los adultos se ríen mucho de esos cubanos. Yo de allí aprendí a decir perricidio cuando alguien atropella a un perrito.

Veo a Myriam y pienso que ella sí va a ser muy feliz porque no vive angustiada. Me gustaría ser como ella y no tener esto que mi mamá dice que son crisis existenciales. Quisiera saber por qué mi cerebro funciona así, todo el tiempo se está preguntando el porqué de las cosas. Mamá dice que tengo que tomar cartas en el asunto y decidir qué voy a hacer con estas preguntas. No sé cómo tomar cartas en el asunto, ni qué significa eso, mi ma es muy rollera.

Yo tengo catorce años, hay días en que siento que entiendo la vida y otros en que pienso que la humanidad está perdida. El otro día la maestra Trueta, que es española y se tuvo que venir de España huyendo de la guerra porque es republicana, nos dijo que un filósofo decía "pienso, luego existo"; a mí me pasa al revés, yo cuando pienso no me veo, más bien cuando siento emociones me acuerdo de que estoy viva y me entra una gran angustia de no hacer nada que valga la pena.

Mi mamá me presiona mucho. Es muy duro vivir... a lo mejor por eso festejamos los cumpleaños, no para celebrar que hemos nacido sino para festejar que seguimos intentando vivir, no lo sé.

Lydia

1977

Lydia:

No sé si vale la pena vivir, es tan difícil levantarse. Siento odio, desprecio a todo, lo único que me anima es pensar en encontrar alguna forma de morir. Tú dices que también te sientes igual, pero no sé si de verdad piensas que no tenías por qué haber nacido, como yo pienso. Que la vida es una porquería, vámonos. Yo ya no quiero estar aquí, nadie me entiende, estoy harto de explicar lo que no quiero decirle a los adultos, que este mundo al que nos trajeron es asqueroso, que ya no quiero que me traten como me tratan, odio los gritos y los golpes. Ya estoy decidido; dime si vienes conmigo, Lydia.

Carlos

1977

Carlos:

Hoy la directora nos juntó a todo el salón en el campo de deportes. Nos dijo que te suicidaste. Ya no puedo escribirte una nota como siempre porque ya no vas a leerla. Escribo en mi diario donde dibujaste un perrito como el que queríamos comprar. No puedo llorar. No me salen las lágrimas y no sé por qué, quiero llorar y no puedo, estoy enojada contigo, pero no quiero sentir esto. Dice Gaby que te encerraste en tu cuarto y pusiste telas en las puertas y las ventanas y pusiste bombas de insecticida, ¿te ahogaste? Nadie quiere explicarme cómo te mueres con Flit. Espero que te hayas quedado dormido y te murieras sin darte cuenta. No puedo llorar. No sabemos si tus papás van a hacer velorio, nunca he ido a uno y dice mamá que ella me acompaña. Me siento culpable, amigo; yo sé que estamos deprimidos, pero nunca pensé que ibas a hacerlo. No puedo llorar, no quiero decirle nada a nadie. Desde que entramos en secu empezaste a decirnos que te querías morir, ¿te acuerdas cómo nos divertimos en el viaje a Oaxtepec? Allí dijiste que le ibas a pedir a Ana que fuera tu novia y ya no estabas triste. Te ves contento en la foto. Tu mamá pensaba que le decías del suicidio para hacerte el interesante. Dice mi mamá que tus papás están deshechos. Yo no puedo llorar. Ya te fuiste a otro mundo, tú ya sabes lo que es la muerte y yo me quedo aquí extrañándote. No puedo llorar, ya no quiero morirme. Todo está gris a mi alrededor y te moriste de verdad.

Lydia

Ciudad de México,
febrero de 1978

Me salí de la casa a las nueve de la mañana. Guardé ropa en una maleta de mi papá. Marisela vino por mí y nos vimos en la puerta de mi edificio en Donatello 25. Ya estoy harta de mi casa, nadie me entiende, me tratan como niña y ya tengo quince años, es insoportable.

Caminamos hasta la esquina de la papelería y me saludó la señora, a lo mejor ella le va a decir a mi mamá que me escapé con Marisela; ni modo, no lo pensamos antes.

Nos paramos en el parque de las palomas, afuera de la Iglesia de Santo Domingo, donde está el señor gigante que mide más de dos metros, y le compré unas gorditas de maíz a la indígena que está sentada en el suelo con su rebozo que le tapa toda la cabeza. Marisela ya se quería ir porque no le gustan las gorditas.

Nos vinimos a su casa y su mamá preguntó si yo soy la que se fue de su casa, le dije que sí y me dijo que puedo vivir en el cuarto con Marisela; es una señora muy rara. No tienen papá, las hermanas de Marisela son mucho más grandes y no se parecen a ella. No me gustan.

Ya es de noche y me duele la panza, mi mamá diría que es porque me siento culpable de haberme escapado de casa. Comimos una sopa horrible; esta familia es rara: no se sientan todas a comer, sólo te sirves un plato en la cocina y cada quien come donde quiere. Marisela está viendo la tele, no me gustan las novelas.

Las hermanas de Marisela salieron todas pintadas y con minifaldas y tacones y la mamá les empezó a decir que fueran a la Zona Rosa, que es a donde yo he ido con mis abuelitos cuando vienen sus amigos de Portugal a México. No sé para qué van así vestidas a un lugar donde van los turistas. La mamá me ve que me le quedé viendo a una que parece que tiene una peluca y me pregunta si me quiero ver como ella. Le dije que no me gusta el maquillaje y se burló de mí.

Mi mamá habló a las diez de la noche; yo no le quise contestar y la mamá de Marisela habló con ella. Cuando colgó me dijo que ella no quiere problemas, que me regrese a mi casa. Yo dije que es de noche y me da miedo porque en la colonia Mixcoac hay *robachicos* y ya está oscuro. Me dijo que no es su problema. Yo no entiendo qué tipo de mamá es ésa. Ellas viven aquí por el cine Manacar y sí está lejos de mi casa. Me da miedo.

Para qué me salí de mi casa a esta casa. Pienso que me voy a ir caminando a la Casa de la Cultura de Mixcoac; don Pablo el velador es buena persona y a lo mejor me deja dormir adentro. Me da miedo irme caminando en la calle. La mamá de Marisela me dice que si me voy me van a robar y mis papás nunca van a saber de mí, que eso pasa cuando te escapas de tu casa. Dijo que me puedo quedar a vivir aquí y ella me pone a trabajar, pero tengo que llamar a mi mamá para decirle que ya me salí de su casa para que no le echen la culpa a ella.

Ya le llamé a mi mamá a las once de la noche. Va a venir por mí. Mi papá está de viaje. Ya no quiero estar en esta casa, me da miedo la señora.

Son las dos de la mañana, nunca me había quedado despierta hasta las dos. Mi mamá no se enojó, sólo me abrazó y me dijo que debo reflexionar sobre lo que hice. Aunque no me entienda es buena persona, no como la mamá de Marisela.

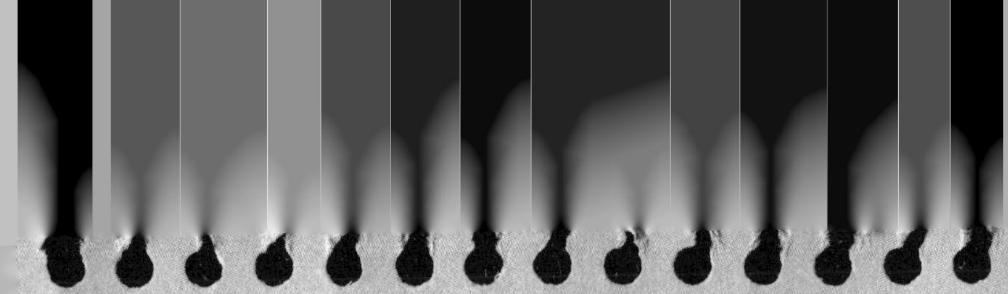

Ciudad de México,
febrero de 1978

Mi mamá me castigó por escaparme de la casa. No puedo salir a patinar ni bajar a jugar futbol con Víctor.

Marisela no me habló, creo que mi mamá tiene razón y no es muy buena amiga. No me atrevo a decirle a mi mamá lo de las hermanas y de la mamá que me dijo que si quiero trabajar, ¿en qué voy a trabajar? No entiendo. Le dije todo a mi hermanita Myriam y dice que deben ser malas personas si querían que le dijera mentiras a mi mamá, pero Myriam aún es una niña de once años y no entiende muchas cosas.

No sé quién soy
ni lo que quiero ser
algo me come el corazón
quién podrá entender este dolor
tormento sin nombre, sinrazón
que nada tiene que ver con el amor.
El mundo afuera es cruel
ser niña es un reto incomprensible
estar sola, sentirse invisible
frente a la noche oscura y no poder volver.
No somos libres para ser y hacer
ser niña es peligroso
rebelarse contra lo injusto
es doloroso.

Ciudad de México,
12 de abril de 1978

Hoy cumplo quince años. Mi mamá me llevó a desayunar a San Ángel. Comimos unas crepas en Cluny y me tomé un café por primera vez. Mi mamá estaba sonriente, me habló de muchas cosas. Sobre la importancia de los ritos de paso, dijo que éste es un momento importante para que actúe como una mujer madura. Que si quiero escribir tengo que leer mucho, aprender a expresar mis sentimientos y escuchar a las personas que piensan diferente a mí porque si sólo me rodeo de quienes piensan como yo, voy a vivir como tuerta. Me gusta cómo habla mamá.

Me regaló una cadena de plata muy bonita, en ella colgué la figa portuguesa que me puso mi abuelita cuando nací. También me regaló el libro que se llama *Poesía no eres tú*, de Rosario Castellanos. El año pasado me compró uno que se llama *Mujer que sabe latín*, me hizo sentir acompañada; es una gran escritora y habla sobre este país en que vivimos, sobre el racismo y cómo las mujeres peleamos día y noche por encontrar un lugar para sentirnos libres. Rosario se murió hace cuatro años, se electrocutó cuando salió de la regadera y fue a contestar el teléfono, es una pérdida para el mundo que se mueran las grandes escritoras.

Hablamos de lo que escribió Rosario, le pregunté que cómo decidió no ser como mis tías, señoras casadas y mantenidas que no tienen interés en la vida de los demás, que no luchan por mejorar el mundo. Me pidió que no las juzgue, que no conozco sus vidas ni cómo las educaron para ser obedientes. Admiro a mi mamá, trabaja tanto y estudia, y además nos regala tiempo y nos escucha. Sí es verdad que a veces es demasiado exigente y tal vez algún día se lo voy a agradecer, o voy a ir a terapia para trabajar los traumas que me está dejando ella que es psicóloga, no lo sé.

Terminamos de desayunar y salimos a caminar. Nos metimos al mercado de las flores, olía como a un bosque mágico, yo veía a mi mamá cómo hablaba con las vendedoras y ellas la reconocían y sonreían, mi mamá compró muchas flores de colores. No le gustan los arreglos perfectos, ella compra así las flores sueltas y en la casa las arregla en un florero para que se vean vivas.

Cuando sea grande siempre voy a tener flores en mi casa. Voy a vivir sola, me voy a comprar mi casa y no necesitaré que ningún hombre me mantenga, voy a escribir poemas y a viajar por todo el mundo. Se lo dije mientras íbamos caminando de regreso por avenida Revolución; me dijo que podré hacer lo que quiera siempre y cuando me prepare, que no es fácil ser una mujer libre en este mundo. Dice que seguramente me voy a enamorar muchas veces y que voy a querer compartir mi vida con alguien. Yo no estoy segura, los hombres son muy inmaduros, por eso me gustan mayores, aunque de todas formas son inmaduros y les gusta que las mujeres les obedezcan. Yo no voy a obedecer a ninguno porque no soy mascota de nadie. Le dije a mamá que el que se enamore de mí tiene que saber que soy su igual. Ella sonríe y dice que sí, que tal vez tenga que irme a vivir a Francia, donde ella nació, porque piensa que en México son muy machistas y va a ser difícil que un hombre me entienda. Ya veremos.

Caminamos por Río Mixcoac y nos metimos por la calle de la Campana, cuando llegamos al parque de la Casa de la Cultura le platiqué por primera vez toda la historia de cuando me fugué a casa de Marisela. Mi mamá tenía los ojos de plato, me dijo que todo sonaba a que la señora estaba metiendo a sus hijas en prostitución, que tal vez por eso me ofreció trabajo.

Me dolió el estómago, mi mamá trabaja con mujeres en muchos barrios de la ciudad y ve cosas horribles, ella sabe más que nadie de lo peligroso que es México con sus robachicos. Me dijo que también hay mujeres que roban niñas; sentí horrible, porque me puse en riesgo por tonta e inmadura. Mi mamá tiene unos pacientes que llevan años buscando a su hija que desapareció a los doce años. Le pedí que ya no habláramos de esos temas porque es mi cumple y no quiero ponerme triste.

Me prometo que no voy a hacer tonterías que me pongan en riesgo. Lydia, prométete que siempre vas a estar con los ojos bien abiertos al peligro del mundo.

Colonia Mixcoac, Ciudad de México,
abril de 1979

Para Lydia, mi nieta:

Tienes gracias, donaire y belleza
romántica alma de pureza llena,
ensueños de niña.
Yo miro las ansias de tu corazón
que buscas cariño igual al que entregas
que sigues buscando, teniendo muy cerca
amor de los tuyos que no quieres mirar.
Tú sabes mi niña que al cerrar los ojos
se pierde la imagen, se vive en las sombras,
y si miras atenta, encuentras en todos
aquello que anhelas: amor a raudales
amor de tus padres, amor de tu abuelo
que sólo desean tu felicidad,
camina confiada, desecha las dudas
y verás entonces que todos te quieren
y que este viejo que te ama tanto,
te enseñará la ruta que debes seguir.

Tu abuelo,
José Ernesto Cacho Álvarez

Ciudad de México, 15 de mayo de 1979

Mamá y papá:

Quiero comenzar esta carta agradeciéndoles todo lo que han hecho por mí, sé que hace unos meses cuando discutimos tan duramente yo les dije que no había pedido nacer, que cuidarme, asegurar mi bienestar y mi educación es su responsabilidad porque fueron ustedes quienes decidieron libremente darme vida y, si por mí fuera, no habría elegido vivir. No voy a adentrarme de nuevo en esa discusión, simplemente intentaré esgrimir (como me lo has pedido, papá) argumentos sólidos e inteligentes para explicar mi decisión inapelable de dejar el colegio y de no ir a la universidad.

Sé que soy una mujer inteligente, que tengo capacidad de aprendizaje, que desde pequeña tenía ansias por descubrir el mundo e intentar comprenderlo. Porque ustedes me lo han contado, sé que comencé a hablar con claridad al cumplir un año y medio, que aprendí a leer y escribir antes que mis hermanos; estamos de acuerdo en que no es incapacidad de entender o aprender lo que ha causado que haya sido tan mala estudiante toda la vida, porque yo creo que he sido una gran aprendiz, aunque una pésima alumna de colegio. Yo se los he dicho desde que en quinto de primaria falsifiqué su firma para que no me castigaran por reprobar matemáticas y geografía. El sistema educativo tradicional no me sirve, me aburro hasta la náusea, me siento agredida por los profesores que me preguntan por qué no quiero aprender como un loro que repite ideas y conceptos, porque me rehúso a soportar que me humillen, porque no me interesan las matemáticas en lo más mínimo. Sí, ya sé que me serán necesarias cuando sea adulta, pues cuando las necesite las aprenderé o contrataré a alguien que haga los números por mí.

Lo que me tiene agotada es su insistencia en castigarme una y otra vez por reprobar, o por sacar seis o siete en lugar de dieces como mis hermanos y Sonia.

Mamá: tú siempre has dicho que cada ser humano es único y excepcional, que en esa excepcionalidad debe aprender a encontrar su propio camino. Yo estoy de acuerdo contigo, desde que salí de sexto de primaria te lo dije, no soporto ser calificada por aprender de una manera diferente, me harta y ofende que ustedes me llamen vaga, que me castiguen dos semanas sin salir, que me dieran siete cuerazos por cada seis que sacaba o diez cuerazos por cada reprobación. Me parece indigno que el sistema educativo nos trate como si todas las personas funcionáramos de la misma manera, como si nuestros cerebros fueran todos maleables para convertirnos en autómatas que repiten como imbéciles las capitales de los países o los nombres de los ríos del mundo. Yo quiero aprender todo eso, viajar por todo el planeta, descubrir idiomas y lugares, aprender de la gente y crecer como humana.

Sé que no debía haberles gritado como hice, que les falté al respeto, pero estoy harta de que me traten como si fuera una niña fallida o imbécil porque no respondo a sus expectativas. Soy la única de sus hijos que de sólo escuchar hablar a mis abuelitos ha aprendido francés y portugués. Cuando tenía siete años el maestro de la Casa del Lago de Bellas Artes dijo que tengo dones para el arte, que fui la única niña que podía reconocer y diferenciar entre los pintores impresionistas. También la maestra Micaela te dijo que yo aprendí ballet más rápido de lo normal y que le sorprende cómo tan chiquita ya distinguía a Tchaikovsky de Prokofiev. Por eso me ofende que me califiquen por no ser capaz de funcionar con un sistema que me hace sentir tonta cuando no lo soy, que ustedes crean que castigarme y golpearme con un cinturón iba a provocar que yo cambiara mi forma de aprender o someterme a las reglas.

No sé cuántas veces en mi vida les he dicho que me es imposible convertirme en una niña normal y obediente como mi hermana, sé que me amarían más si aprendiera a ser dócil; lo que es incomprensible es que ustedes me sometan a su propia incongruencia. Me han dicho y escrito cartas que guardo todavía en las que me dicen que debo pensar por mí misma, defender mis principios y valores, luchar por lo que creo, defender mis derechos y ser una buena persona. Pues eso soy y por eso estoy tan dolida y ofendida con ustedes, que son mi padre y mi madre, ustedes son los adultos que ya saben lo que significa sufrir, el daño que hace que te descalifiquen como persona, lo inútil que resulta querer forzar a alguien para que se convierta en quien no es. Me educaron para ser libre, independiente, para reconocer mis dones, mis virtudes y mis defectos, pues ya lo lograron, tengo dieciséis años y soy la hija que aparentemente esperaban que fuera y ahora se asombran de que les diga que voy a terminar el último año de prepa en educación abierta para manejar mis tiempos, para empezar a trabajar y poder estudiar teatro y taller de escritura. Y no, mamá, no es cierto que quiera dejar el colegio por floja, lo dejo para perseguir mis sueños y porque estoy aprendiendo más en la vida, en la calle, en los libros, que encerrada ocho horas en una escuela rodeada de chavos estúpidos, de chavas que sólo piensan el tener novios y aprender a maquillarse.

Yo soy yo, con mis defectos y virtudes, y me parte el corazón que ustedes se sientan tan sabios para querer encerrarme, amedrentarme con quitarme mis libertades porque no soy capaz de graduarme como mis hermanos con dieces y medallas. Las amenazas no me sirven como no me sirvieron las palizas, los castigos, quitarme mi domingo o impedirme ver la televisión. Nada de eso me importa. Por eso quiero que me escuchen, que entiendan que soy una persona libre, que sé lo que hago, que estoy llena de sueños y aspiraciones, pero no los voy a lograr si me quieren mutilar y convertirme en una hija buena. Porque no soy una mala persona, sólo soy diferente. Me enojé tanto ese día porque, aunque es cierto que yo grité y me puse violenta, no soy muy diferente a ustedes que (como tú dirías mamá) son pasivo-agresivos humillándome, comparándome con mis hermanos. A mí también me saca de quicio que me digan que no puedo irme a estudiar a una academia de arte, que si quiero ir a estudiar fuera no quieran que sea París como yo quiero y tú, papá, insistas en que sea en una "escuela para señoritas en Londres", no soy una señorita, odio los uniformes. Reconozco que tengo mucho que aprender y que debo madurar, yo sólo les pido como mis padres que ustedes también maduren y reflexionen sobre su incongruencia de decirme que soy una mujer libre y cuando no hago lo que ustedes quieren, me quitan esa libertad.

Sólo les digo que, aunque esté agradecida por todas las cosas buenas que me han dado, si no me aceptan como soy, para mí será mejor irme a vivir lejos, ya buscaré cómo mantenerme para seguir aprendiendo. Algún día entenderán que voy a cumplir mis sueños. Si mi abuelito Zeca no estudió porque fue un hijo de la guerra, y aún así siempre ha sido un ejemplo de hombre trabajador que no le tiene miedo a ningún trabajo, pues yo quiero ser como él. Ya aprendí lo que tenía que aprender en la escuela, ahora voy a tomar mis decisiones, a terminar en prepa abierta, a estudiar teatro y literatura, arte y fotografía. No me sirve la universidad que trata a las estudiantes como borregos, como loros. Quiero libertad para aprender y espero que confíen en mi capacidad para lograrlo. Yo los amo, no me voy a detener porque ustedes tengan miedo de que yo elija mi libertad para descubrir el mundo a mi manera.

Les pido que confíen en cómo me educaron. Ni aunque me dieran mil palizas o me amenazaran con no darme dinero lograrían detenerme. Les pido que confíen en mí, porque soy inteligente y, aunque no lo crean, me voy a labrar mi futuro.

Su hija, Lydia

Ciudad de México, mayo de 1979

Lydia, hija mía:

He leído tu carta varias veces. No estoy de acuerdo con todo lo que nos dices, sobre todo debo decirte que es ofensivo que nos amenaces, aunque lo hagas con un buen manejo del lenguaje. Es cierto que te educamos para ser libre, pero ahora has tomado una actitud de falta de respeto hacia todo. Sé que crees que eres madura, a los dieciséis años yo pensaba lo mismo que tú. Aquí te pongo esta fotografía de cuando regresé de Portugal a esa edad, soñaba con ser escritora; me creía madura, con el tiempo me llevé grandes decepciones que reflejaron mi propia inmadurez.

Ya verás, hija mía, las dificultades a las que nos enfrentamos al llegar a la vida adulta; debes creerme cuando te digo que no estás preparada para enfrentarla, que tienes frente a ti un largo camino por recorrer y que tanto tu papá como yo hemos hecho todo lo que está en nuestras manos para que te sientas aceptada y amada, por eso me duele que últimamente insistas en que te humillamos al compararte con tus hermanos.

Te he pedido perdón muchas veces por los castigos físicos que te hice hace años, no los justifico de ninguna manera, lo que te pido es que seas honesta y reconozcas que te pegué muy pocas veces y fue porque estaba desesperada de tu necedad. Yo también soy falible y como tu madre he intentado darte las herramientas para crecer y ser libre, también para que recuerdes que con la libertad llega la responsabilidad. Me preocupa tu soberbia, que porque tienes tanta facilidad de palabra creas que siempre vas a poder salirte con la tuya gracias a tu capacidad para expresarte.

Como te dijimos, tu papá y yo hemos hablado después de leer tu carta, entendemos que tienes derecho a expresarte y que si has tomado una decisión te apoyaremos, siempre y cuando cumplas con tu promesa para terminar la prepa abierta.

Si quieres empezar a trabajar, nosotros debemos aprobar en dónde será, pues todavía eres menor de edad.

Siempre has sido muy inteligente, fuiste una niña alegre, cariñosa, dispuesta a ayudar a los demás. En este momento de tu vida estás sufriendo muchos cambios hormonales y como te he dicho eso es la adolescencia: una crisis de la edad en que pasas de ser una niña y te conviertes en una joven mujer. Esos cambios son naturales, yo sólo te pido que aproveches este trance para aprender de ti misma, para cultivar tu inteligencia y espíritu. Debes actuar sin huir de la realidad, esforzarte en ser un buen ser humano. Me preocupa que pienses que todo lo podrás aprender sola; bien sabes que eso es falso, que engañarte no te llevará a ningún lugar. Yo nunca he querido que seas la mejor estudiante, sino la mejor versión de ti misma como ser humano, lo que no puedes hacer es desperdiciar el privilegio de la educación. ¿Sabes cuántas niñas en el mundo no pueden ir a la escuela? Tienes el privilegio de ser de clase media en un país de pobreza, úsalo para educarte y después ayudar a otras personas a tener educación. Debes demostrar que mereces las facilidades de una vida segura que muy pocas niñas en el mundo tienen.

Te proponemos que escribas tus planes para el futuro, que sean claros con fechas y compromisos para que podamos apoyarte en este tramo de transformación. Sólo te pedimos que no lo hagas desde la altivez, que hagas un acto de introspección honesta para que tus sueños se hagan realidad. Sabes cuánto te amamos, no tires a la basura tus logros.

Confío en que conseguirás todo lo que te propones si lo haces desde la plena conciencia, la madurez y la valoración de tus privilegios.

Aquí estaremos siempre.

Te ama,
Paulette

Ciudad de México, 26 de octubre de 1980

Abuelito José Ernesto Cacho Álvarez:

Acabas de morir y no sé cómo acomodar esto que siento. Desde que te diagnosticaron leucemia mamá me dijo que no podrías sanar, le pregunté por qué entonces te sometías al sufrimiento de las quimioterapias y la radioterapia que te arrancaban los días con angustia y dolor físico; ella dijo que porque la gente que enferma de cáncer intenta vivir lo más que puede antes de morir, pero ¿no es eso de lo que se trata la vida desde siempre? Entonces te pregunté una tarde que te acompañé al hospital si habías vivido la vida que querías. Me dijiste que habías vivido la que te tocaba, no necesariamente eligiendo tu destino, ni siquiera forjándolo con el corazón.

¡Te pregunté tantas cosas a lo largo de mi vida! Desde niña recuerdo con claridad que me inspirabas ternura allí sentado en tu sillón de rey, recibiendo a toda la familia cada domingo, supongo que yo tendría unos cinco años (mi madre confirma que así era), cuando caí en cuenta de que estirabas la mano para que tus cinco hijos te la besaran al saludarte. Yo no juzgaba ese acto, lo que me parecía era que alejabas a tus hijos de tu cuerpo, que no querías que nadie te besara el rostro, que nadie te abrazara, entonces en uno de esos arranques que me dan desde niña, después de que mi tío Alejandro te besó la mano, me subí a tus piernas y te abracé con todas las fuerzas de una niña flacucha que quiere romper la barrera de unos hijos que le hablan de usted a su padre, de un hombre que en el fondo es dulce pero teme que alguien lo descubra detrás de su fachada de militar serio y distante. No puedo explicar por qué siempre sentí que te habitaba la tristeza, que guardabas un doloroso secreto, porque sabía que en la familia Cacho los secretos son veneno que bebían en silencio todos ustedes.

Esa tarde que Cristina llamó a mi casa para decirnos que estabas agonizando, estaba sola en el departamento y recuerdo que busqué desesperadamente a mi madre y a tu hijo, mi padre. Ella estaba en una comida con la mamá de Marcos, mi papá en una comida de trabajo y su secretaria se rehusaba a localizarlo. Rabiosa salí a la carrera e hice lo que nunca había hecho: correr desde la calle Donatello hasta Castañeda, llegué sin aliento y Cristina me pidió que te cargara para llevarte al baño, estabas muriendo y no querías la indignidad de un pañal, pero cuando estábamos en tu baño no podías sostenerte y tuve que quedarme, me pediste que cerrara los ojos y lo hice mientras tú sollozabas intentando ocultar tu miedo, yo no me atreví a decir nada.

Estabas tan pequeño y delgado que te cargué sin dificultad; cuando volvíamos para dejarte en tu cama me tomaste del cuello y nuestros ojos se engarzaron con la ternura con que me mirabas sin hablar cuando era niña. ¡Quise decirte tantas cosas!, pero guardé silencio. Nunca había estado tan cerca de la muerte. Mi tía Eloína te lloraba al pie de la cama, gritaba que no te fueras mientras tú te aferrabas a mi mano, yo quería gritarle que se callara, que el que estaba sufriendo eras tú, y me acerqué a tu oído para decirte que tenías derecho de dejar ir, de abandonar esta vida miserable, esta enfermedad rodeada de crueldad. Repetía que te fueras en paz y tú agonizabas perdiendo el aliento, tu boca seca y entumecida mordía el aire apenas con fuerza, te quitabas el oxígeno para intentar hablar frases inconexas, repetías el nombre de mi padre y de mi tío que vive en Tamaulipas, que no llegó a tiempo para despedirse de ti.

Qué miedo tenías, abuelito, qué ganas tenía yo de ayudarte a dormir lejos del sufrimiento. Escribo esto mientras aún siento tu mano apretando mis dedos con desesperación, tres o cuatro horas estuvimos así hasta que tu corazón se detuvo. Eras la imagen del dolor, empequeñecido como un niño, solitario como siempre fuiste. Hubiera querido saber qué decirte para acompañarte, pero apenas cumplí diecisiete años y no estoy preparada para ver morir a nadie.

Mi tía Eloína lloraba y me decía que tú me amabas, que a nadie le escribiste poemas y cartas como a mí, ni a ella ni a su madre, lo decía con celos y con ternura a la vez. Luego Cristina encontró en tus cajones más versos para mí y un dibujo a lápiz que hiciste de mi hermano Óscar cuando era un bebé. Así eras tú, guardabas los afectos y tus emociones en un cajón con cerradura, temeroso de que descubrieran que el militar serio y pudoroso escribía versos, que estaba anheloso de cariño y no se atrevía a pedirlo.

Qué daño te hicieron cuando niño, siempre me pregunté cómo crece un hombre nacido en el México de 1907. Cada 5 de abril festejábamos tu cumpleaños y cuando llegaste a los setenta montamos una obra de teatro para ti, yo te abracé y te pregunté si te arrepentías de no haberte casado después de que muriera mi abuela. Yo no sabía que la madre de mi padre no había muerto, que ése era otro de los secretos familiares. Apenas ahora que has muerto supe que tú y la abuela no tenían una buena relación, que desconfiabas de ella y por su belleza la querías encerrada en casa, que pusiste a tu primo a cuidarla cuando tú viajabas por trabajo y que ellos terminaron por enamorarse; la abuela sufría de epilepsia y en un ataque después de un pleito entre ustedes, la llevaste al hospital y al volver les dijiste a tus hijos que ella había muerto. Mi padre y sus hermanos crecieron solos creyéndose huérfanos, con esa mentira, sin una madre que los amara y los cuidara, con un padre frío y distante que les daba disciplina por amor, porque tú fuiste también un niño con un padre distante que creía que las caricias y los afectos les restaban hombría. No imagino cómo se puede crecer sin saberse amado, sin ser mirado por quien te ha dado la vida, me duele tu infancia y la de mi padre, estoy llorando porque quisiera ser capaz de darles un poco de ese amor que les arrebataron de niños, y no puedo.

Escribo esto para liberarte de un pasado oculto, de un dolor inacabado, de un secreto que se comió tu corazón desde que mi padre era un niño. Te escribo para decirte que conocí a la abuela Carmen y a su esposo, que ella ha vivido con la culpa de haber abandonado a su hija y a sus tres niños. Ella me dijo que tú la amenazaste, que no podría acercarse a sus hijos porque te había traicionado. Ahora mi mamá intenta que mi padre perdone a su madre, que saque a la luz la historia completa, que dinamite el secreto hasta que sea todo luz sobre la verdad y se permita amar a su madre ahora que es adulto.

Mamá quiere que mi padre rompa ese ciclo de silencio, dolor y abandono; creo que mi padre también añora que su madre lo abrace como no lo hizo cuando él creció. Imagino cómo hubiera sido tu partida si le hubieras permitido a la abuela Carmen que te pidiera perdón, que tú hubieras dejado unas lágrimas en vida por ese amor roto. Pero la vida no es como soñamos, dijiste.

Yo sólo quiero que sepas que desde niña supe que eras un hombre roto, que te abrazaba porque sentía que tenías un amor guardado y un miedo atrincherado en el pecho, que, como dijo mi abuelo Zeca, la historia emocional de nuestros antepasados late en nuestro corazón porque corre por las venas y yo no quiero secretos familiares, exorcizar el pasado de ustedes nos ayuda a nosotras a no guardar el miedo a pedir ayuda, a expresar amor. Lo escribo para que en el lecho de la muerte, cuando llegue su momento, mi padre, tu hijo Óscar, pueda decir que ha vivido la vida que quiso y no una vida rota que le fue dada. Para que cuando a mí me llegue la hora, tenga a alguien que me ame tanto como yo te amé, que me tome de la mano y logre hacerme saber que mi paso por el mundo tuvo sentido, que después de muerta viviré un poco en el corazón de alguien más.

Yo te guardo en mi corazón, abuelito, me despido de ti así, leyendo esta carta en tu velorio. Diciendo adiós a tus cenizas, leyendo los poemas amorosos que me escribiste.

Te buscaré en las estrellas, siempre.

Te amo,
Lydia

(M)
una avenida muy grande
llamada príncipe había
muchas tiendas y muchos
puestecitos de todo; sobre
todo gente joven mujeres
y hombres como de 15 a 25
años con puestos de todo;
cadenas, casetes, discos,
Ropa etc, ahí caminamos
bastante y compré mi cá-
mara: caminamos hasta el
hotel Bahía; enfrente de la
gran Bahía, detrás había una
tasca llamada la marina
y cenamos deliciosos mariscos,
y dos litros de vino del lugar;
llegamos al hotel y yo invité
una copa; yo tomé una de
grand Marnier mi abuelito 2
aguardientes y mi abuelita 1
gran Marnier y [illegible]

Vigo, Galicia, 29 de diciembre de 1980

Ayer nos despidieron en el aeropuerto mis papás y mis hermanas, también vinieron mis amigas Eugenia, Lorena y Ana. Llegamos a Madrid a las 3:45 y salimos directamente hacia Vigo, Galicia. Escribo mientras viajamos.

Es una avioneta del siglo pasado, se descompuso el motor izquierdo y nos empezaron a doler los oídos a todas las personas. El piloto dijo que se había descompensado la presión, y yo le pregunté a mi abuelo Zeca si creía que nos íbamos a desplomar; mi abuelita sonreía y me dijo que estábamos empezando la aventura de mi primer viaje a Europa con ellos. Los dos aduaneros que nos atendieron fueron muy simpáticos con mis abuelitos, me dijeron que parezco gallega y mi abuelita le dijo que soy portuguesa y mexicana. Estamos en el hotel Lisboa, la dueña saludó a mis abuelitos como si fueran los mejores amigos. Me gusta estar con ellos, me hacen sentir que el mundo es un lugar amable en el que la amistad florece en las calles y en los sitios inesperados.

Cenamos en una pequeña tasca llamada Ría de Vigo, comimos gambas, calamares fritos, almejas y centollo (es un crustáceo decápodo, o sea un cangrejo gigante que no hay en México). Mi abuelito dijo que ahora a los diecisiete años que soy adulta debo descubrir el mundo, reímos mientras me contaban sus aventuras de amor y sus viajes; la primera vez que conocieron a la fadista Amalia Rodrígues y cuando bailaron en la calle en Lisboa, de cuando mi abuelito jugó futbol profesional para el equipo Club Oporto y ella le iba a aplaudir. Nos bebimos dos botellas de vino Ribeiro entre los tres. Nos fuimos de una tasca a otra, caminamos por la ría, vimos las barcas de los pescadores y mi abuelito me habló de su infancia en el puerto de Matosinhos, en Oporto, donde nació en abril de 1909. Me dijo que cuando se muera quiere que yo lleve sus cenizas a ese mar; habló del Atlántico y de los marineros. Mi abuelita me contó su historia de amor, ellos se tomaban de las manos y reían interrumpiéndose para terminar un detalle de cada historia compartida. Los miré y pensé que ése debe ser el amor. Mi abuelo le quitaba el pelo que el viento ponía en su cara, de pronto al quitarle un rizo de la mejilla me dijo: mira los ojos de Marie Rose, son el mar y el cielo juntos. Se besaron, los miré como si a los diecisiete yo creyera en el amor.

1

De pronto me preguntaron
que quería hacer. les dije
que quería ver a todos eso
pescadores salir a trabaja
ambos se rieron y me
abrazaron. Mi abuelito me
besa la frente y la cabe
me abraza me dice que so
su nieta portuguesa y mi
corazón se inunda de
un aroma que no alcanz
a distinguir. Caminamos
las rías y fuimos a
otro bar, comimos pos
y un poco de jamón. Segui
caminando tomados de la
manos y nos sentamos
frente a las barcaza
cuando mi abuelita dijo
"ya son las cinco de la
mañana, allá vienen lo
hombres a encontrarse co
el mar.

De pronto me preguntaron qué quería hacer, les dije que quería ver a todos esos pescadores salir a trabajar, ambos rieron y me abrazaron. Mi abuelito me besa la frente y la cabeza, me abraza, me dice que soy su nieta portuguesa y mi corazón se inunda de un aroma que no alcanzo a distinguir. Caminamos por las rías y fuimos a otro bar, comimos postres, boliños de bacalao y un poco de jamón. Seguimos caminando tomados de las manos y nos sentamos frente a las barcazas cuando mi abuelita dijo: ya son las cinco de la mañana, allá vienen los hombres a encontrarse con el mar.

Mi abuelo comenzó a recitarnos un poema de Luís de Camões:

Sempre escrita estarás nesta memória;
e esta alma viverá, pois por ti morre,
Porque ao fim da batalha é a vitória.

Ella le acarició la frente y le dio un beso. Mi abuelita no es tan cariñosa como él, pero cuando te sonríe mirándote a los ojos sabes que te ama con todo el corazón. El sol salía del mar, una línea que lo abarcaba todo estallaba como un bosque de mimosas sobre un volcán en erupción. Pensé que esto debe ser la vida, que esto quiero vivirlo algún día, ver a los pescadores en la madrugada, pasar toda la noche disfrutando sin ir a dormir, escuchar poesía, brindar y comer con la gente que amo, preguntarle su nombre al camarero y descubrir si tiene familia y en qué pueblo nació. Ver que la gente se ama y se recita versos sentada en la banqueta. Si esto es la vida adulta, además de todos los problemas, ahora entiendo por qué disfrutan tanto de ella. Tal vez sea buena idea vivir y llegar a vieja.

Galicia, España, 31 de diciembre de 1980

Estoy muy emocionada de conocer la tierra de mis antepasados, siento que cuando pisas un lugar nuevo todas las historias que te han contado se vuelven más reales y entonces ya no ves el mundo de la misma forma que antes. Me cuesta trabajo explicar esta sensación, voy a escribirlo en mi cuaderno de reflexiones hasta que pueda entenderlo.

A las 8:10 de la mañana entramos en tierra portuguesa. Todo está nevado, es la primera vez en mi vida que veo la nieve y se me llenaron los ojos de lágrimas porque me emociona descubrir algo nuevo. Todo se ve blanco y las puntas de los árboles son de un verde claro precioso, eso no lo he visto en México. Hasta las diez de la mañana entramos en Oporto, en el tren pude disfrutar del paisaje, tomar muchas fotos y escribir en mi diario. Me acordé de los cuentos rusos que me dio a leer mi mamá, ahora entiendo por qué los escritores siempre recurren a un viaje en tren para que sus personajes piensen y sientan todo; porque el tren es como sentarte a pensar en movimiento y la vida pasa como el paisaje, yo me siento emocionada y si supiera escribir un cuento lo haría con mucha conmoción.

Mi tío Abilio, el hermano de mi abuelita, nos estaba esperando en la estación. Mi abuelita me dijo: "Corre, corre, allí está tu tío Abilio de chaqueta beige, ¡bésalo!". Y yo corrí y abracé a un hombre que venía hacia nosotros y tenía chaqueta beige, él me sonrió y le dije que allí estaban mis abuelitos; me veía desconcertado y yo lo jalé hacia ellos y ya que llegué donde estaban, mi abuelita me dijo: "Él no es". Yo me moría de vergüenza, él me pidió disculpas quién sabe por qué, luego se me acercó un hombre que olía a lavanda y me dijo: "¿Lydia?". Yo le dije que sí y nos abrazamos. Ése sí era mi tío.

Llegamos a su casa en la Rua Gonçalo Méndez da Maia 729 piso 1 derecha, en Pedrouços, Areosa. Había muchísima comida y pasamos el año nuevo sentados en la mesa comiendo y cenando sin parar, yo practiqué mi portugués y mi tío Abilio juraba que hablaba español cuando en realidad habla portuñol, nos reímos mucho y probé el vino verde que hace el mejor amigo de mis tíos. Me enseñaron fotos de la familia, recortes de periódicos de cuando se acabó la dictadura de Salazar apenas en 1974, mis tíos me platicaron cómo festejaron la Revolución de los Claveles y de su amigo Mauro que ayuda a buscar a los desaparecidos de la guerra, es muy triste e incomprensible que los humanos sean tan crueles. A mi tío Abilio se le llenaron los ojos de lágrimas hablando de la guerra y a mis abuelitos también. Yo como soy sensible y llorona me puse a llorar como si supiera lo que es el dolor de la guerra; no lo sé, pero sí sé lo que es el dolor de la familia y ése se siente profundo. Mi abuelito me dice que nunca debo olvidar todo lo que me cuentan, porque han sobrevivido muchas muertes, hambrunas y pobreza por las guerras. Le prometo que no lo olvidaré y siento que algo me pega en el corazón, como si el pecho se me llenara de las lágrimas de mis abuelos.

Empezamos el año nuevo paseando en casas de sus amigos; conocí a los Chávez, que dijeron que debo ir a Fátima a conocer a la virgen (yo no creo en Dios, bueno, pienso que no, pero no me atrevo a decirles porque tienen mucha fe en las apariciones de vírgenes y eso).

Luego mis abuelitos me dijeron que me fuera a caminar sola para que conociera Oporto por mi cuenta. Me sentí feliz porque no tengo miedo de caminar en las calles, nadie me dijo groserías ni los hombres me trataron de dar nalgadas como a veces pasa en México.

Oporto, Portugal, 4 de enero de 1981

Salí a caminar al campo de Areosa, me entró la melancolía y un poco la inspiración; como no traigo mi cuaderno de reflexiones escribo en mi diario y traigo mi cámara.

Hoy estoy sentada en una barda de piedra frente un campo enorme rodeado de casas de cuento; el cielo tiene un color cereza y las estrellas son tantas que han creado un manto que cubre el camino entre la Tierra y la Luna. De niña pensaba que tal vez algún día podría caminar entre las nubes, tocar las estrellas sin necesidad de una nave espacial. Pero no sería bello porque qué iba a ser de todos los poetas que tienen sus sueños, su ilusión en las estrellas que para ellos es lo desconocido e inalcanzable.

Tal vez yo también tenga una estrella, pero no lo he querido decir. Tal vez lo quiero guardar como un secreto, ¿por qué no? Algunas tienen fe en Dios, otras en sí mismas, otras en el amor. Me cuesta trabajo tener fe y no puedo decirles eso a los adultos porque quieren que crea en una religión para espantar mis miedos. Yo no quiero negar que tengo miedo de vivir, del vacío de esta existencia, no comprendo por qué la gente tiene que ocultar su miedo a la vida, a enfrentar el sufrimiento, creo que es mejor aceptarlo que cerrar los ojos. Creo que mi amigo Carlos cerró los ojos y por eso decidió morirse, porque no podía aceptar que vivir es tener miedo a que no nos amen, a que no nos acepten como somos, a no tener fe en nada y sentirnos como huérfanas en el mundo, aunque tengamos familia. Yo tengo miedo de que mi papá no me ame, él dice que sí, pero yo veo en sus ojos que no y eso duele. Mi mamá dice que estoy equivocada; yo entiendo que es su trabajo hacernos sentir amadas y a veces miente para evitarnos el sufrimiento de la realidad. No creo que todos los papás ni todas las mamás amen a sus hijos, puedo ver que hay gente que no se ama, aunque lo intente.

Mi mamá nos lleva cada año al orfanatorio de San Pedro de los Pinos, allí vemos a las niñas cuyas madres las tiraron a un basurero, o las dejaron en la puerta de una iglesia. No todas las mujeres saben o pueden ser madres y no todas saben ser hijas. Hay muchos hombres que no saben ni deberían ser padres, ellos sólo ponen el esperma sin el corazón y la voluntad de criar a un ser humano.

Veo a mi alrededor y me doy cuenta de que estoy sola como muchas veces voy a estar. Me gusta la soledad porque puedo pensar. Siento que mis amigas no quieren el silencio para no estar consigo mismas, a lo mejor por eso les dan muñecas para jugar cuando son niñas, para que sientan que si son madres nunca estarán solas, que se van a mantener ocupadas cuidando a alguien y entonces ya no van a tener que darse cuenta de lo difícil que es cuidarse una misma. No lo sé, tal vez por eso siempre he odiado las muñecas, yo no quiero que me entrenen para cuidar a nadie. Creo que ya la libré porque casi soy adulta, ahora a los diecisiete años ya no me pueden convencer de que debo ser mamá para ser feliz. Mi madre y mi abuelita nunca me han querido convencer de eso, ni me regalaban muñecos.

Aquí estoy en la tierra de mis abuelos, sola, mirando las estrellas y buscando una fe que no conozco, escribiendo sin sentido, me dejo llevar por las palabras. No quiero ponerme máscaras, quisiera aprender a vivir sin ellas, sin fingir que hay que ser felices, que hay que comportarse de cierta manera para recibir amor.

Mi tío Abilio me explicó que hay una palabra portuguesa llamada *saudade*, que nombra la ausencia y la melancolía de vivir; dicen que es cuando alguien se lleva un soplo de tu alma y vives deseando recuperarlo, para lograrlo necesitas que esa persona vuelva a ti. Ésa será mi palabra: *saudade*.

Lisboa, Portugal, 14 de enero de 1981

Mamá:

Ayer llegamos a Lisboa. Salimos manejando desde Oporto.

El día antes de partir mi tío Abilio nos llevó a comer sardinas asadas en la ribera del Duero; brindamos juntos. Le pedí a mi tío que me contara la historia de su hermano, el tío Manuel Monteiro Ferreira, que se fue a Brasil cuando eran jóvenes; quiero conocer mi historia porque ahora te entiendo cuando me dices que también somos el pasado. Caminamos hacia el puente San Luis para ver caer la tarde, tu mamá dice que si ves el atardecer desde el centro del *ponte* te vas a enamorar mil veces. Nos paramos allí en silencio y mi abuelito le tomó la mano a ella mientras mi tío Abilio y su esposa se abrazaban, yo en medio mirando el sol fundirse entre el añil rubí, como agua de fuego entre dos parejas que llevan toda una vida juntos y que se toman las manos cuando caminan.

Aquí me siento en casa, todo me es familiar, aunque sea la primera vez que viajo, siento que debió ser así, con tu padre y tu madre, recorrer tu pasado de niña, saber de dónde viene ese retazo que también soy... la nieta de pescadores y carpinteros portugueses, de sabias francesas cocineras y adivinas. No había entendido antes hasta que conocí a la bisabuela Rita de noventa y un años. Cuando me abrió la puerta de su casa de piedra que perteneció a sus abuelos entendí que por allí pasaron dos guerras y una hambruna con muchos hijos muertos. La vivienda tiene un pequeño huerto y mientras caminábamos me abrazaba y repetía: "Mais que magriña" y decidió alimentarme porque nunca imaginó vivir para conocer a sus bisnietas mexicanas e insistía en que soy demasiado flaca.

Ella nació en Sao Simâo, Amarante, el 11 de julio de 1890; su padre se llamaba Manuel Pinto y su madre María Monteiro.

Yo me llamo Lydia María y para la bisabuela Rita llevo el nombre de su madre, por tanto ella dice que algo más que la sangre nos une y es que mi sonrisa le recuerda a la de su madre igual que mi pelo rizado y estas cejas tupidas, negras. La anciana que tenía el delantal puesto, porque llegamos mientras cocinaba, adornó su cabeza con una pañoleta portuguesa, y cuando le dije que era hermoso el pañuelo fue a su habitación por uno igual al que tenía puesto; me dijo que no tenía dinero para comprar uno nuevo pero que ése estaba recién limpio. Yo le respondí que prefería uno que llevara la memoria de su cabeza para que me acompañara siempre. Nos abrazamos no sé cuántas veces, a ella se le inundaban los ojos al mirarme, me decía que soy como tú cuando eras niña.

La bisabuela Rita es la *saudade* hecha mujer. Ahora que te escribo pienso que esa melancolía que me habita desde niña viene de aquí, que lo que siempre me ha dicho el abuelo Zeca es cierto, que la historia nos habita el cuerpo sin saberlo, qué alegría comprenderlo a los diecisiete años que ya soy mayor, qué alivio.

Del camino desde Oporto nos desviamos hacia Aveiro, tomé fotografías con la cámara que compré en el mercado de Vigo. La ciudad dividida por tres canales, las casas de los pescadores me llaman, como si creyera que existen otras vidas y que yo hubiera sido un pescador (porque no dejaban que las mujeres pescaran tendría que haber sido hombre). Cuando regrese te enseñaré la serie de fotografías de los *moliceiros* coloridos, esas antiguas góndolas de pescadores.

Pensé que toda la vida la he pasado explorando a la mexicana que soy, ir a Puebla a conocer a las tías abuelas, convivir en Oaxaca y en la casa de Castañeda con la familia Cacho, todo era ese mundo, supongo que tiene que ver con la geografía. Mis abuelitos se refugiaron en México durante la guerra y para mí su país era una imagen, una bolsa de canicas como emociones y recuerdos con los que juega el tiempo. Ahora todo es real, siento que un trozo que tenía perdido se acomodó en mi cuerpo inesperadamente.

Por ahora tengo lleno el corazón y no quiero hablar más de los lugares que visitamos.

Mañana te escribiré sobre Óvidos, Sintra, Coímbra y el Palacio de la Pena.

Ahora te abrazo, te amo y te agradezco que me hayas dado vida en esta familia.

Lydia

Auburn, Alabama, 23 de agosto de 1981

¡Hola, Lydia, hermanita!

Gracias por escribirme y por la foto de nosotros esa noche en que nos reencontramos, ya veo que vas a ser buena fotógrafa, me dio mucho gusto recibirla.

Con respecto a lo que dices de Europa y de tu forma de ser, yo no estoy de acuerdo contigo, afortunadamente tu forma de ser no ha cambiado (porque siendo como eres vales muchísimo). Yo creo que más bien lo que ha cambiado es tu actitud hacia la vida. Desde niña has puesto una barrera para que la gente piense que eres una persona segura y feliz; es algo que yo también he hecho para no dar explicaciones de cómo me siento. Lo hacemos para no dejar ver nuestro verdadero yo. Para ser sincero, yo tengo el mismo problema, pero siento que lo estoy venciendo. Aunque tú me veías como tu hermano mayor seguro de mí y feliz, en realidad era una máscara para que la gente no descubriera mis debilidades y me fuera a herir. Creo que ya me estoy quitando la máscara y voy empezando a sentirme feliz ahora a los veinticuatro años. En realidad estoy descubriendo que al ser yo mismo sin máscaras, sin falsas pretensiones, es como voy a triunfar.

Entiendo que me digas que has estado muy deprimida desde los catorce años y sientes que ahora que tienes dieciocho estás saliendo; eres increíblemente sensible a todo lo que pasa a tu alrededor y también creo que por eso te has vuelto huraña, agresiva y a veces insoportable, como tú misma dices. Creo que te da miedo que la gente reconozca tu vulnerabilidad y te haga más daño, pero el sufrimiento es inevitable. Tú estás dejando atrás los escudos emocionales porque sabes que para llegar a donde quieres necesitas que la gente sepa que eres sensible, vulnerable y empática. Bueno, como tú dices, dejemos de filosofar y ya no te cuento mucho de mi vida en la Universidad de Auburn porque eso va en la carta general para toda la familia.

Me gustaría que me mandaras uno de esos poemas que escribes para pegarlo arriba de mi escritorio y no sentirme tan solo. También quisiera que cuando estés triste y deprimida o feliz y contenta me escribas, si me platicas tus dudas o temores, tristezas y alegrías yo podría levantarte los ánimos o tú podrías levantar los míos. Aunque sea por carta no dejes de escribir, podemos fortalecer esta relación increíble para toda la vida.

Bueno, ya me despido. Cuando tenga más tiempo te escribiré una carta más sustanciosa y filosófica como te gustan. Mientras tanto, ánimo, que llegarás tan alto como te propongas. Te mando un abrazote.

Te quiere tu hermano,
Óscar

Ixtapa Zihuatanejo, Guerrero,
diciembre de 1982

Hola, mamá:

Espero que estén muy bien, yo estoy agotada pero feliz. La película que estamos haciendo se llama *Yellowbeard,* es una comedia sobre piratas, una sátira sobre Barbanegra. Ya no pude llamarte antes de salir hacia Acapulco porque terminamos de rodar a las tres de la mañana y nos fuimos al aeropuerto a las seis, después nos vinimos por tierra hacia Ixtapa a filmar otras escenas en el mar.

El 2 de diciembre el productor nos mandó al hotel de la Zona Rosa a ir por el actor Marty Feldman porque no bajó cuando le mandamos al chofer y tenía que filmar. El cuarto era un desastre y Marty estaba en su cama boca abajo, el gerente se acercó y llamó al doctor del hotel, todo sucedió tan rápido que el único que intuyó lo que estaba sucediendo fue el gerente. Después nos dijeron que el actor se había muerto de una combinación entre congestión alcohólica y sobredosis de drogas. Creo que ha sido lo más impresionante que he vivido. El gerente me dijo que eso sucede en los hoteles y que tienen que ser muy cuidadosos para que no se haga un escándalo, así que lo controlaron muy bien para que los periodistas de espectáculos no se enteraran e hicieran un escándalo irrespetuoso por la muerte de Marty, pues todavía tenían que localizar a su familia.

El director Mel Damski y Graham Chapman estaban muy tristes. Tuvimos que filmar la escena en que muere el personaje de Marty y él se acababa de morir en realidad, así que fue un momento muy conmovedor para todo el equipo; el director dijo unas palabras muy bonitas en el set cuando terminamos de rodar esa escena.

Ayer fui por David Bowie, es muy amigo de los actores y productores Martin Hewwitt y Chapman, y lo invitaron a actuar en la película. Fue increíble conocerlo, es el hombre más sencillo y amable, se pasó el camino a la casa que le rentamos preguntándome sobre mi vida y me pidió que le haga una lista de frases en español que debe aprender. Es muy simpático, aunque, como a casi todos los demás, le encanta el alcohol y las drogas.

El otro día me llamaron a mi cuarto a las tres de la mañana porque él y Graham se salieron de fiesta súper borrachos y en lugar de llamar al chofer que les asignamos en la producción agarraron un jeep y tuvieron un accidente, por fortuna nada grave, pero tuve que ir con uno de los administradores de la producción a resolver el asunto. A veces tengo muchísimo trabajo y se duplica.

El actor Eric Idle, que es encantador conmigo, me dijo que es la peor película que ha hecho en su vida, lo mismo dice John Cleese, que es pésima, pero se están divirtiendo y lo hacen todo porque son amigos del escritor Graham Chapman. Todos ellos son comediantes muy famosos en Inglaterra, hacen un programa que se llama *Monty Python* que aparentemente es muy famoso en la BBC, yo no lo he visto.

En verdad, mamá, aunque tengo diecinueve años ya me siento como de treinta; el nivel de responsabilidad que tenemos es enorme, en especial porque como el equipo mexicano de la producción es tan efectivo, trabajamos muchas más horas que los británicos y los americanos porque su sindicato impide que trabajen más horas de las legales.

Me iba a esperar a platicarte cuando nos veamos, pero necesito contarte lo que me sucedió ayer. Estoy desconcertada e inquieta. Uno de los productores americanos es un señor como de cincuenta años y todo el tiempo me pide que le lleve café y le consiga copias del guion, yo no trabajo directamente para él y lo hago porque me encanta mi trabajo y no me cuesta nada ser colaborativa con las otras asistentes de producción. Pues el otro día en la noche nos fuimos a cenar fuera, los productores y el director Mel Damski me pidieron que los acompañara para traducir y la pasamos muy bien. Cuando llegamos al hotel yo me subí al cuarto piso y no me fijé que uno de los productores se bajó del elevador detrás de mí. Ya estaba abriendo la puerta de mi habitación cuando sentí su mano en la cintura y me di la vuelta asustada. Cuando vi al señor pensé que era una broma, pero le vi la mirada y puso el brazo para que no cerrara la puerta, me dijo: "Tu habitación o la mía", yo apenas podía hablar y le dije que cada uno a la suya. Él me preguntó si quería perder mi trabajo, me dieron ganas de llorar, me aguanté y respondí que era mejor que se fuera a su habitación porque había cámaras en los pasillos y yo podría decirle a mi jefe que me estaba amenazando con hacer algo contra mi voluntad. Me dijo "bitch" y se fue a su habitación; yo me quedé temblando y cerré muy bien mi puerta. Le llamé a mi amiga Mónica para contarle y me dijo que a ella le sucede a cada rato, que no diga nada porque puedo perder mi trabajo. En la mañana se lo platiqué al actor Martin Hewitt, con quien hice buena amistad (es el actor con el que salgo en la foto que te mandé, el que salió en la película *Endless Love*), y me dijo que hice lo correcto, que él sabe de actrices y chavas de producción que han sido forzadas a tener sexo por miedo a perder su trabajo, que no debo dejar que se aprovechen de mí. De hecho, me ofreció que si quería hablar con los otros productores él me acompañaría porque ya ha visto varias veces al señor este molestándome e intentando tocarme las nalgas o darme besos en los estudios. Le dije que sólo si volvía a molestarme le pediría ayuda.

No sabes cómo me genera ansiedad que estos hombres de poder sientan que todas las mujeres estamos disponibles para sus antojos sexuales; encima querer condicionar mi trabajo para aceptar sexo forzado, es de verdad insólito que haya hombres así. Hasta ahora todos se han portado educados y respetuosos, tendré que pensar si se lo digo al jefe de Orion Pictures, no quiero perder mi trabajo. Pienso que yo ahora pude manejar la situación, pero qué tal que él hubiera sido más agresivo y me hubiera forzado, o que no se me hubiera ocurrido decirle lo de las cámaras que aprendí del gerente del hotel cuando se murió Marty. No lo sé, sólo que te agradezco tanto que siempre hayas sido tan clara al hablarnos de nuestro derecho a que nadie nos toque en contra de nuestra voluntad; aún no salgo de mi azoro por la respuesta de Mónica, creo que me insinuó que si quiero seguir en esta industria y trabajar con los americanos tengo que aceptar el acoso, y eso nunca va a suceder. En fin, por fortuna eso se queda solamente en anécdota.

Por aquí seguiremos hasta terminar de filmar y me tendré que quedar unos días más hasta que se termine por completo la producción. Te aviso cuando vuelva a casa.

Mientras tanto recibe todo mi amor,
Lydia

Ixtapa Zihuatanejo, Guerrero,
enero de 1983

Mamá:

No sé qué decir, me quedé horrorizada con la noticia de que mi primo Alejandro murió en Tamaulipas jugando a la ruleta rusa con una pistola. No entendí de dónde sacó la pistola, ni siquiera imaginaba que la gente en la vida real jugaba a esa estupidez de ponerse una pistola con una sola bala en la cabeza; perdona, pero no lo entiendo. No puedo imaginar cómo están mis tíos y mis primos. Como hace tanto que no hablo con Alejandro no sé en qué andaba. Ya tenía veinte años, de verdad no entiendo qué pasó por su cabeza, a lo mejor quería morirse y buscó una forma de hacerlo al estilo macho. No estoy juzgando, lo prometo, sólo que estoy en shock con la noticia.

Cuando vayas al velorio por favor abraza a mi tío y a mi tía de mi parte y diles que les mando mi amor. No quiero llamarles por teléfono, no sabría qué decir.

Qué situación tan dolorosa para ellos, dile a papá que lo siento mucho, su hermano debe estar devastado.

Todo mi amor,
Lydia

Lovaina, Bélgica, 5 de febrero de 1983

Hola, Lydiuca:

Te extraño mucho, ¿qué ha pasado contigo? Quiero saber de ti. Escuché el cassete que me mandaste por correo, me gusta oír tu voz recitando poemas y contándome cosas. Me acordé de las historias de cuando tu mamá las llevaba al orfanatorio de San Pedro de los Pinos, ¿te acuerdas cuando montaste la obra de teatro con Regina Orozco y Pewee? Qué emocionante que tu mami te haya convertido en una artista que además comparte su obra con la gente que necesita de amor como esas niñas abandonadas. Ya no me dijiste si vas a seguir estudiando teatro con Hugo Argüelles o si lo dejaste por trabajar.

Me importas, me gusta saber qué haces, lo que vives y lo que piensas. Hemos compartido tanto desde que éramos chavitas... ahora tenemos veinte años y no quiero que nos alejemos. Eres una persona importante en mi vida, no te alejes, eres mi amiga especial, sensible, voluble, genial, con miles de facetas y que me has dado tanto. No importa cuánto tiempo pase no voy a olvidarte, yo entiendo que vives la vida de tres o cuatro personas a la vez, ya trabajaste en cine, escribes poesía, aprendiste a bucear, quieres ser escritora y viajar por el mundo. Estoy segura de que lo vas a lograr, nada te puede detener. Si alguien intenta detenerte sé que morirías marchita como un águila encerrada en la jaula de un canario y eso no lo vas a permitir.

La vida en Bélgica es bonita, aunque extraño mucho, espero poder ir en agosto, aunque temo que ya estoy idealizando a México porque extraño mucho y cuando regrese voy a acordarme por qué vivo aquí. Ya hice mi examen de francés para estudiar turismo, estuve trabajando de guía en un museo y eso me dio seguridad. Ya quiero verte y platicar de todo lo que haces, leer lo que estás escribiendo y que me cuentes tus planes para ver si te vienes a vivir a Francia pronto, ojalá, estaría padrísimo, seguro aquí como dice tu mamá te sentirás más a gusto, porque la gente mexicana no entiende tus ideas, yo a veces no las entiendo (jaja).

Qué bueno que hiciste que Carlos se desnudara y lo dejaste tirado en la cama todo caliente, me reí mucho, yo nunca me atrevería a hacer eso; por eso eres mi ídola, porque nunca te dejas pisotear por los hombres. Se lo merecía, eso de tratarte como si tú no pudieras decidir y forzarte para meterte la mano en el sexo es de miedo, yo me hubiera quedado congelada, de verdad que deberías de darnos un curso de cómo reaccionar cuando le dices que no quieres sexo a un chavo y cuando es más fuerte te quiere forzar; y Carlos te lleva cinco años, qué miedo. Yo no sé si todas las mujeres hicieran lo que tú haces ya no se atreverían ellos a tratarnos con eso de que una mujer que dice que "no" quiere decir que "sí".

Yo he conocido a unos italianos y a un yugoslavo buena onda, pero ninguno para un buen proyecto, *¿capisci?* Yo quiero un mexicanito, me muero de ganas de salir con uno bueno, pero nada. Mientras no hay hombre en el panorama sigo estudiando a los mayas para mi tesis de turismo.

Leí un libro, *Ningún lugar está lejos,* de Richard Bach, te lo recomiendo. Me ayudó para entender que estoy buscando el sentido de mi vida y que tengo principios, que soy una mujer fuerte y soñadora.

Escribe por favor, te extraño mucho. Mándame más poemas y me encantaría leer la historia que estás escribiendo, aunque todavía apenas sea la historia y no una novela como dices.

Hasta pronto, amiga, te quiero muchísimo,
Cecilia Guzmán

Ciudad de México, 21 de junio de 1983

Óscar:

No te digo padre para empezar mi carta porque antes de serlo eras un hombre que seguro nunca imaginó tener una hija como yo. Es el día del padre y decidí por fin escribirte esto que desde hace tiempo tenía atrapado en el alma.

Tengo veinte años y puedo ver ahora que no ha sido fácil ser mi padre, o tal vez debería decirte que también descubrí que no es fácil ser tu hija. Sé que has hecho un esfuerzo por relacionarte conmigo, yo también he puesto de mi parte para mantener esta tensa y pobre comunicación. Somos muy diferentes, papá, siento cariño por ti, pero no puedo expresarlo como lo hace tu hija consentida; nunca seré como Sonia, la hija perfecta, la que cumple siempre tus expectativas, que saca las mejores calificaciones, atiende a todas tus peticiones que a mí me parecen odiosas, como servirte el desayuno en la cama, porque sé que eso jamás se lo pedirías a ninguno de mis hermanos hombres. Ella te habla con un tono de obediencia que yo nunca utilizaré contigo ni con nadie porque no creo que debas tener autoridad sobre mí. Como me dijiste cuando murió mi abuelito, no es fácil entenderme, respeto eso, para mí tampoco es fácil obedecer a peticiones u órdenes que me parecen injustas o absurdas y desde niña lo he pensado y sentido así, lo sabes.

Conforme pasan los años he descubierto que el amor que siento por ti no implica que deba mentirte o estar de acuerdo contigo, pero sí estar agradecida por lo que me has dado, porque sé que no ha sido fácil para ti tener una familia tan rebelde, una esposa que piensa tan distinto a ti. Entiendo que la forma en que te educó mi abuelito fue muy severa, que la escuela militar no ayudó a enseñarte a expresar tus sentimientos y emociones verdaderos, que te educaron para soportar y ser disciplinado, ahora puedo verlo y me imagino lo difícil que debe ser crecer en un hogar así, sin una madre que te ame, te proteja y te cuide. Entiendo que has sido un padre ausente porque así te educaron, para traer dinero y mantenernos, para pagar por la educación formal y convivir los fines de semana con tu familia; sé que te molestas siempre que te lo digo porque tú no lo vives como ausencia, pero yo sí y sé que mis hermanos, aunque por temor no te lo digan, sienten lo mismo que yo.

Sé que no te enorgullece que me haya rebelado frente al sistema educativo que me resulta inútil, que haya decidido ser autodidacta y renunciar a la universidad. Me has dicho que no seré una persona de bien si no estoy preparada, pues me siento preparada para la vida, ahora que estoy trabajando sé que lograré todo lo que me proponga porque me han educado como una mujer fuerte que cultiva su inteligencia, solamente no lo haré por las vías convencionales. Sé que mis decisiones te defraudan, pero algún día verás que sé lo que hago. Esta fortaleza te la debo en parte a ti, y la agradezco.

Hoy en el día del padre quiero decirte con toda honestidad que agradezco tus enseñanzas, que descubro ahora que soy adulta, que soy disciplinada gracias a ti, estoy aprendiendo a poner orden en mi vida y en mis aspiraciones profesionales por ver cómo tú has superado tus miedos inconfesables (aunque no los muestres sé que viven en ti, papá), al ver cómo has destacado en el trabajo y has construido tus sueños profesionales sin pedirle permiso a nadie.

Me dijiste hace años que exijo demasiado, que no eres mi amigo sino mi padre y como tal te expresas, es cierto que tener una madre como la mía hace que el contraste entre ustedes sea brutal y no facilita tu vida, pero tú la elegiste como esposa y madre de tus hijos, así que supongo que sabías lo que sucedería con una mujer tan libre como ella.

Yo creo que me parezco a mamá, pero ella insiste en que tú y yo chocamos porque nos parecemos; me gusta creer que tengo virtudes tuyas además de que todos me dicen que tengo tus ojos y tu porte.

Ya sé que ésta es una carta anormal de una hija a su padre, que algunos podrían pensar que no parece que celebre nada, pero no es para nadie más que para ti, y como siempre nos has dicho que lo más valioso de un ser humano es su rectitud y su honestidad, te escribo con el corazón abierto. No te puedo decir lo que siento sin compartir lo que pienso también.

Te agradezco que, en los momentos de mayor rebeldía, cuando te decía que me hubiera gustado tener otro padre, tú respetaras silenciosamente mi derecho a sentir rabia, que cuando me viste llorar porque en la secundaria me humillaron unos niños por no ser femenina y seductora, me dijeras que nunca dejara que la opinión de los otros —y menos de los niños— moldeara mi carácter; te agradezco que guardaras silencio cuando yo tampoco quería hablar. También agradezco no haber sido tu hija consentida, eso me ha convertido en una mujer más libre porque me enseñaste que puedes quererme sin estar de acuerdo conmigo.

Muchas veces en mi vida me he sentido culpable por no haber sido capaz de expresar el cariño como tú esperabas, creo haber visto tu mirada de tristeza al descubrir cómo abrazamos y le decimos a mamá que la amamos y a ti no, pero es que no aprendimos, siempre te mantuviste físicamente distante, y no me malentiendas, quiero decirte que entiendo que cuando tu madre desapareció en tu infancia te quedaste sin nadie que te enseñara a expresar afectos e imagino que no debe ser fácil crecer desarrollando una coraza emocional.

Tu manera lejana de comunicarte no se parece a la mía, eso nos ha distanciado más y supongo que puedo verlo más claramente ahora que soy adulta y no viviré en casa con ustedes. Sólo espero que en estas enormes diferencias que tenemos nunca olvides que te amo como eres, que reconozco quién eres y cómo has llegado aquí. Me hubiera gustado ser una hija más amorosa, pero he hecho lo que he podido, como tú. Desde estas carencias y lejanía te agradezco y me alegra que seas mi padre, espero que con los años logremos acercarnos desde otro lugar, como iguales, como familia.

Celebro tu existencia y deseo que seas feliz ahora y el resto de tu vida.

Te ama tu hija,
Lydia

P. D. Espero que te guste el regalo, nunca sé qué obsequiarte.

21 de junio de 1983

Lydia, querida hija:

Quiero hacerte saber la especial emoción que provocaron en mí las elocuentes palabras contenidas en la carta que acompañaba tu regalo del día del padre. Me llevaron a la reflexión sobre los resentimientos que, aunque existen entre nosotros, podemos eliminar por carecer de motivos suficientemente importantes o porque destaca sobre ellos el poder de la fuerza que representa nuestro amor padre-hija, el cual, si bien se encuentra cubierto por sombras pasajeras, en su interior brilla una intensa luz de vida.

Quizá la pobre comunicación entre nosotros sea la causa que ha impedido conocer lo que pensamos, sentimos y deseamos. Al sustraerme parcialmente de tu mundo joven he impedido que te acerques, y como tú eres la extrovertida solicito tu ayuda para alcanzar el contacto que permita comprendernos mutuamente.

No obstante los errores que como ser humano puede cometer un padre, he tratado de entregarles una base de principios y valores que considero importantes. Que les permita distinguir el bien para que por sus propios caminos lo conviertan en piedra angular de su forma de pensar y actuar. Como le dije a José Ernesto el día de su recepción profesional, desde los albores de mi feliz matrimonio en mi mente nació el deseo de formar una familia con hijos fuertes y valerosos para enfrentarse consigo mismos, orgullosos e inflexibles en su esfuerzo diario; hijos con la fortaleza para enfrentarse consigo mismos y para recuperarse de las heridas recibidas por las dificultades y sus retos; que hicieran una forma de vida de la amistad y la diversión sana; hijos que se dominaran a sí mismos sin pretender dominar a los demás, que cuando decidieran unirse fuera en matrimonio, eligiendo a su pareja por la calidad de su alma y por la integridad física y moral; hijos que avanzaran hacia el futuro pero sin olvidar sus raíces, su origen y su pasado. Seguramente tú recordarás que palabras más o palabras menos esto fue lo que expresé. Y ahora me nace repetirlas tratando de establecer la comunicación entre nosotros.

Quiero decirte que me siento muy orgulloso como padre de mis seis hijos y que el amor que siento por ustedes no se inclina por ninguno en particular. Reconozco las diferencias que distinguen a los seis, en cuanto a su personalidad, deseos, ideales, comportamiento… pero los acepto por igual y plenamente.

Soy un convencido de que el éxito de una persona no radica en su grado profesional, sino en el grado de profesionalismo que imprima en la actividad que desarrolla. Estoy seguro de que tú cuentas con las características y la actitud para alcanzar el éxito y que comprendes que es resultado de un esfuerzo ininterrumpido, sumado, multiplicado. Quizá compartas mi opinión de que el éxito bien poco tiene que ver con la felicidad, pues ésta es algo mucho más complejo y por tanto más difícil de alcanzar; nos aproximamos a ella paulatinamente, a veces con tanta lentitud que desesperamos, e impone como condición dar pasos firmes y bien orientados y no acepta equivocaciones de pensamiento o de sentimiento. Sé que hablar de felicidad es algo tan subjetivo que difícilmente se llega a conclusiones comunes, pero todos somos capaces de conocerla y sentirla. Y como yo soy feliz de tener seis hijos como ustedes y a tu mamá como esposa, no quiero entrar en polémicas sino desearte que seas feliz y repetirte que independientemente de las decisiones que tomes, siempre contarás conmigo.

Sólo te pido no defraudar tus principios y mantener en alto tu dignidad.

Tu padre que te quiere,
Óscar

P. D. Al leer esta carta compartiré tu opinión del desorden de pensamientos que contiene, pero así fueron saliendo y ni modo, tal cual te la envío, no es mi día.

Lovaina, Bélgica, 1983

Hola, Lydiuca:

¿Cómo estás? ¿Qué tal el teatro? Me imagino que ya montaron la obra, espero que estés contenta con las clases y que el maestro ya no sea tan macho como dices. Qué emoción que ya estés aprendiendo a escribir libretos para teatro, yo creo que vas a hacer muchas obras, eres muy buena para contar las historias. Eso y las producciones de cine, wow, quién iba a decir que tendrías tanto trabajo a los veinte años mientras nosotras seguimos estudiando.

Estoy viviendo en un departamento pequeño, tengo una recámara sola. Ya empecé a tomar clases de francés, el lunes empezaré un curso intensivo en Wavre, un pueblo que está a diez minutos de Lovaina. Me la he pasado sacando la tarjeta de identidad, ir al súper y cosas burocráticas. Tal vez mañana voy a Bruselas, ojalá puedas venir a visitarme. Si te vienes a vivir a París en diciembre, nos podemos ver seguido porque estamos muy cerca.

Ya no me regañes porque no redacto bien, mejor escríbeme y dime todos los defectos que tienen mis cartas, tomando en cuenta desde la redacción hasta el contenido y que yo no he leído tantos libros como tú y que no soy tan maniática y criticona como tú. Toma en cuenta que no sé redactar, que me da flojera escribir cartas y que nunca había escrito cartas. Ya sé que me vas a regañar, pero ya tengo que aprender porque tengo que mandar muchas cartas ahora que vivo fuera de México.

Te prometo que voy a ir mejorando, aunque no quiero ser escritora.

Me despido, te quiero chorros,
Cecilia Guzmán

Ciudad de México, 12 de marzo de 1984

Papá:

Hace tres meses que no me hablas, entonces te escribo esta carta. Me dice mamá que estás indignado porque estoy trabajando en cine y el ambiente te parece inadecuado. Entiendo que cuando estás molesto prefieres no hablar y, contrario a tu reacción, a mí me parece que es el mejor momento para aclarar las cosas, cuando uno siente que el desacuerdo crece hasta convertirse en animadversión.

He hablado con mamá, y ella dice que no quieres escucharla, así que tal vez quieras leerla en algún momento de silencio.

En estos dos años he aprendido más de lo que aprendería en la universidad. Frank Brill es mi jefe, el productor norteamericano que se ha convertido en mi maestro, gracias a él he aprendido todo lo necesario para ser asistente de producción de estas megaproducciones gringas en los Estudios Churubusco, ya mi inglés es casi perfecto en sólo seis meses de trabajar día y noche con ellos, estoy orgullosa de haberlo aprendido sola. Terminando la filmación de la película sobre la masacre del sacerdote jesuita en El Salvador me fui a Los Ángeles a trabajar en la posproducción. Allí le pregunté a Frank si debía estudiar en la UCLA la carrera de cine; me respondió que no lo haga, que es mejor que siga trabajando y aprendiendo, que tome el curso de guion porque la mejor escuela de producción está en los estudios, me asegura que soy muy buena y que algún día podré ser una gran productora si así lo deseo.

Dices que es un mundo de drogas y perdición; sin duda el consumo de cocaína y alcohol está normalizado en esta industria, pero no soy tan tonta para aniquilar mi inteligencia usando drogas, no me gustan ni me interesan, ya tengo suficientes problemas con el machismo de este ambiente como para nublar mi capacidad de reacción frente al riesgo. Eso no debería asustarte, los hombres nos acosan en la escuela, en la calle o en el trabajo, y no es argumento para que deje este trabajo que me gusta y sobre todo en el que he descubierto que tengo habilidades creativas.

Me extraña que no quieras hablar conmigo cuando hace apenas un año me escribiste que confiabas en mí y en que tomara las mejores decisiones; eso es lo que hago. He conocido a gente de la que estoy aprendiendo mucho y aunque estoy entre las más jóvenes me he rodeado de gente maravillosa que me enseña a trabajar bajo las condiciones más duras de una buena producción cinematográfica.

De hecho, estoy trabajando con una productora que se llama Teresa Jáuregui, me dice que te conoce de cuando ella produjo para tu empresa unos videos documentales sobre las plataformas petroleras; en fin, que seguramente eso no te convencerá de que este trabajo me enseñará mucho para construir la carrera que quiero.

Sólo quiero que sepas que estoy feliz, que amo mi trabajo y estoy ganando más de lo que ganaría una persona de mi edad en un trabajo de oficina cualquiera. Estoy ahorrando para eventualmente comprarme un auto y un departamento. Antes de cumplir treinta años quiero tener mi casa propia, quiero ser autónoma y estoy en el camino correcto.

Desearía que fueras capaz de entenderlo; si no es así me dolerá mucho, pero ustedes me educaron para tomar decisiones basadas en mis convicciones, y eso hago, no estoy hecha para un trabajo normal, seguiré explorando y trabajando en lo que me haga sentir viva y emocionada.

Te abrazo, papá,
Lydia

Semana Santa, 1985

Querida Lydia:

Quería que este Domingo de Pascua fuera algo especial y pensé que lo mejor sería escribirles lo que siento y lo que pienso.

Creo que tú, por tu carácter apasionado y rebelde, te has llevado muchas decepciones, te han herido más de lo que mucha gente resistiría, pero tú, gracias a tu fortaleza, has salido adelante y tu alma es cada vez más bella, tu corazón más noble y tu mente más clara.

Siempre le he dado gracias a Dios de todo lo que me ha dado, pero entre las cosas que más agradezco es que me haya permitido tener unas hijas a las que no sólo amo; además me alegro de admirarlas y amarlas como personas. Y qué suerte he tenido de que entre los millones de seres que existen en el mundo me haya tocado tener una hija como tú.

Te ama,
Paulette

Ciudad de México,
24 de agosto de 1985

Querida Lydia:

Espero que en el momento en que estés leyendo esto estés más contenta que ayer. Yo creo que poco a poco vas a sanar el rompimiento con Jorge.

No es solamente que él no supo separar los problemas del trabajo de la relación entre ustedes, es que él no quiso aprender que el matrimonio es para unir a las personas en las buenas y en las malas, no es para amarrarnos. Si uno de los dos cree que puede luchar solo contra el mundo y no necesita el apoyo de su pareja, esa relación no puede funcionar.

Él solo fue formando un abismo entre ustedes que a la larga terminó separándolos. No todos los hombres son violentos y debes aprender a leer las actitudes y comportamientos que pueden llevar a la violencia. Deseo que recuperes la confianza en tu intuición. A cada día su propio afán.

Ahora te corresponde dejar de preocuparte por tantas cosas, no llevar el peso del ayer que te lamentas porque en realidad no está en tus manos.

¿Por qué te angustia el temor del mañana que no existe? Llena el hoy que tienes en tus manos, aprovéchalo, piensa que hiciste lo correcto porque no mereces que te maltraten ni que te humillen, eso no es amor. Llena bien el hoy que tienes en tus manos para luchar, para vencer, para reparar, para amar.

Espero, mi dulce niña, que puedas comprender eso, porque Jorge te iba a hacer sufrir mucho, quedarte a su lado te habría hecho mucho daño, no te imaginas cuánto.

Su actitud no es solamente negativa, es peligrosa para la mujer que sea su pareja y como tu madre te digo que hiciste lo correcto. Sé que te duele, confío en tu tenacidad y tu capacidad de sanar, de amar. Mereces estar con un hombre que sea feliz al verte brillar, no con uno que quiera apagar tu luz.

Te quiero mucho y no me gusta verte triste.

Te ama,
Paulette

Desierto de los Leones,
México, agosto de 1985

Jorge:

Ayer que me hiciste la escena de celos porque llegué tarde de trabajar me ayudaste a darme cuenta de lo que nos está sucediendo. Cuando nos conocimos me dijiste que no eras celoso, que te gustan las mujeres independientes, fuertes, inteligentes; ahora veo que simplemente estabas intentando convencerme de que eras el hombre adecuado para mí, pero no lo eres.

Tengo veintidós años y aunque tú seas siete años mayor claramente la persona madura en esta relación soy yo. Trabajo mucho y cuando nos vemos estoy tensa, si estamos con tus amistades siempre se me atraviesa en el pecho el temor de que pierdas los estribos y maltrates a tus amigos u ofendas a las amigas. Dices que eres un caballero; si crees que lo que haces es caballeroso te equivocaste de palabra: eres macho y soberbio.

Te amo. Sin embargo, la forma en que me trataste ayer es absolutamente inaceptable, no puedo casarme con un hombre que cree que es normal gritarle a su pareja, aventarla en el sillón y amenazarla para que lo obedezca.

Jamás imaginé que escribiría una carta como ésta. Te amo y al mismo tiempo tengo miedo de ti, de tus reacciones, de que uses la excusa de tomar dos tequilas para levantar la voz, para pelearte con tus amigos por cualquier tontería. Siento que llevas una rabia encerrada dentro de ti y que has elegido no controlarla. Me parte el corazón decirte esto, pero hoy en la mañana que hablé con tu mamá para decirle que no me voy a casar contigo me dijo que es normal que los hombres sean violentos, que tu padre la controlaba todo el tiempo; cuando me puse a llorar ella me dijo que se encierra a llorar porque eres muy grosero y agresivo con ella, igual que tu padre.

No puedo imaginarme mi vida al lado de un hombre que piensa que tiene que demostrar su fuerza esclavizando su inteligencia con las cadenas de la rabia y la soberbia. No eres el hombre del que me enamoré, prefiero quedarme sola el resto de mi vida que someterme a las reglas de lo que tú llamas "un hombre normal". Es una bajeza que en lugar de aceptar que tienes un problema de personalidad violenta y pedirme perdón, te atreves a decirme que tu reacción de lanzarme al sofá y amenazarme con romperme la cara fue culpa mía porque llegué tarde de trabajar, porque yo trabajo rodeada de hombres en los estudios de cine, porque manejo sola en la madrugada, porque me fui en carretera en mi coche hasta Veracruz a trabajar. Yo puedo manejar sola hasta el fin del mundo si así lo decido y nadie tiene derecho a controlar mi libertad; ni tú, por más que te ame.

Ahora entiendo, Jorge: nunca me has amado, no sabes amar, porque quien controla y golpea, quien humilla y cree que su pareja no tiene derecho a la libertad no puede amar, eso que tú sientes por mí debe llamarse de otra forma... es deseo, fascinación, obsesión, atracción, pero amor seguro que no es.

Te pido que dejes de enviarme flores, los regalos no significan nada para mí. Mi familia y mis amigos saben que eres un hombre violento, y si te vuelves a acercar a mi casa o a mi trabajo llamaremos a la policía. No dudes nunca que me voy a defender. Te perdono, pero no disculpo tu actitud violenta que es injustificable, no quiero verte jamás.

Te dejé el anillo de compromiso con tu madre.

Que tengas una buena vida.

Adiós,
Lydia

Ciudad de México, 9 de enero de 1986

Mi querida Lydia:

Como tú fuiste quien me regaló este papel tan bonito para escribir cartas, y como jamás las he escrito, quería estrenarlo escribiendo una pequeña nota para ti.

Ya llevamos más de dos meses juntos y todavía sigo en las nubes. No puedo creer que seas mi novia y que me quieras. Por suerte así es, y si éste fuera sólo un sueño, como diría el poeta, no quiero despertar.

Me dijiste un día que cuando descubra algo de ti que no me guste te lo diga, pero hasta la fecha no he encontrado nada y dudo mucho que lo encuentre. Somos muy diferentes, amo tu fuerza y tu integridad, tu dulzura y tu honestidad, tu pasión y tu bondad.

Cuando vivía en Inglaterra sentía temor hacia el compromiso, pero ya no, porque en ti he encontrado a la mujer con la que quiero compartir el resto de mi vida. Ojalá que nuestro sueño de amor nunca termine. Me iría contigo al fin del mundo para estar juntos.

Te adoro,
Anthony

Cancún, Quintana Roo, febrero de 1986

Querido Tony:

Te escribo con el corazón roto. Te he llamado tantas veces que parece que ha pasado una eternidad. Estaba leyendo tus mensajes de amor y no sabía qué pensar de tu silencio, una ausencia inexplicable. Entiendo que fui yo quien decidió venir a buscar suerte en Cancún, pero tú y yo acordamos que me alcanzarías para vivir juntos en cuanto tenga un lugar seguro. Hoy hablé con Gaby y me dijo que estás con Cecilia, que se han convertido en pareja. Estoy azorada, de entre todas las mujeres tenías que quedarte con mi mejor amiga, ¿de verdad?

No tengo mucho más que decir, supongo que tú quieres una vida tranquila en la ciudad y las aventuras que yo te propuse sonaban bien, pero al final elegiste una vida simplona y desdibujada junto a una maestra de inglés que ama la monotonía.

No puedo más que desearte que seas feliz, yo no he dejado de quererte.

Te guardo en mi corazón,
Lydia

* La carta ha sido devuelta al remitente

Ciudad de México, febrero de 1986

Querida Lydia:

No tienes idea cómo nos moviste el tapete con tu súbita partida. ¿Porqué irte a Cancún? Un sitio lejano y construido artificialmente, ¿por qué? No sé, extraño tu cariño, tu voz, tu presencia. Aunque por otro lado pienso que es por tu bien y que tal vez frente al mar encontrarás tu camino, tu felicidad. De entre mis hijos eres la única que es capaz de lanzarse sola a los veintitrés años a un lugar desconocido, sin amistades, para empezar su vida sin pedir nada a nadie, ni permiso ni seguridad. A veces me asusta tu valentía, temo que tu arrojo te ponga en situaciones peligrosas. Confío que en Cancún construirás un hogar seguro, lleno de poesía frente al mar.

Hay una ambivalencia en el corazón de una madre. Por un lado, deseas que tus hijas se desarrollen, que triunfen, que vuelen con sus propias alas, y por otro lado deseas tenerlas cerca del corazón. Pero así es la vida y pienso que tú serás una mujer libre en todos los aspectos.

Entiendo que el hecho de que casi te casaras con Jorge y decidieras romper con él haya cambiado tu vida, sé que te hizo madurar y me duele que ese proceso se haya dado por un acto de violencia terrible; admiro tu valentía y la determinación que heredaste de tu papá para decir "basta, aquí se termina", y llegar hasta las últimas consecuencias. Sólo espero que eso no endurezca tu corazón y que lo abras al amor. Revísate, asegúrate de que no estás huyendo sino buscando una nueva vida, sólo eso te pido.

Sólo quiero que siempre pienses en ti misma, que no te dejes arrastrar por nada que te haga daño. Confía en tu inteligencia emocional y encuentra tu camino, hija querida.

Myriam ha estado enferma, esperamos el resultado del análisis, ya te contaré. Alfredo estuvo muy mal de la garganta otra vez la semana pasada y ya le diagnosticaron sinusitis. Está en tratamiento, pero quieren operarlo.

Yo sigo en la organización muy contenta, ahora les estamos dando el curso de Búsqueda Existencial a un grupo de quince señoras, las veo muy entusiasmadas, espero que les sea útil para que aprendan a vivir de una manera diferente. Ya sabes que nosotras somos solamente facilitadoras, la verdadera agente de cambio es cada mujer. Estoy muy emocionada con la cantidad de mujeres que hemos capacitado hasta ahora.

Eugenia ya salió del peligro de la crisis posparto, no sabes qué susto tremendo tuvimos todas. Su mamá está con ella porque tu hermano tuvo que salir de viaje de trabajo. Ojalá puedas venir de Cancún al bautizo de María José que será en marzo en Cocoyoc.

Te quiero mucho, me gustaría escuchar tu voz todos los días. Como no es posible te llamaré una vez por semana. Sabes que si necesitas algo o tienes ganas de hablar puedes llamar por cobrar, por favor no te encierres en tu soledad.

Recibe mil besos de quien te quiere,
Paulette

P. D. Besos de tu papá.

Marzo de 1986

Lydia, nieta mía:

Desde que eras pequeñina guardabas tu sonrisa para cuando te abrazaba. Nunca sonreíste para una fotografía.

De todas las que te tomé nunca entregaste la felicidad en ellas. Me preguntas por qué tu padre no está feliz de saber que estás enamorada de Salvador, debes comprender que es difícil ser padre, ningún hombre estará a la altura de su hija por más defectos que encuentre en ella.

Tu padre no está a la altura de tu madre, que es mi hija. No debería decirlo, mas es así. Paulette se enamoró de él cuando creíamos que se iba a casar con un portugués que le escribía poemas, ella deseaba vivir en la tierra que tu abuelita y yo tuvimos que abandonar durante la guerra. El hermano de Nina estaba enamorado de tu madre y ella de él. Un día vino a México a vernos y conoció a tu padre mexicano, que se robó su corazón. Así es la vida. Tu abuelita podría haberse casado con muchos, pero eligió al bruto de mí porque estábamos destinados a estar juntos.

Te veo sonreír como hace muchos años no sonríes. Si piensas que Salvador está destinado para ti y tú para él, no te preocupes de lo que piense tu padre; todos aprendemos las lecciones de la vida.

En el libro de Fernando Pessoa que te obsequiamos tu abuelita y yo está este verso que recitábamos en Lisboa contigo...

Tengo tanto sentimiento:
Tenemos quienes vivimos,
una vida que es vivida
y otra vida que es pensada,
y la única en que existimos
es la que está dividida
entre la cierta y la errada.

Nadie puede decirte qué es el amor, eso sólo tú lo sabes. Regresas al mar como marinera, allá te espera tu amor. Vívelo y piensa que, si hubiera más mundo, allá llegarás siempre.

Mi nieta amada, ese hombre te ha traído la sonrisa, por eso pienso que es bueno ese amor que tienen. No importa la edad, sólo los sentimientos.

Sé feliz, que tu padre habrá de comprender, si esto es duradero, que es tu vida y no la suya. Pronto iremos a visitarlos.

Te ama tu abuelo,
Zeca

Miami, Florida,
18 de octubre de 1986

Abuelita:

Espero que estén muy felices con el rancho y que estén saliendo buenas cosechas de versas y grelos. Yo estuve en Florida con Salvador. Nos venimos a tomar el curso para graduarnos como capitanes de velero. Fuimos dos días a México, pero no pudimos visitarlos porque Salvador estuvo todo el tiempo en su consultorio con el dentista al que le está dejando el negocio. Ya sabes que Sal odia la ciudad y sólo va cuando es urgente. Ya quiere vender el consultorio y su departamento de allá para estar tranquilo en Cancún. Me presentó a sus hijos; Marcos, el chico, es muy dulce y alegre pero Salvador Jr. —que tiene mi edad— me trató muy mal, creo que le cayó fatal que su papá estuviera con una mujer tan joven. Yo al final del viaje tuve que decirle que el dinero de su padre no me interesa, que yo soy independiente, siempre he trabajado y tengo mi propio dinero. Le dio igual, no le caí bien.

Ya sé que es extraño que su padre tenga cuarenta y yo veintitrés. Ni hablar, ya veremos si con el tiempo me acepta.

El maestro de veleo es una maravilla, se llama Mike, y aunque al principio me costó un poco aprender el lenguaje de barcos en inglés ya el segundo día dominaba casi todo. Los exámenes fueron difíciles, aunque Mike me decía que tengo alma de marinera y yo le respondía que por supuesto, porque soy portuguesa. Nunca entendió nada, ya sabes que los gringos en general son incultos y desconocen las historias de los navegantes lusos. Fue fascinante y divertido aprender más sobre navegación, leer cartas marinas y trazar rutas... Ya quiero platicarle a mi abuelito, seguro que le encantará. Terminando el curso del que nos graduamos ya, nos fuimos a las Bahamas. Estuvimos felices navegando juntos, todos los días le dije que lo amaba y todos los días hicimos el amor. Me acordé del viaje en que me llevaron ustedes a Oporto, cuando vimos caer el sol frente al Ponte San Luis, en ese instante imaginé que quería un amor como el que tienen tú y mi abuelito; creo que con Salvador lo he encontrado, eso esperamos los dos. Estas postales que van en el sobre son de las islas que visitamos, estuvimos buceando en Gran Ábaco y Bimini, pasamos horas esnorqueleando en Eleuthera y fuimos a una playa nudista en Nassau. En esta última isla caminamos por el puerto, lleno de tiendas de todo tipo; entramos en una joyería y Salvador me llamó para pedirme que me probara un anillo, cuando puse la mano era un diamante de compromiso, le dije que era de mala suerte y me entró una ansiedad tremenda, no quiero casarme, quiero vivir con él el resto de mi vida, no sé por qué insiste en que es importante firmar. Al final me dio un ataque de risa y lo saqué de la joyería.

Esa noche me regaló un reloj que había comprado allí. Es un Rolex dorado, no supe qué hacer y fingí que me había gustado. Ya sabes que no soporto las joyas ostentosas. Yo quería comprarme un reloj de buceo normal.

Volvimos a Miami llenos de felicidad. De verdad, como tú dices, abue, la diferencia de edad no importa tanto; hablamos de tantas cosas y no paramos de reírnos, de bailar y escuchar música… somos disfrutones los dos. Sólo creo que se nota que me lleva diecisiete años cuando habla de matrimonio, fuera de eso no siento que nos aleje nada. Espero seguir así; yo le dije ayer que prefiero que seamos amantes toda la vida juntos, él se ríe y dice que me va a convencer. Espero que no lo logre.

Me propuso que compremos un velero de treinta y ocho pies como en el que tomamos el curso, que nos preparemos para juntos dar la vuelta al mundo durante un año. Me hace una ilusión inmensa, pero quiero que sea pronto, porque en el periódico me dijeron que podrían darme trabajo fijo en la sección de cultura y yo quiero hacer una carrera entrevistando gente. Sal dice que tal vez pueda conseguir trabajo en una revista de viajes y escribir durante la vuelta al mundo; me gusta la idea, sin embargo, no sé si aceptarán que escriba sobre la vida cotidiana, los platillos de cada zona, las costumbres e idiomas. Tan sólo escribirlo me hace sentir que todo es posible, me emociona.

Bueno, abuelita, te quiero, les mando besos a los dos y cuídense mucho. Espero que vayan pronto a Cancún a visitarnos.

Besos,
Lydia

La Federación Mexicana de Actividades Subacuáticas, A. C.

Otorga el presente

CERTIFICADO

A: Lydia Cacho Ribeiro

con certificación internacional

FMAS 5585

Los Ángeles, California,
4 de septiembre de 1987

Mi querida Lydia:

¡Vaya noticia! Te has desaparecido y ahora me escribes para decirme que ¡vives con un hombre en Cancún! Tendrás que hablarme más sobre él, no estoy seguro de que sea merecedor de tu amor así que habremos de conocernos... Bromas aparte, me alegra enormemente saberte tan feliz y enamorada.

Qué bien suena esa vida de buceo, paseos por la playa y en yate. Es fantástico que Salvador sea un tipo estupendo y que por el momento hayas decidido pasar un año sin trabajar para disfrutar de esa nueva vida en Cancún y escribir poesía. Honestamente espero que esa decisión sea pasajera. Sabes que te quiero y que eres una mujer muy especial, con todas las intenciones, emociones e instintos correctos para tener una vida plena; el hecho de que pienses que yo soy un buen hombre demuestra lo inteligente que eres, ¡ha!

Estaba pensando en ir a Cancún en diciembre, queremos buscar locaciones para una película y llegado el momento proponerte que trabajes con nosotros. También quiero aprovechar para tomar unas vacaciones y de paso conocer al tal Salvador que te tiene abducida de amor.

Disfruta la vida, sé que apenas tienes veinticuatro años y pensarás que no tengo derecho a exigirte nada. Sólo quiero decirte que después de trabajar contigo como productor sé que tienes un talento extraordinario y odiaría verlo tirado a la basura y verte convertida en un ama de casa mexicana.

Sabes que tengo razón para preocuparme, las mujeres abandonan sus carreras por amor y los hombres sólo las abandonamos por una carrera mejor. Aunque me alegra que estés feliz no puedo evitar decirte que un talento para contar historias como el que tú tienes no puede quedarse guardado en un cajón.

Lydia, tu vida apenas comienza y estoy seguro de que será extraordinaria. Ya lo hablaremos con una margarita en mano, con vistas al Caribe, mientras interrogo a Salvador sobre sus intenciones contigo (seguramente seremos buenos amigos).

Te abrazo y te avisaré cuando tenga fecha del viaje.

Mi amor siempre,
Frank Brill

Ciudad de México, 25 de abril de 1988

Es para mí una sorpresa que la compañera Lydia, la rebelde y más feminista de nosotras, ha salido de su estado de soltería. No salgo de mi asombro.

Me alegra que hayas salido de tu letargo, de creer que no habría hombre valiente para amarte, ya ves que sí lo hay y lo celebro.

Por supuesto que sabíamos que jamás te casarás por la iglesia, y que te vestirías de azul o rojo para la boda (sólo por joder a tu padre). No me extraña que tu enamorado lleve el nombre de Salvador y ya no diré más porque podría hacer bromas durante cuatro páginas, ya me conoces. Debes reconocer que como siempre nos sorprendes, reapareces en escena enviando una carta a tus amigas diciendo: "Me casé con un hombre que amo. Se llama Salvador, yo no quería contraer nupcias pero él me suplicó que lo hiciéramos para satisfacer a su madre. Fue por el civil, me puse un vestido azul escotado en la espalda, sólo fue mi familia. Estoy feliz, no por haberme casado sino por estar con un hombre que amo y me ama. No necesito regalos. Ya les platicaré, organicemos una comida en defe pronto".

De todas nosotras eres la única capaz de contarnos un momento tan significativo en una especie de telegrama impersonal. Sí, ya sé que cuando te veamos vamos a sacar el tequila y nos contarás a detalle cada instante y nos harás beber tus palabras porque sabes narrar historias, y ya, tendremos que esperar a que vuelvas de tu viaje por el Caribe.

Yo estuve en un congreso de Historia y estarás muy orgullosa de saber que tu amiga Nuria tuvo un momento de brillante actuación y trascendental participación impartiendo una conferencia sobre "La condición jurídica de la mujer en la doctrina del siglo XIX". Estuve en un congreso feminista de sociólogas y antropólogas, te hubiera encantado participar.

Nosotras seguimos viviendo las grillas posteriores a la huelga de la UNAM, ya me conoces que como buena agitadora no podía dejar de participar, así que hasta que se vaya Carpizo no nos daremos por vencidas. Es un misógino de mierda, además de que tiene denuncias por acosar a chavos estudiantes, pero ya conoces a los hombres, no se atreven a decir la verdad frente a los patriarcas. Vamos a seguir en la lucha y sé que si no te hubieras ido a Cancún estarías aquí de coordinadora general de las denuncias de violencia, pero no estás, elegiste Cancún, abandonaste la lucha.

Sobre el amor, nada. He salido con diferentes personas, pero ninguna se ha ganado mi corazón. Me enrollé con un chavo que estaba en el lado contrario de las elecciones en la Universidad y una cosa llevó a la otra... Ya sabes, Cacho, nada como darse un sabroso agarrón con alguien de un grupo contrario. Nos vemos de vez en cuando y tenemos sexo; no me interesa para más, nuestra ideología lo impediría, ya entiendes. Los cuerpos se hablan y las mentes se reservan.

En otro tema sabrás que Bettina se fue a Harvard, que se va a casar con un amigo del Madrid y tendremos que organizar un viaje juntas para ponernos todas al día y evitar que nuestra vida personal quede sólo plasmada en cartas de papel que nadie guardará. Nos prometimos hacer historia juntas, no lo olvides, amiga querida.

Veámonos en la boda de Bettina, pero además no dejemos en el olvido a las que somos; nunca. Necesito que me lo prometas.

Me despido con la promesa, cariños, besos y abrazos,
Nuria

Cancún, Quintana Roo,
15 de septiembre de 1988

Querida mamá:

El viento ha dejado de soplar a la velocidad aterradora de más de trescientos veinte kilómetros por hora. Es ahora cuando me entero —con la poca información que podemos recibir— de que el daño que ha sufrido Cancún es tan inmenso que ha sido clasificado como zona de desastre. Lo hemos escuchado por la radio del barco que Salvador instaló en casa de Andrés, donde nos vinimos a resguardar del huracán *Gilberto*. La radio es de Miami, pues allá aún no ha llegado el huracán y hemos estado parcialmente informados gracias al centro meteorológico de Florida.

Salvador acaba de salir del departamento, aún hay viento de ochenta kilómetros por hora; me pidió que me quedara, no sabe en qué condiciones encuentre las calles, parece que hay robos y ataques a transeúntes. A mí sólo se me ocurre tomar mi libreta y pluma para escribirte esta carta.

Cuando llegó el ojo del huracán bajó la presión atmosférica y la tensión emocional, entonces pudimos dormir un par de horas. La tensión ha bajado. Andrés y Paty durmieron en una recámara y en la otra Tomás, Patricia, Salvador y yo. Por supuesto hemos estado vestidos y con zapatos todo el tiempo por si tenemos que abandonar el edificio en caso de emergencia. Después de pedirle a Sal que se cuide y no haga ninguna tontería heroica intenté conciliar el sueño. Ya me conoces, no dormí los dos días previos al huracán, estuve acelerada y pasé más de veinte horas sin parar. Acomodamos todas las cosas de nuestro apartamento en el baño, dicen que es el único lugar seguro. Prevemos inundación, pues como sabes tenemos la laguna enfrente. Así que guardamos toda la casa en el baño. Después estuve cocinando para todos, somos seis; poniendo la comida para una semana en raciones y en las hieleras, comprando hielo y agua embotellada, pues lo demás —víveres y medicamentos— ya lo tenía desde hace días cuando sabíamos que podría llegar la tormenta.

El caso es que a pesar de estar agotada me es imposible conciliar el sueño, no hago nada más que inventarme algún tipo de oración que se parezca a un rezo. Pienso en toda la gente que vive en las peores condiciones en las zonas que se inundan, a ratos me temo lo peor. Salvador me dijo que deje de pensar en los demás pero es imposible, somos privilegiados, pudimos comprar víveres y venirnos a casa de amigos en el centro, lejos del mar y la laguna, pudimos resguardar nuestras cosas, incluso los bienes superfluos como la ropa de esquiar en nieve, mientras tantísima gente no tiene a dónde ir porque dijeron en la radio que los albergues antihuracán estaban saturados. Me angustia pensar en la gente que con el mismo miedo que hemos sentidos nosotras no tenga posibilidad de sobrevivir.

Me levanto y tomo un plato, sirvo un poco de cereal y leche, sólo sirvo un tercio del vaso de agua. Tenemos que racionar los víveres, estamos conscientes de ello. Cancún es una isla y podrían tardar semanas en volver a traer alimentos y en recuperar los servicios de agua y luz.

Ya son treinta y seis horas sin salir del departamento, siento ganas de salir a las calles, de caminar. Tengo el cuerpo entumido de estar tantas horas recostada sobre una escalera, hincada y luego por largas horas sentada en el piso. Miro por el hueco que dejaron los ventanales rotos, la oquedad de ojos que ya no miran la belleza. El olor a mar se convirtió en tufo de algo podrido, las palmeras arrancadas de tajo por el viento arrojadas en la avenida abajo del edificio. Hay sólo un almendro en pie, la calle entera está cubierta de árboles destrozados, vidrios, arbustos, un auto volteado como prueba del caos.

Veo a un hombre que sale de la casa vecina, ayuda a otros hombres y mujeres a barrer un poco, tarea inútil. El viento comienza a aullar de nuevo. Viene de vuelta, esto no ha terminado. Estoy angustiada, el cereal se revuelve en mi estómago, me pregunto para qué comí. Son las 10:30. Salvador llegó, pudo localizar a Rambo, el marinero que se quedó cuidando nuestra lancha, escondido en el manglar. Está bien, pudo volver a tierra sin problema, dice que no la pasó mal, que se reía emocionado, se tomó unas cervezas con su compañero de aventura —la dulzura de la inconsciencia—. Su familia llegó a su encuentro, no hay teléfonos, la gente está saliendo, pero la radio dice que esto aún no termina. La esposa les dijo que la casa quedó destrozada por el viento, no hay un muro en pie en su palapa. Sal dice que la esposa estaba tranquila, dijo que estarían bien, los vecinos les ayudaron a sacar algunas cosas en una lancha —ahora las calles son un río— y se van a una escuela que han improvisado como albergue. "No hay tristeza por lo material —dice Salvador—, pero cuando termine esto les ayudaremos a reconstruir su casita". Por eso lo amo.

Han pasado las horas, salimos de la casa de Andrés y Paty, ahora sí el huracán se ha ido hacia Florida. La entrada a la zona hotelera muestra un retrato de la devastación. Está lleno de soldados a lo largo de la avenida Kukulcán, la que comunica la zona hotelera y el centro de la ciudad. Entre los soldados las palmeras arrancadas de raíz, el manglar como un árbol de otoño deshojado abre la vista de la catástrofe.

Poco a poco nos abrimos paso junto a otros automovilistas que quieren volver a sus casas. Los hoteles están llenos de turistas, seguramente aterrados. Tendrán anécdotas inolvidables que narrar. Algunos vienen a atestiguar el desastre, a saciar su morbo, cámara fotográfica en mano. No importa que no haya gasolina y no sepamos cuándo la habrá de nuevo, están disfrutando ver los muebles de todo el hotel de aquel lado de la laguna; el restaurante arrasado con lo que contenía ha quedado a la vera del hogar de los cocodrilos. El tour de la tragedia, la humanidad curiosa, el gozo de la pérdida de los más ricos.

Pero no todo está perdido, madre, hay quienes han salido a la ayuda de otros, gente que se baja para ayudar a los propietarios de pequeños negocios a meter muebles y objetos que quedaron en la avenida. Gente que ayuda a otra gente a salir de la zona hotelera para volver a sus hogares en el pueblo. Los lobbies de los hoteles son bocas abiertas, desdentadas, vacías. Todo lo suyo al otro lado de la laguna donde las olas imitan aún la fuerza del mar. La naturaleza no pide permiso a la invasión humana y vuelve a recuperar terreno, no durará mucho.

Salvador y yo caminamos por una playa, nos paramos frente a un inmenso barco pesquero cubano que intentó enfrentar el huracán a motor. Terminó encallando en la playa, a unos metros de casas y hoteles. Los pescadores metidos en una casa, dormidos de borrachos, bebieron y comieron hasta saciarse. Salen rascándose la barriga y nos cuentan su hazaña, el sudor huele a vodka y tequila. Sonríen, es libertad.

Estamos vivas y volveremos a levantarlo todo, estoy segura. Entramos a casa, Salvador ve mi libreta en mano, me pregunta si escribí algo, le digo que todo. Sonríe, comenzamos a volver a la normalidad. La casa huele a peces muertos, hay agua de la laguna, un vidrio roto, una pequeña gaviota muerta en la sala.

Limpiamos juntos durante horas, terminamos por hoy después de hacer la cama. No hay luz, abrimos las ventanas para dormir desnudos con un calor insoportable. Antes saco dos sándwiches de la hielera. Las cervezas aún están heladas, sonreímos y las bebemos sentados en la cama. Salvador me pide que lea en voz alta esta carta antes de guardarla en el sobre para enviártela a la capital. Caigo en cuenta de que no tengo ni idea de cuándo abrirán Correos, tampoco hay teléfonos. Mañana será otro día.

Te quiero, Lydia

P. D. Salvador manda su amor en forma de huracán.

Cancún, Quintana Roo, 12 de abril de 1989

Amore:

Hoy cumples veintiséis años y quiero que cuando abras este regalo sepas que el viaje que haremos a las Islas Vírgenes es uno de miles que quiero hacer contigo. Quiero que seas mi compañera para el resto de la vida y que viajemos por todo el mundo juntos. Espero poderte hacer tan feliz como me haces tú a mí.

Con este reloj verás las horas pasar, como dice la canción, sólo espero que siempre desees que yo esté a tu lado bajo el mar o en un paracaídas como en Valle de Bravo. Donde sea, siempre juntos.

Tuyo,
Salvador

Cancún, Quintana Roo,
12 de agosto de 1989

Salvador:

Mis ojos despiertan con el amanecer de tu piel dorada,
el tono suave de tu voz acalla la tormenta,
el miedo pierde su nombre entre tus brazos.
La felicidad es oír el sonido de tus pasos descalzos,
la suave caricia de tu risa intacta,
tú al timón del barco mirando al infinito,
un nosotros que navega a cualquier sitio.
Me pierdo en tus ojos marineros
mientras el viento sopla a mis espaldas.
Eres el faro de la noche en que navego,
nada es comparable con este instante nuestro.
Somos la nave,
la isla,
el destino y el viento.

Siempre,
Lydia

Nueva York, 6 de febrero de 1990

Salvador:

Te pensé todo el camino de regreso desde las oficinas de la ONU en la Calle 42. El viento persistente fue congelando mi piel poco a poco. En las oficinas del Unifem todas decían que sería mejor que de una vez por todas caiga la nieve porque así bajará el frío. Extraño el aire tibio de Cancún y el de tu aliento, la humedad cálida del viento de la laguna en nuestra casa. Espero que te sientas mejor después de la picadura de la mantarraya, qué bueno que Carlos estaba allí contigo para inyectarte cortisona y que pasaras tantas horas en la tina caliente para sacar el veneno; si era una raya grande me imagino que sentiste la picadura de inmediato. Qué ganas de estar allá a tu lado para cuidarte.

Al escucharte me acordé de cuando nos picaron las mantarrayas a los dos, ¿te acuerdas? Ese sábado que estábamos haciendo windsurf en la laguna y al caer nos quedamos hablando allí parados sobre el légamo de Nichupté, cuando casi al mismo tiempo los dos sentimos algo. Como tontos averiguando si algún pez se había atravesado entre nuestras piernas hasta que el escozor nos hizo salir del agua, mirar los tobillos hinchados y cada cual con una pierna adormecida. Dijiste que hasta eso lo hacíamos juntos: envenenarnos al pisar involuntariamente a pequeñas mantarrayas.

Hay tantas cosas que quiero hacer contigo, Salvador. Navegar por todo el mundo en ese velero Irwin 38 que nos gustó en Miami. Otra vez solos ir de isla en isla, bucear, leer, escuchar música y cocinar.

Me han contratado para impartir más cursos sobre periodismo que visibilice a las mujeres y niñas en el mundo, así que parece que pronto podré tener la carrera que quiero, ser una periodista y escritora libre, contar las historias de los pueblos y ciudades del mundo. No puedo esperar, las redacciones de los periódicos son tediosas e insoportablemente machistas, aquí me es más claro que eso sucede en todo el mundo. Ayer conocí a unas periodistas de la India, Paquistán y Filipinas que están intentando publicar historias de infibulación genital femenina, algunas traían con ellas fotografías gráficas de chozas de mierda en las que está el líder religioso supervisando a la matrona que con una navaja de rasurar —como las que usaban antes los abuelos—, les cortan el clítoris a las adolescentes; la falta de higiene es un espanto encima de la crueldad y el absurdo ideológico detrás de esta mutilación.

Me acordé tanto de cuando mi mamá nos explicaba de niñas que el clítoris tiene dieciocho mil terminaciones nerviosas. Entonces las mutilan para arrebatarles el derecho al placer de sentir, de tocarse, para que sean sólo aparatos de reproducción para los hombres. Tuve que detener la conversación tres veces, ellas están tan lastimadas de atestiguar el horror que quieren horrorizar al mundo publicando esas fotografías. Les propuse que leamos a Hannah Arendt y a Sontag para discutir la ética y la banalización del horror.

Amor, no sabes lo difícil que ha sido convencerlas de que hay que proteger la identidad y el dolor de las víctimas. Los editores de los periódicos se niegan a publicar los reportajes si no son sensacionalistas. Creo que éste es el reto más grande de mi vida, o al menos antes de cumplir los treinta años. Me pregunto cómo desarrollamos una nueva narrativa si todo conspira para sabotear la más mínima posibilidad. Al mismo tiempo me doy cuenta de que tengo una obligación para la que debo prepararme mejor: argumentar de manera más sólida cómo y por qué debemos infiltrarnos en el periodismo machista hasta derrocar sus principios de lealtad con los victimarios y de exhibición pornográfica del dolor de las víctimas. Me parece que es otra forma de opresión y no sé cómo explicarlo a las colegas de otros países.

Todas tenemos nuestra propia carga machista, ninguna nació y creció en el vacío; entonces desde esa contradicción tenemos que encontrar juntas la salida.

Me acordé de lo que me dijiste aquel día en que publiqué lo de la violación de niñas pequeñas en la zona maya. Que si yo no hubiera escrito ese reportaje tú no te habrías atrevido a leerlo, ¿por qué? Dijiste que no es por el amor que me tienes, pero aún no entiendo qué logro hacer cuando entrevisto y luego escribo para que alguien como tú que odia el conflicto y rehúye del sufrimiento se atreva a leer esas historias.

Hablé con mi mamá ayer, por fin la encontré. Se había ido con mi hermana Myriam a dar unos cursos de sexualidad y libertad para grupos de mujeres. Le pregunté lo mismo, me dijo que a ella le costó mucho trabajo entender en dónde radicaba su poder como psicóloga y como conferencista y maestra. Que lo supo gracias a conversaciones con sus amigos médicos y psiquiatras hombres, ellos le dijeron que era su mirada, el lugar desde el que sabía escuchar y nombrar los problemas con autenticidad. Entonces yo debo descubrir esa habilidad, conjuntar lo que tú me dices que yo hago y lo que entiendo que todas somos capaces de aprender.

Perdona, ésta iba a ser una carta de amor y otra vez empecé a escribir de trabajo, pero me hacen falta nuestras conversaciones con un vinito y música, hablar en serio y después poder celebrar la vida. En estas oficinas de la ONU, en especial las del Unifem y el Onusida, se respira un dolor a ratos insoportable. Parece que nosotras, encima de dedicar la vida al activismo y al periodismo, tenemos vetado el derecho al placer y al gozo. Le dije eso a Madhu Bala, la directora del Onusida en Asia, ¿te acuerdas de esa maravillosa mujer de la India de la que te enseñé fotografías? Ella me dijo que es el cristianismo, la cultura culposa, la tendencia a ser madres teresas. Me hizo gracia, solté una carcajada, yo jamás me he visto como monja y menos como salvadora de nadie. Le respondí que creo que las compañeras indias son iguales. No es la religión solamente —cualquier religión—, es el condicionamiento al martirologio femenino, la noción de las vírgenes carentes de derecho al placer, mutiladas desde su concepción mística. Me pregunto cuántas mujeres que han crecido en la opresión del machismo, como dijiste refiriéndote a tu madre el otro día, serán capaces de liberarse de esa necesidad de justificar su deseo de libertad, de pedir perdón por descubrir que son únicas.

Te confieso que no estoy segura de mí, ignoro si podré con esta tarea que me proponen las expertas de la ONU. Haber desarrollado mis propias técnicas periodísticas no significa que funcionen para otras periodistas en otros países. A ratos siento, como dijo Irene, mi terapeuta, que me atormenta el "síndrome de la impostora", esa inseguridad que me hace sentir que en realidad no tengo todo el conocimiento acumulado, que mis méritos son fortuitos y no producto de mi inteligencia. Sí, Salvador, ya sé que estarás sonriendo y moviendo la cabeza para decir que no puede ser que siga obsesionada con ello. Qué le vamos a hacer, resulta abrumador pensar que, como me ha dicho Madhu, algún día dentro de unos años las jóvenes periodistas de la India y África dirán: "Yo estudié periodismo y crónica con perspectiva de género con esa mexicana que se llama Lydia Cacho", ¿te imaginas? Me conformo con que sea útil esto que estamos inventando las periodistas feministas... el periodismo de derechos humanos. Mientras tanto me ocupo para no angustiarme más y practicar mi francés, que en inglés me ha salido bien el curso.

Falta todavía una semana para terminar esta capacitación, ya pronto nos veremos, antes de que vaya a África y otra vez estaré lejos de ti. Cuántas ganas de que vengas conmigo.

Mañana te vas a Holbox y no vamos a poder hablar por teléfono varios días. Seguramente cuando te llegue esta carta yo estaré de vuelta en casa, pero no importa. Enviarla mañana me ayudará a sentir que seguimos hablando, que nos acompañamos a descubrir otros mundos.

Mientras tanto te pienso, te beso, te amo,
Lydia

Cancún, Quintana Roo, febrero de 1990

Lydia:

Sabes que no soy bueno para expresarme por escrito, en esta pareja tú eres la escritora. Estoy orgulloso de ti, de quién eres y todo lo que haces. Lo que más me gustó cuando nos conocimos y nos fuimos a bucear juntos a Akumal fue que no estabas consciente de tu belleza, tú andabas por allí en bikini como si nada y todos los amigos enloquecidos mientras otras mujeres ni la mitad de hermosas que tú actuaban como si fueran diosas. Esa sencillez que te hace tan verdadera es igual a tu inteligencia. No sé cómo puedes dudar de tus capacidades, te preguntas constantemente si podrás hacer lo que todos sabemos que harás mejor que nadie.

Te admiro tanto, flaquita, yo sé que serás famosa algún día y yo estaré orgulloso de decir que eres mi pareja, que esa mujer es lo mejor de mi vida.

Besos,
Salvador

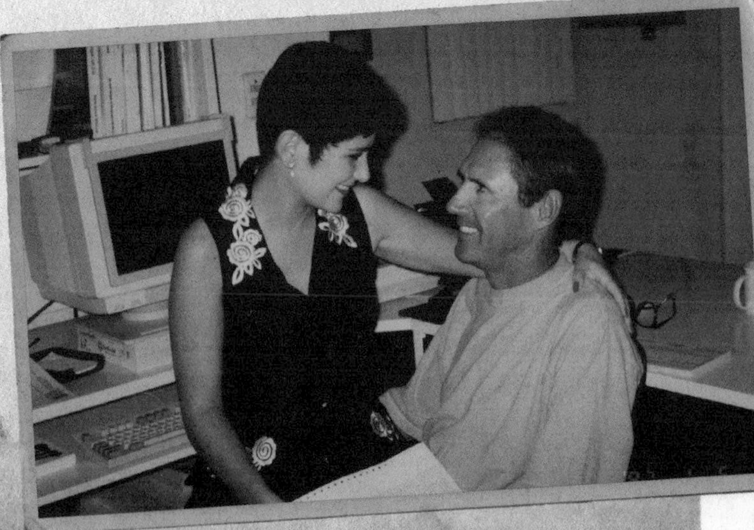

Ciudad de México, julio de 1990

Hija mía:

Estoy preocupada por ti. Desde la última vez que te vi sentí un golpe en el corazón, tu mirada está ensombrecida por el dolor, sé que me dijiste que el viaje al encuentro feminista te dejó tocada, angustiada de ver y sentir tanta rabia entre las feministas, tantas divisiones que impiden que el movimiento sea más poderoso frente a la violencia. Debes recordar que cada mujer encuentra una motivación y un momento singular en su vida para asumirse feminista, que no todas viven los procesos profundamente, que no todas serán congruentes, que no es fácil serlo todo el tiempo y que muchas mujeres nunca aceptarán decir que son feministas y están en su derecho.

Admiro tu capacidad para mediar entre grupos diferentes, que seas respetada por unas y otras; tienes un don y debes cuidarlo, cuidarlo respetando la diversidad de los sentires de las mujeres. El corazón del movimiento de mujeres no está en la cabeza sino en la madurez emocional, en la capacidad de sentir y procesar emociones y sentimientos que llevan al activismo. A cada cual su tiempo.

Leí tu texto en la revista *Fem*, me sentí orgullosa de ti. Aunque te siento cansada, ¡quieres abarcar tantas cosas!: la televisión, la radio, la dirección de la revista, tus reportajes en el periódico... tal vez debas aprender a equilibrar el trabajo y el descanso. Sé que piensas que no puedo darte ese consejo porque yo misma me sobrecargo de trabajo con mis pacientes y mis cursos con los grupos de mujeres. Es justamente porque conozco el costo que ello tiene que te pido que no te obsesiones por resolver los problemas de una sola vez. Las causas de las mujeres tienen que pasar por el ejemplo, es decir, debes ser lo que predicas; el autocuidado es importante, debes cuidar tu alma.

Tu alma tan bella, tan atormentada, tan sorprendente, alma que parece sol esplendoroso y de pronto estrella en la lejanía; tu alma de niña que de pronto toma la fuerza y la valentía de una guerrera. Eso eres para mí: fuerza y dulzura, ternura y valor, dulzura que se convierte en risas y lágrimas, valentía que se enfrenta a un mundo hostil y dice: esto es lo correcto y lo haré a pesar del costo. Algunas veces esas decisiones son más dolorosas de lo que creíamos.

Lydia, eres alguien muy especial para mí y tú lo sabes. Sé que si Dios decidió ponerte en este mundo fue para algo importante, para seguir con una misión de vida para la que te has preparado, estoy segura. Temo por tu bienestar y al mismo tiempo sé que nada te detendrá.

Tú cambiarás lo que te rodea y convertirás el páramo en prados verdes donde el alma de tus semejantes descubrirá una vida nueva. Sólo te pido que no olvides que eres vulnerable, que debes aprender a pedir ayuda cuando la necesites. No olvides que siempre serás más fuerte tomada de la mano de otras mujeres. No eres ejemplar por los premios y reconocimientos que otros puedan darte, lo eres por la belleza de tu alma; protégela, nutre tu espíritu, sólo así podrás dar las batallas que has elegido.

Recibe el amor de tu madre que te adora,
Paulette

Cancún, Quintana Roo, octubre de 1993

Felipe:

Estoy sentada a tu lado en la humilde habitación del centro de Cancún. Salvador me está esperando en casa, pero le he dicho que no volveré esta noche. Alejandra te cuidó toda la mañana, no has vuelto a despertar; como te prometí, no te dejaré solo. Apenas terminé de leerte *El principito* de nuevo, espero que lo hayas escuchado, es tu libro favorito y casi el único que has leído a los veinticinco años. Escribo mientras te hablo, para que sepas que aquí estoy, que yo tampoco entiendo por qué tus padres te han rechazado por ser quien eres, sólo recuerda que nosotras en Unidos Por la Vida nos hemos convertido en tu otra familia.

Allí recostado, miro tu cuerpo joven mientras el virus y las bacterias han invadido tus órganos, te preguntas por qué no puedes combatir a este virus, si rezaste tanto para que llegara el milagro, ¿por qué a ti? Tan lleno de sueños y juventud, ayer gritabas por la injusticia, la rabia de morir; lloraste por un futuro que nunca llegará. Te niegas a comer para castigar a Dios, para ver si así se siente responsable y muy discretamente te devuelve la vida. Me preguntaste si creo en el castigo, te digo siempre que no, que es casualidad, tú me contradices, lloras como un niño. Crees que Dios castiga a quien ama a los de su mismo sexo, pero a Dios no le importa nada.

Te abrazo, te consuelo y me siento culpable de no poder darte un poco de mi sangre para así revivir ese sistema inmune que perdió su estructura y la forma de curarte.

Te quedas dormido en un sueño profundo, tratando de recordar cuál de los encuentros fugaces con tantos desconocidos te contagió de muerte. La culpa es tu enemiga y quisiera ser capaz de sacarla de tu corazón.

Tomo tu mano delgada entre mis manos, pareces un niño pálido y pequeño, intento meditar y espero a que mueras dormido, acompañado.

Lydia

Cancún, Quintana Roo, 14 de enero de 1994

Mamá:

Ayer que hablamos me pediste que vuelva a mis diarios, que no deje de escribir mientras estoy en este proceso de convivir con el grupo de jóvenes de Unidos por la Vida contra el Sida. He decidido escribir mis artículos de *La Crónica* sobre este tema, me parece absolutamente insoportable que en pleno 1994 haya médicos, enfermeras, políticos y gente de la sociedad que discrimina a los hombres por ser homosexuales. Antier Lía y yo fuimos con la trabajadora social Paty Victoria a la clínica del Seguro Social, tenían a dos de los enfermos en camillas en el pasillo a la calle, ¿te imaginas la crueldad? Según ellos es para evitar que todos los enfermos del hospital se contagien de VIH. Parece una tarea titánica lograr educar al personal de salud para que deje sus atavismos detrás y estudie un poco. Ya quiero que conozcas a Paty; es una mujer extraordinaria, nos ha enseñado tanto sobre cómo abordar el tema del VIH-sida, pero sobre todo admiro su claridad para abordar todos los temas desde la perspectiva de los derechos humanos; sólo ella es capaz de apaciguar los ánimos de los chavos que, con toda razón, están enojados con el sistema, con la enfermedad y encima consigo mismos. De todos ellos con el que mejor me comunico es con Adrián, uno de los chicos que vive con VIH y que fundó la organización con Héctor, que es más complicado.

Ya conseguimos al psicólogo y espero que pueda ayudarles. Estuvimos en la primera sesión grupal en que el terapeuta nos dijo que debíamos estar presentes las que estamos colaborando con Alejandra Hernández (la mujer dulce que conociste en mi oficina de la revista). Fue muy duro todo, a mí me parece que el terapeuta se equivocó porque ni Lía ni yo tenemos la confianza de todos los chavos y ellos se abrieron por completo, hablaron de su intimidad, de cómo algunos se han prostituido en las calles con turistas y probablemente así se contagiaron, otros de cómo un hombre mucho mayor que ellos les "ayudó" a descubrir que son gais. Fue todo muy desconcertante, claramente han vivido una violencia tremenda y son incapaces de reconocerla. Yo ni soy experta ni estoy preparada para hablar de la violencia sexual entre hombres gay, igualmente estoy segura de que urge que algún especialista lo haga para ayudarlos a procesar todo, desde el trauma del desprecio de sus familias por su homosexualidad, hasta el dolor diario de vivir con VIH en un país que les niega atención médica y trabajo. Lo que está en nuestras manos es ayudarles a construir el albergue y la clínica para que puedan atenderse entre ellos con el equipo que estamos conformando.

Salvador diseñó los planos de la clínica y doña Lupita, la dueña de la papelería Cancún, donó el terreno. Le pedimos a Cayetana de Regil que nos ayude y ha hecho donativos buenísimos para la construcción. Creo que le voy a pedir a Roberto Hernández, un activista gay súper preparado, que arme un taller para ayudarlos a procesar el estrés postraumático, creo que es el indicado. De verdad, madre, no entiendo tanta imbecilidad humana, la crueldad de los ignorantes y poderosos para arrebatar los derechos fundamentales de las personas solamente por no ser heterosexuales. ¡Me resulta tan decimonónico!

El otro día pensaba que desde que iba en primaria y Margarita me besó tú me dijiste que era normal que las personas amaran a las personas sin importar si son hombres o mujeres. Ojalá eso les dijeran a todas las niñas y niños para superar las consecuencias del desprecio a lo que se considera fuera de la norma cultural y religiosa. En fin, que estamos con esto, y espero que ya que inauguremos la clínica y vengan las enfermeras que van a trabajar en ella tú puedas visitarnos y les des buenos consejos para manejar la organización.

Sobre lo demás, por el momento ya no quiero escribir. No sé cuántas personas más podré acompañar hasta la muerte; el curso de tanatología no te prepara para cargar el sufrimiento de tanto abandono y dolor. Prometo que seguiré hablándolo con mi terapeuta y que si necesito ayuda te la pediré. Por lo pronto ya me leí los libros de Elizabeth Kübler-Ross que me enviaste, me han ayudado mucho para acompañarlas a bien morir.

Espero que todo vaya bien con tus grupos de mujeres, que los talleres sobre salud sexual tengan tanto éxito es signo de que, como siempre, tenías razón en entender lo que ellas necesitaban. Me alegra que estés feliz y tan llena de trabajo. Te mando todo mi amor; te extraño de aquí hasta el fin del mundo.

Lydia

P. D. Para tu amigo el director del hospital que nos va a ayudar a conseguir medicamentos gratuitos te mando los datos: amikacina, diflucan, ciproxina, butilhioscina, albothyl y latas de Ensure.

Ojo de Agua, Ciudad de México,
15 de mayo de 1995

Salvador:

Añoro tus brazos, tu mirada dulce, tu voz que me dice que esto también vamos a superarlo. No me basta escucharte por teléfono, te necesito a mi lado para sostenerme porque siento que me romperé y no quiero hacerlo aquí en casa de mis abuelos.

Mi abuelita, esa mujer hermosa de ojos verdes y cabello caoba, ya no es ella, es un cuerpo sufriente que se desgarra frente a nosotras. Mi mamá, Myriam, Sonia y yo nos tomamos turnos para estar a su lado. Hace unas horas comenzaron los primeros estertores, tuve que sacar a mi abuelito de la recámara porque le llora y le pide que regrese; han sido los momentos más horripilantes de nuestra vida. No me imagino lo que sufre mi mamá, ella como siempre se hace fuerte y resuelve. Myriam y yo seguimos su ejemplo, ya habrá tiempo para llorar.

Vino el médico y dijo que el tumor ya se adueñó de su cerebro, que no está consciente de este proceso de muerte, que debemos asumir que su cuerpo comienza a desconectar funciones de órganos. Insistía en que no siente nada, que ya es incapaz de tener pensamientos lógicos, que sus neuronas ya no conectan con las emociones. No importa lo que él diga, no te imaginas lo brutal de estas horas que parecen días. Su cuerpo se dobla hacia adelante como si se quisiera levantar, vomita sangre, y mientras mi madre insiste en cambiarle el pañal también ensangrentado. Myriam le dice que lo deje, que por favor ya no se esfuerce, pero mi mamá dice que a mi abuelita no le gustaba estar sucia. No tengo corazón para decirle nada, la siento como una niña en la gran batalla contra la orfandad, contra la muerte desgarradora y salvaje. Los ojos de mi abuelita ahora tienen una capa de nubes que por segundos los hace más transparentes, no hay nada detrás de ellos más que el vacío.

Me siento a su lado mientras mamá come algo con mi abuelito, Myriam y Paco en el comedor. Le tomo la mano rígida y le hablo, su cuerpo de nuevo se levanta, me asusto y le digo que si está sufriendo deje ir todo, que la amamos. No sé si escucha, dice el médico que los estertores pueden durar hasta cuarenta y ocho horas, que son una reacción corporal y no emocional.

No sabes, amor, cuando mi abuelito chiquito murió en mis brazos fue muy diferente. Simplemente dejó de respirar, fueron minutos duros porque tenía un paro respiratorio y ya sabíamos que no lo iban a ayudar, la leucemia lo había devastado y por eso le dejaron morir en casa.

Esto es diferente, nunca me imaginé que la muerte fuera así, despiadada con quien se va y con quien mira la hecatombe de una persona amada. Mi abuelito llora como un niño, entra en la recámara y le recuerda a mi abuelita que juraron estar juntos hasta la muerte, le dice que se va con ella, la intenta abrazar y no puede, la llama como si se hubiera ido de casa. Mi mamá lo abraza y él se rompe con su hija.

Aquí estoy en el jardín, junto al huerto, escribiéndote en mi libreta, llorando por fin sin que me vean. Te lo he dicho tantas veces… que mis abuelitos son mi brújula emocional, él es mi padre y ella mi madre; me aman como nadie en el mundo, me aceptan como soy, con todos mis defectos y contradicciones, no juzgan mis debilidades ni me recriminan mis locuras como hacen mi padre y mi madre. Yo sé que si estuvieras aquí me dirías que la muerte es el proceso natural, como me dijiste cuando me dejaste en el aeropuerto. Ahora no me importa lo racional, sólo quiero gritar y dejar escapar un llanto desgarrador que me atraviesa el cuerpo entero. No lo voy a hacer porque si me rompo no ayudo a nadie y aquí lo importante es el dolor de ellos, de mi abuelito y de mi mamá; me toca ser fuerte.

Tal vez cuando acompañé a todos esos jóvenes con sida a morir acompañados me estaba preparando para entender esto; tú sabes que con ellos viví situaciones espantosas, que si no hubiera sido por Lía y su fortaleza de paramédica no habría resistido ver tanto sufrimiento. Pero esto es diferente, siento que una parte de mí está a punto de estallar, que saldrán esquirlas de mi corazón y no voy a salir ilesa de esto; presiento que mi abuelito es capaz de alguna locura en cuanto su mujer de toda la vida se muera.

Hace un rato, cuando mamá y Myriam estaban ayudando a la enfermera a mover a mi abuelita, lo abracé para traerlo al jardín, nos quedamos mirando su criadero de escargots, me enseñó los rosales que sembró para mi abuelita, lloró sin detenerse; su cuerpo robusto y sólido se abrazó a mí como si fuera un niño. Repetía que sin ella no quiere vivir porque ya no le queda más familia, le recordé que mi madre y mis dos tíos están vivos, pero él habla de su familia raíz, de Portugal y Francia, de su niñez y su otra vida. Dijo que todo está perdiendo sentido y me quedé callada porque entendí que es cierto, porque no tengo derecho a decirle que no sufra, que no llore, que todo estará bien porque no es cierto; sin mi abuelita nada estará bien para él, se va todo su pasado, los recuerdos de antes de la guerra, el joven guapo que jugaba futbol, el que sembraba la hortaliza para que ella cocinara, el que soñaba con ser poeta y escribir cartas de amor. Me dijo que ella se llevará al joven Zeca y que ya no quiere estar vivo. Ella se lleva también la juventud y le deja solamente la cercana decrepitud y los años como un fardo.

Lo abracé, le dije al oído que tiene derecho a sentir eso y se me helaron los brazos alrededor de su espalda fuerte y amplia. Algo se muere cuando cortan las raíces.

Quiero tus brazos, amor, te necesito a mi lado, necesito saber que hay vida y tu sonrisa me lo recuerda.

Te extraño,
Lydia

París, Francia, 29 de septiembre de 1995

Salvador:

Después de trece años de haber escapado a vivir en París, estoy de vuelta sola, sin ti. La distancia juega con mi memoria, y es que la percepción del tiempo es un inconveniente cuando se viaja lejos de tu piel. El reloj y la razón marcan un par de días, mi corazón y mi deseo los contradicen. Traje conmigo esa fotografía que te tomé en el velero en Cozumel. Te miro sentado en la proa, detrás el fondo el azul del mar Caribe y delante tu sonrisa que lo abarca todo. Encuentro un poco de ti en cada amanecer en esta ciudad en la que maduré de golpe queriendo ser libre, en este París en que trabajé haciendo limpieza de casas para pagar mis estudios, en que lavé platos y ollas para tener un poco de dinero que me permitiera salir a beber unas cervezas con mis amigas.

Por primera vez recorro de nuevo los pasos de esa Lydia que fui, me sorprende el atrevimiento que tuve de lanzarme a buscar un resquicio de mi pasado en este país que vio nacer a mi madre. Camino y me pregunto de dónde he sacado la valentía para ir a buscarme por el mundo, sin dinero y sin seguridad, con la única certeza de que en el camino encontraría gente buena que me enseñaría a vivir de un forma sencilla y libre.

París me devuelve mis pasos de adolescente; camino por las calles y me siento otra. Voy por Rue Rivoli y recuerdo mis paseos solitarios imaginando que algún día seguramente conocería al hombre que merecería mil poemas, el hombre de mi vida, de mi siempre, de mi muerte. Ando y desando las calles de mis recuerdos, miro mis manos vacías y sonrío. ¿Cómo será París contigo? Caminaremos juntos hacia Avenue de Versalles 1410, ¿acaso te mostraré la ventana del pequeño apartamento en que viví aquel año del descubrimiento?

Camino por el Puente Viejo, me dejo llevar por un río de gente que camina como manada acorralada por la nostalgia. Parece que persiguen un amor que se va y temen alcanzarlo. Comienza a llover y la gente corre, corre como si la lluvia fuera el enemigo. Yo estoy sentada en una banca a la vera del río; cae la lluvia sobre mí y sonrío. Bajo la lluvia y una sombrilla se escriben los mejores poemas de amor y espero que los versos lleguen a mí derramados por el Universo.

Camino de nuevo por el Puente Viejo, me detengo a mirar un barco que pasa, sonrío con la cara bañada de cielo; muerdo el agua de mi rostro y descubro la sal de alguna lágrima furtiva. Te extraño, te pienso y mis ojos derraman la certeza de tu ausencia.

Mañana iré al hospital a conocer a Rina, la hija de mi amiga Dana. ¡Ella y Ademir han pasado por tanto en la guerra de Sarajevo! Dana es una valiente, cómo la admiro, cómo la quiero. Su historia tendrá que contarse algún día; una directora de cine mexicana y un cineasta serbio se enamoran en medio de la guerra. Siempre me has dicho que las historias que me rodean son insólitas, que toda mi vida parece una película; la de mis amigas es digna de un filme, la mía no lo será nunca.

Yo pienso que mi vida apenas comienza ahora, a los treinta y dos años, a mí me parece que las aventuras apenas inician y cómo me gustaría que sucedieran contigo a mi lado. La búsqueda de historias, de la justicia, de un mundo nuevo, de la solidaridad y la belleza, el encuentro con el arte y la literatura. Escribir la vida contigo a mi lado, imaginar el mundo sin ti me rompe las pupilas.

Quiero que llueva sobre nosotros mientras vemos un barco navegar bajo el puente, quiero correr tras la pasión y caminar lento bajo el peligro, quiero besarte en lugares prohibidos y leer poesía en sitios inesperados, beber vino a tu lado en la banca de un parque; que nunca te des por vencido frente a mi locura. Quiero que me ames tanto que creas que vale la pena acompañarme en esta batalla por la verdad, por la justicia, por la igualdad. Quiero que seamos dos juntos para no necesitar fragmentos del otro. Quiero que sepas que te amo desde este rincón que es solamente mío, que sepas que podemos tener vidas separadas por las aspiraciones y unidas por el amor. Quiero que me tomes de la mano una tarde en Montparnasse y me digas de nuevo que me amas así, libre y obsesiva, que amas mis pasiones, aunque te asusten mis convicciones. Porque yo tomaré tu mano a donde quiera que vayamos y te amaré siempre, con todo lo que nos divide y lo que nos acerca; somos el puente y el río… nosotros.

Te amo desde París,
Lydia

Ciudad de México,
18 de enero de 1996

Querida Lydia:

Tienes treinta y tres años y ayer fue la presentación de tu primer libro, es algo muy especial presenciar un triunfo así, ver a quien amas tanto rodeada de un halo de cosas buenas. Creo que éste ha sido un paso muy importante en tu vida y en la de quienes te amamos.

Hija mía, ¡publicaste tus poemas! Desde niña me leías versos descompuestos y yo te recitaba a Bécquer y a Neruda, a Castellanos, y tú querías conocerlos a todos. Lorca escribió que la poesía no quiere adeptos, quiere amantes, y eso es lo que tú has logrado: rodearte de amor y enamorarte de la literatura.

Quiero darte las gracias por todo, por haberme permitido acompañarte en este día, por invitarme a volver a respirar el aire puro de Cancún; pero principalmente por permitirme respirar el aire de amor, de optimismo, de fe en la vida que tú siempre has transmitido.

Ya demasiadas veces te he dicho que le he dado gracias a la vida porque entre millones de seres humanos que existen en el mundo me haya permitido ser tu madre. Ver cómo te celebran tus amigos escritores de la revista, ver que en la cafetería del periódico en que escribes te hayan organizado este evento, me llena de orgullo. Una vez más nos das una lección, hija mía, enfrentas los retos a los que más temes y vas en busca de nuevos derroteros.

Estoy segura de que éste es apenas el primero de muchos libros que habrás de escribir.

Te amo y te admiro siempre,
Paulette

Holiday Inn

EXPRESS®

Club de Golf Cancún

18 Enero 1996.

Querida Lydia:

Ayer fue la presentación de tu libro, es algo muy especial vivir un triunfo así, ver rodeada a alguien a quien amas tanto de un halo de cosas buenas; creo que este a sido un paso muy importante en tu vida y en la de todos los que te amamos.

Quiero darte las gracias de todo, de haberme permitido acompañarte, de haber permitido que volviera a respirar el aire puro de CanCun, pero principalmente de permitirme respirar el aire de amor, de optimismo de Fe en la vida que tu siempre has transmitido.

Muchas veces te he dicho que le he dado gracias a dios que entre los millones de seres humanos que existen en el mundo, me haya permitido ser tu madre. Una vez mas lo confirmo.

Te amo y te admiro desde siempre

Paulette

Paseo Pok-ta-pok lotes 21-22, Cancún, Q. Roo Zona Hotelera México 77500
Apartado postal 1813 Tel. (98) 83-22-00 Fax (98) 83-25-32
Propiedad de y Operado por Inmobiliaria Mar y Arena, S.A. de C.V., bajo licencia de Holiday Inns, Inc.

Cancún, Quintana Roo,
4 de diciembre de 1996

Querida madre:

Nunca me cansaré de amarte, jamás me cansaré de decirte cuán importante es tu presencia en mi vida, tu amistad en momentos de alegría y tristeza, tu sabia franqueza en mis días de dolor, tu extraña y tierna sonrisa cuando ya parece que te darás por vencida frente a esta maldita enfermedad que mastica tu cuerpo desde dentro.

No voy a decirte más sobre tu enfermedad, te hemos visto luchar con uñas y dientes, entrar y salir tantas veces de los hospitales que no precisamos un recuento, te hemos visto agonizar y volver a la vida. Nadie tiene derecho a pedirte que soportes más este intolerable sufrimiento, los tratamientos que te dejan devastada, los medicamentos que te curan un síntoma y te causan otros. Sólo tú sabes cuánto más podrás y querrás resistir.

Eres una mujer ejemplar, añoro ver la luz de tu mirada emocionada, el brillo de tus ojos que es la fuerza de tu espíritu.

Te acompaño en lo que necesites, y si lo que precisas es aceptar contigo que ha llegado la hora, prometo, como me pediste ayer, cumplir mi promesa.

Te amo siempre,
Lydia

28 de diciembre de 1996

Hija mía:

Tengo ya pocas fuerzas para escribir, perdonarás que sea una carta breve. Cuánto disfruté estar en tu casa, cenar en el balcón de tu departamento mirando la laguna, hablando de tus abuelitos y riéndonos mucho. Me haces tanto bien, Lydia, amo a todos mis hijos, pero tú eres la única que con los años se ha convertido en mi amiga, sé que podemos hablar de cualquier cosa y que no me juzgas nunca.

Tengo un dolor terrible en los huesos, el doctor dice que es la enfermedad que ya provocó que aumente la artrosis en la columna, que se me han dañado los nervios de la columna. Ningún medicamento me quita el dolor. Me detectaron anticuerpos antimitocondriales positivos y más fibrosis en el hígado y el páncreas, también unas manchas en los pulmones que podrían ser fibrosis. Me van a dar un medicamento que es como quimioterapia tomada, veremos cómo responde la enfermedad.

No tengo muchos ánimos, me enoja que mi cabeza quiere salir a trabajar, a dar los cursos pendientes que he organizado con tu hermana Myriam, pero mi cuerpo se rehúsa responder.

Por desgracia me siento más joven y sana de lo que soy. Esperemos que el medicamento nuevo funcione y pueda retomar mi vida; estoy frustrada y me siento de mal humor por no ser independiente. Myriam me ayuda mucho y Emma me cuida muy bien en la casa. La verdad, hija, es que tengo pocos ánimos para hablar, sé que tú me entiendes.

Tu abuelito está muy mal, ya no quiere vivir, sólo repite que quiere irse con mi mamá al otro mundo y a ratos piensa que está en Portugal y que es joven de nuevo, dice que mi mamá se le adelantó y lo espera en Oporto. Ya no tengo fuerza para verlo morir, tú sabes lo difícil que fue ver a mi mamá destruida por la enfermedad. Ojalá sí puedas llegar el 2 de enero para que puedas despedirte de él.

Te agradezco la carta tan bonita que me escribiste y ya estoy usando el fax para mandar cartas y no tener que esperar al correo. Ya le mandé un fax a tu hermano Óscar y ahora te mando esta carta a ti.

Te mando mi amor,
Paulette

Ciudad de México, febrero de 1997

Mi abuelo, mi viejo, el hombre que parecía un toro se fue volviendo anciano a escondidas y lejos de mis ojos. El portugués futbolista, celoso, tierno, amable, salvaje y apasionado que siempre tuvo el pelo oscuro —es decir casi siempre—, porque se nevó la cabeza de tristeza en sus últimos meses de cordura.

El abuelo carpintero hacía muebles finos; el pescador buscaba alimento en el Miño; el albañil levantaba muros y hogares; el goloso se comía los guisos mágicos de mi abuela. El abuelo tierno me consoló mil veces cuando niña, el sabio fue mi padre cuando el mío estaba ausente; el poeta me leyó a Camões, el regañón me tundió diez veces cuando hice locuras infantiles; el curandero inventaba sus emplastos de yerbas y aguardiente para los golpes y menjurjes, de vino tinto, canela y azúcar para los males respiratorios.

El abuelo justo ayudó a muchos españoles a huir del franquismo, y compartía con todos sus trabajadores el valor de los derechos obreros, de la honradez, la perseverancia y la amistad.

El soñador llegó a Veracruz con veinticinco centavos en la bolsa, la dignidad de haber peleado contra un dictador y la ilusión de ser adoptado por una nueva patria que olía a verde libertad y a primavera eterna. El de gran corazón recogió a dos heridos al borde de una carretera y los llevó en su automóvil al hospital sin importarle las consecuencias judiciales de ir por allí recogiendo heridos casi muertos. El abuelo escritor frustrado apuntaba versos en un viejo cuaderno y guardaba frases de otros que hubiera querido inventar él. El jovial decía que el sentido del humor es una ventana abierta al paraíso por donde el alma sacia su apetito de felicidad. El abuelo que festejó sesenta años de matrimonio decía que uno no se casa para mirarse y quedar extasiado el uno con la otra, sino para adivinar juntos a Dios en todas las circunstancias. El abuelo agricultor sembró su huerto a espaldas de su hogar, regalaba lechuga y berza portuguesa a quienes los visitaban. También criaba miles de caracoles y les llamaba escargots. Él cultivaba mientras la abuela inventaba alguna suculenta receta. Mi abuelo era un tipo con ceguera de clase, siempre sentó a su mesa al cónsul y al chofer del cónsul, al carpintero y a la trabajadora del hogar. Aborrecía el racismo, no entendía el clasismo mexicano; a veces discutía sobre ello con las visitas y se respiraba una distancia tensa que él compensaba siempre aclarando que la empatía no tiene raza, ni clase ni sexo. El abuelo fue siempre curioso, bebedor sano y sociable, fiestero, fiel enamorado de la misma mujer por seis décadas.

Cuando era niña pensaba que mi abuelo tenía unas manos muy grandes, manos de protector, de obrero, de *aplanabisteces.* Mi abuelo era moreno como un moro cristiano, era un portugués muy mexicano.

El viejo fue mi padre cuando supo escucharme sin juzgar mis palabras, fue mi guía para entender el mundo y sus batallas de libertad, se convirtió en mi niño cuando quedó viudo.

El abuelo se fue al comenzar este año, se fue despidiendo de cada una de nosotras con la misma sonrisa con la que festejaba, agradecía la amistad y el amor durante toda su vida. Le aplaudió al sacerdote cuando éste creía que le daba la extremaunción. Se quiso quitar el oxígeno para tomar un trago de tequila y brindar por la despedida. Frente a la muerte les daba las gracias a las enfermeras; cuando le faltó fuerza para arrojar palabras mandaba besos como si fueran poemas.

Intentó morir dos veces antes de irse de verdad, despertó y aseguraba que había visto a la Virgen, que ya quería irse a alcanzar a la abuela de los ojos verdes.

Se fue dejando la huella de una vida plena, el maestro de la libertad y la poesía. A los ochenta y seis años mi viejo dijo adiós y yo amanecí huérfana, añorando jamás olvidar el olor de su presencia.

Ciudad de México, 9 de abril de 1997

Lydia:

En un momento difícil como éste me pregunto: ¿qué puedo decirte que valga la pena?, ¿qué podemos pensar? Y la respuesta que encuentro al verte es clara: Lydia puede con todo.

¿Por qué una persona con tu integridad, con tus capacidades, con tu alegría y tu entrega pasa por algo tan difícil? Lo tienes todo por delante, quienes te queremos y admiramos en tantos sentidos solamente podemos ver a una Lydia valiente, decidida, fuerte. Una Lydia sobrepuesta a las situaciones más difíciles y amargas, una Lydia rodeada siempre de personas que la aman.

Si fuera justo pedirte algo en este momento de sufrimiento por la violencia que ese cobarde ha ejercido contra ti, te pediría un poco más de fuerza, porque te mereces lo mejor y para seguir adelante con todos tus proyectos, ideas y retos, hay que mantener fuerte el espíritu. Sé que tú lo vas a lograr porque lo único que conoces en la vida desde que eras mi hermanita muy pequeña es la superación. El triunfo en tu vida profesional, en tu vida familiar, el triunfo al mostrarnos lo que significa ser una mujer íntegra.

Por mi parte lo que te ofrezco es estar allí siempre que me necesites; en este difícil momento y en todos los momentos alegres y grandes que están por venir puedes estar segura de que me tienes a tu lado. Nos lo dijiste ayer: "Algo positivo voy a sacar de este dolor". Yo estoy seguro de que así será, porque si alguien en la familia sabe encontrar lo positivo, las soluciones para enfrentar los problemas, ésa eres tú.

Tienes toda una vida por delante y a tu lado estamos todos los que te queremos. Puedes estar segura de que si necesitas un punto de apoyo aquí lo tienes.

Te quiere tu hermano,
José Ernesto

Ciudad de México, abril de 1997

Querida Lydia:

Una vez más nos das una lección de valentía y de fe. Gracias por todo lo que nos enseñas con tu sensibilidad, tu ternura e inteligencia. Eres indudablemente unos de los pilares de esta familia.

Sabes que admiro tu fortaleza, sólo te pido que no ocultes tus sentimientos para protegernos, debes darte permiso de procesar el trauma de lo vivido.

La violencia sexual es un instrumento de castigo de los cobardes a las mujeres y niñas que viven libremente. Recuerda siempre que aun cuando es natural que tengas pesadillas y revivas esa fatídica tarde del ataque debes trabajar para que esa violencia que desplegaron en tu contra no colonice tu espíritu. Eso es lo que buscan los violentos: domar el espíritu de sus víctimas. Estoy segura —como madre y como psicóloga— de que tú no permitirás que lo sucedido quebrante tu espíritu.

Guardaré siempre tu artículo del periódico. Qué orgullo conocerte y ver que publicaste lo sucedido como una lección y un ejemplo para otras jóvenes como tú. Tendríamos un mundo mejor si todas las mujeres supieran que no son culpables de la violencia, que debemos señalar a los atacantes y no a las víctimas. Tú pones el ejemplo de la congruencia, por eso te amamos tanto.

Buen viaje de regreso a casa. Mil besos,
Paulette

P. D. No dejes de llamar cuando llegues.

8 de octubre de 1997

Lydia:

Tienes razón, soy egoísta. Solamente he pensado en mí, en mis necesidades; mi deseo de que ya no hables de lo sucedido y de estar con la Lydia de antes no me dejó respetar el silencio que me pedías. Me sentí triste y deprimido y no reparé en el tamaño de tu tristeza.

Pedir una vez más perdón no basta, lo sé.

El cambio que estamos experimentando como pareja ha causado mucha confusión en mi vida. Estoy cometiendo errores que lastiman a la gente que más quiero. Sé que tengo que ser más cuidadoso, más paciente.

Tus decisiones profesionales llevan a nuestra vida de pareja por un rumbo inesperado, sabes que no me gustan las confrontaciones y que quiero una vida tranquila. Siento temor de que tus decisiones nos alejen, te lleven a enfrentarte con gente que no es buena. Sólo se vive una vez, tú sabes que yo no quiero una vida complicada.

Ayer me diste la oportunidad de aprender con tus palabras. Hoy te pido la oportunidad de construir de nuevo la confianza como pareja. Vamos a decidir juntos una vida feliz como la que hemos tenido antes de estos problemas.

Prometo no presionarte más, sólo te pido que las decisiones que tomes al escribir tus artículos del periódico y en el albergue no te alejen de mí, de nosotros. Deseo que estemos juntos hasta el fin de nuestra vida. Te lo dije en nuestra boda: eres la mujer de mi vida, espero que tú recuerdes que yo soy el hombre de tu vida.

Tenemos mucho por vivir juntos, no todo es trabajo y sufrimiento.

Te quiero,
Salvador

Salvador:

Llevamos once años juntos, eres mi compañero de vida, a tu lado descubrí que un amor apasionado y profundamente erótico puede ser, a la vez, amistad y cobijo, aventura y gozo, silencio acompañado. Te lo he dicho antes y ahora tengo la necesidad de recordártelo: vivía con una coraza convencida de que no conocería a un hombre que fuera capaz de respetar mi autonomía, que no confundiera mis gestos amorosos con sumisión, que entendiera que mi ímpetu hogareño de cocinera que disfruta entregar cariño alimentando a quien ama no es producto de un pacto de sumisión hembrista; por eso he sido cuidadosa. Contigo me he mostrado tal cual soy, dejé mis máscaras de mujer fuerte y la coraza para no entregar enteramente el corazón. Contigo he sido yo con mis virtudes y todos mis defectos, mis manías y obsesiones. Me he desnudado porque, aunque sé que podrías hacerme daño —somos humanos y habremos de lastimarnos—, no intentarías destruirme o debilitar mi yo, esa que soy como humana, la que nunca será la mitad de nadie.

Más allá de lo que ha sucedido y de los momentos de hartazgo que entiendo te abruman y a los que tienes derecho, me angustia que me requieras que vuelva a ser la Lydia de la que te enamoraste hace once años, o diré diez porque el primer año estábamos enredados en una pasión enceguecedora de sexo y diversión.

Voy a superar este ataque, porque no está en mi personalidad rendirme ante el miedo y el dolor. No son méritos, así soy desde niña, miro la realidad y no la tiño de nada que no sea verdadero para poder entender qué hacer frente a ella. Creo que sabes quién soy.

Cuando nos conocimos yo tenía veintitrés años y estaba dando forma a mis sueños profesionales. Ahora tengo treinta y cuatro años, Salvador, he descubierto que mis obsesiones al servicio de mis pasiones advierten a la que seré el resto de mi vida.

Si de verdad me amas no puedes atreverte siquiera a pedirme que vuelva en el tiempo a ser la de antes.

Ésta que soy es tu pareja, la mujer que produce y conduce su propio programa de televisión, la creadora de la primera revista feminista del pueblo, la novelista y poeta, la periodista que escribe sobre la corrupción política y la discriminación. Ésta soy yo, y la pregunta que te hago es si amas a esta mujer, porque si no es así, entonces lo que me escribes es la advertencia del fin de nuestra vida juntos.

Ayer que estabas enojado me dijiste que "ahora que descubrí la corrupción y los vínculos de la mafia y los políticos", pero te equivocas, amor mío, eso lo descubrí de niña, cuando mi tío Manuel me hablaba del 68 y las masacres, cuando mis abuelitos me explicaron por qué tuvieron que huir del fascismo y la guerra en Europa, cuando mi mamá se decepcionó de haberle enviado sus ahorros a Fidel Castro, cuando mis tíos paternos celebraban las decisiones de su jefe Díaz Ordaz el asesino.

Me he preparado toda la vida para ser ésta a la que dices admirar, la que sale en la televisión, la que construye un albergue para personas con VIH-sida, la que escribe en revistas feministas.

Tiemblo al escribir esta carta, porque en este momento en que me siento tan vulnerable descubro que me veo obligada a descorrer el velo del telón, a recordarte quién es la mujer con la que vives, con la que viajas en velero y buceas. Tiemblo y lloro porque intuyo que me amas sólo partida por la mitad. Quieres a esa Lydia marinera, divertida, la que cocina y hace amistades que disfrutamos juntos, la que arponea un pulpo en el fondo del mar sin usar tanque, la que se atreve a tener sexo contigo en lugares inesperados y a la que presumes cuando sale en bikini; quieres a la obsesiva que ordena la casa, a la que tiene conversación con tus amigos y maneja tu moto; pero a la otra, ésta que es inteligente y fuerte, la que se rebela contra los poderosos, la que no se va a quedar callada ni aunque la amenacen, te incomoda.

Si a ésa en la que me he convertido no la amas, entonces no me amas en verdad. Quieres a una esposa imaginaria que no te complica la vida. Ésa no soy yo.

¿Cómo puedes pedir que no siga escribiendo sobre Villanueva y los narcotraficantes que viven en Cancún? Cómo puedes decirme que nadie puede hacer nada contra la corrupción y la violencia contras las mujeres. Eres un hombre compasivo y empático, lo sé. Te vi entregarte a la causa cuando diseñaste el edificio del albergue para enfermos, te vi sonreír cuando cargabas ladrillos para construirlo y llorar cuando llegaron las primeras personas para ser atendidas gratuitamente. Pues eso hago yo, con mi trabajo de reportera y activista pongo ladrillos para construir un país diferente, donde a ninguna mujer la violen para castigarla por hablar, donde a las personas indígenas no las discriminen y exploten los empresarios que invadieron sus tierras para el turismo, un país en que los hombres no violen a sus hijas y no maten a sus esposas "por amor". Eso quiero y no deseo renunciar a ello.

Ésta a la que le pides perdón soy yo, y no tengo nada que perdonarte, no puedo pedirte que me ames entera porque el amor no se mendiga. Aunque me arrepienta luego de haber escrito esta carta, tengo que decirlo todo.

Dice Cioran que una civilización podrida pacta con su mal, ama el virus que la roe, no se respeta a sí misma. Tú y yo hemos visto al Señor de los Cielos comiendo en la mesa de al lado en Savio's, cenando con la gente del gobernador, y nadie dice nada. Tú mismo me dijiste que si normalizamos ver a los criminales y a los gobernantes comer junto a nosotros, algún día no seremos capaces de distinguir quiénes son los verdaderos maleantes. Yo pienso que si lo normalizamos, algún día no muy lejano harán del crimen una forma de gobierno, de la violencia y las drogas una economía que enfermará a todo el país.

No soy soberbia ni creo que pueda combatir a hombres como ellos, pero si no lo intento con mis herramientas, no me respetaré a mí misma.

Es cierto que se vive una vez, amor, y yo pasaré esta vida sin pactar con el mal que nos rodea.

Pedirme silencio es pedirme que ame el virus que nos corroe, y si no aceptar tu petición causa nuestro divorcio, me partirá el corazón porque quisiera pasar el resto de mi vida a tu lado, pero no tendría razón para vivir si traiciono mis principios.

Espero que lo entiendas, deseo de todo corazón que te enamores de esta Lydia que tiene claro su camino. Yo quiero estar a tu lado. ¿Tú qué quieres, Salvador?

Te amo con toda el alma,
Lydia

Puebla de Los Ángeles,
12 de diciembre de 1997

Querida Lydia:

Comparto tu emoción de haber terminado el manuscrito de tu libro. Claro que me gustaría leerlo, será un privilegio hacerlo. Efectivamente el libro cobra vida cada vez que un lector o lectora entran en una relación dialógica con el texto y son capaces de contextualizarlo a libertad, encontrando y reformulando contenidos, apropiándose de su intertextualidad y con ello de cada una de las lecturas íntimas y personales de la autora, logrando apretar, muchas veces, el botón azul de la locura y permitiendo el trastrocamiento de su inconsciente.

Mónica Díaz de Rivera

Diciembre de 1997

Querida Lydia:

No me imaginé que hubieras seguido enferma y te quedaras en México tanto tiempo. Tienes razón en afirmar que "la gran ciudad" contamina algo más que los pulmones, pues irremediablemente se ensaña embotando los sentidos y permeando nuestra capacidad de asimilación: todo sucede tan al mismo tiempo y a tanta velocidad que es difícil encontrar los referentes que nos hacen personas.

El haberte llorado a ti misma en medio de la soledad en compañía seguramente ha traído consigo parte de la cura que tu cuerpo y tu alma necesitan. Al final de cuentas, a pesar de todo y de todos, eres una luchadora, una exploradora y cuestionadora de paradigmas, una buscadora de espacios y creadora de ideas. Con esas características, mi querida amiga, ¿de verdad crees que habrá en tu futuro la tranquilidad de espíritu a la que muchos aspiran? ¿Consideras posibles otras maneras de liberar tu ser que no sean las palabras y las lágrimas, además del amor?

He meditado mucho, desde que te conocí, sobre la realidad de la violencia y el abuso; he cuestionado terriblemente la actitud de la sociedad ante esas certezas, especialmente la actitud y la aptitud de nosotras, las mujeres, para asumir tanta violencia permitiendo respuestas violentas. Me pregunto si finalmente los "derechos humanos" que nacen como un elemento de resistencia ante la violencia, la desigualdad, la pobreza y la falta de oportunidades que imperan en el mundo, pierden, al "universalizarse" y ser cooptados por la sociedad y el Estado, su verdadero valor.

Considero que atrás de todo no hay más que un ejercicio de poder de unos cuantos y unas cuantas, que ante situaciones de resistencia y el crecimiento de los reclamos, lo único que hacen es ofrecernos un nuevo "metarrelato" al homogeneizar los derechos de todas y todos, dentro de una tendencia de "calidad total" imposible de alcanzar. Al final, siempre se ejercerá un poder velado sobre aquéllas y aquéllos que "por su bien" son poseedores de derechos irrenunciables, siendo esta última palabra la de mayor peso.

Es por eso, y por muchísimos ejemplos que te podría dar, que apoyo tu rebeldía, tu congruencia y tu lucidez. Por eso es necesario llorarnos a nosotras mismas, derecho al que nos es o no dado renunciar, por lo que irremediablemente somos libres. Los derechos irrenunciables, entendidos como "universales" y "civilizadores" deben y tienen que ser cuestionados para obtener valor, de otra forma siempre sentiremos que se imponen. Nunca como ahora los seres humanos nos sentimos todopoderosos, poseedores de verdades absolutas y de ideas universales a las que defendemos con violencia.

La violencia que se ejerció contra ti debe entonces callarse, ocultarse o responderse con otra violencia más brutal: la de culpar a tu propio silencio y pudor de la imposibilidad de ejercerla contra el autor del abuso por una enorme incapacidad de justicia.

Ésas han sido mis reflexiones y he querido compartirlas contigo. Trajiste una enorme inquietud a mi vida y me duelo contigo. Comparto tu derecho a llorar, a curarte, a pensar y rebelarte. Asumo mi incapacidad de entender un suceso de violencia como el generador de un crecimiento intelectual y espiritual en mi ser, pero lo acepto. Si te sirve de consuelo, toma como una caricia de la vida este hecho irremediable: yo, Mónica, soy más persona porque me diste la oportunidad de conocer tus sentires y decires, tus riñas y enojos con la vida y los motivos de tus lágrimas. Me reconozco en ti.

Me gustaría saber más de tus propias reflexiones. Pareciera cierto que entre tú y yo hay un reconocimiento. Es posible que pertenezcamos a planos similares o al menos en su momento hayamos pertenecido. Eso reconforta, especialmente cuando se trata de dos locas buscando su lugar en el mundo.

Cuida de ti. Tejedora de palabras, procura quemar tus heridas en lo que escribes, que ese fuego calentará las vidas de otras.

Recibe un beso y todo mi cariño,
Mónica

Puebla de los Ángeles, 9 de enero de 1998

Querida Lydia:

Deseo que en este año que comienza te llenes de una inquietud salvaje y carente de nombre, que abraces tu propia visión del mundo sin vacilaciones y que sigas persiguiendo la lucidez a través de esa línea imperceptible que enciende la luz de la locura.

Hay mujeres, muchas, mortales comunes, que no les es dado más que el destino de una vajilla y la ropa sucia. Hay mujeres, pocas, que, aunque mortales comunes también, están destinadas a correr y deslizarse por la vida y, aunque un nudo de raíces o una piedra pueden detenerlas y obligarlas a hacer un alto, saben librarse y seguir adelante. Estas mujeres que parecieran avanzar a tientas aprenden a perseguir sueños en el camino, a derrotar fantasmas y, algunas como tú, a tejer esos sueños y esos fantasmas con palabras.

Jamás abandones tu pluma, amiga.

Déjame recordarte cuánto te quiero y te extraño,
Mónica

Ciudad de México, 12 de marzo de 1998

Querida Mirta:

Ahora que me estoy muriendo —dijo mi madre el otro día— he podido hacer un recuento de mi vida. De nada me arrepiento, creo que si no hubiera tenido los malos momentos que pasé a lo largo de sesenta y tres años de vida, mi espíritu se habría quedado detenido en el tiempo; cómoda y plácidamente asentado en la sencillez de vivir cada día sin afanarme por cambiar nada. Soy y he sido una mujer feliz.

Con estas palabras comencé un fin de semana a solas con mi madre, que a lo largo de mis treinta y cinco años ha sabido ser a veces protectora y fuerte, y otras amiga íntima e irremplazable. Dos días en que, durmiendo al lado de la cama de hospital, la escuché reírse de mis chistes sobre Clinton y Zedillo y llorar porque, aunque no le teme a la muerte, tiene miedo de tanto dolor físico.

Se despide una y otra vez de maneras distintas. Es ella quien consuela a sus tres hijas y tres hijos, a Óscar, con quien cumplió ya cuarenta años de casada, y a sus amigas que lloran cuando la miran delgadita y pálida, aunque siempre sonriente y amorosa, caminar hacia el fin de sus días. Juntas recordamos sucesos de nuestro pasado, hablamos de su matrimonio y del mío como si fuésemos comadres que no se han visto en largo tiempo, y que tienen mucho que decirse acerca de sus secretos femeninos. A ratos guardamos silencio para permitirnos ese cariño tan sabroso que no necesita de palabras para saberse presente, en el que tomarse las manos basta para sentir la presencia del amor.

Cuando creo que ya aprendí suficiente de esa mujer alegre, luchona y valiente, ella viene a sorprenderme sólo para comprobar que siempre seguirá haciéndome crecer con su forma de ver la vida.

Su enfermedad, según los médicos, es incurable e irreversible. Ella lo sabe y lo hemos hablado abiertamente. Su fe la mantiene más cerca de Dios que nunca, se le nota en la paz de su mirada y en la forma en que habla de la vida antes y de la vida ahora. ¡Claro que lloramos juntas! A veces es de pura tristeza por saber que su cuerpo ya no estará con nosotras para abrazarnos fuerte, ni su voz del otro lado del teléfono para contarnos alguna de sus aventuras con sus grupos de alumnas y de pacientes; ni para asegurarnos con esa certeza tan suya de que todo va a estar mejor. Pero otras veces es ese llanto extasiado de felicidad y emoción que surge después de haber hablado con sinceridad sobre su partida, de aceptarlo todo, no con la hipocresía de la fe ciega y religiosa, sino con la noción de que la vida es para vivirse y gozarse, la muerte para aceptarse.

"Puede haber un milagro", "No digas que se va a morir, si no tienes fe no se salvará", dice la gente a nuestro alrededor. Por supuesto que tenemos fe, tanta que ya no compartimos el miedo que produce la negación de una realidad irremisible. Hemos comprobado que el sufrimiento y el dolor son siempre fuente de aprendizaje y crecimiento espiritual, lo que no significa que no se valga decir: "Te voy a extrañar".

"Te quedas conmigo —le dije a mi madre— cuando me ponga a cocinar los platillos franceses, cuando ponga la mesa elegante y goce de una buena botella de vino con mis amigos. Estarás aquí cuando me entre la pasión y escriba contra la injusticia y la desigualdad. Irás conmigo cuando vuelva a la sierra de Guanajuato a visitar a mis amigos indígenas. Estás en tus nietos que juegan a la lucha libre porque tú les enseñaste la llave Nelson y la quebradora".

Son muchos los milagros que se han dado con mi madre; esperar otro es pedir demasiado. De cualquier forma, creemos que va a vivir más de lo que aseguran los médicos. Un milagro es el haber conocido a una mujer que supo ser madre de seis hijos, esposa de diario, psicóloga de profesión, guerrillera intelectual, misionera de corazón. Que se dio tiempo para jugar con nosotros, y que siempre se supo reír. Que nos llevó al orfanatorio y a la ciudad perdida, para que trabajáramos a su lado ayudando a los que tenían menos que nosotros, que me enseñó a estar orgullosa de ser mujer. El mayor de los milagros es haber podido crecer con un ser humano que supo enseñarnos a ser felices y bondadosas con el ejemplo cotidiano, que supo respetar nuestro pensamiento y que al final de su vida espera tranquila y amorosamente, aprovechando la lentitud de su enfermedad para decirnos que la vida es un regalo de Dios, que cada día debemos vivirlo como si fuera el último, llenos de amor. Hoy cumple sesenta y cinco años, con la muerte mordiéndole los huesos, se rehúsa a darse por vencida. Vivir es un asunto de alegría o muerte, me dijo mi madre, antes de lanzarnos a celebrar su vida.

Te abrazo,
Lydia

20 de marzo de 1998

Queridas hermanas de Acteal de las Abejas:

Es marzo de 1998 y hace ya dos semanas que regresamos a nuestra tierra maya de Quintana Roo después de visitarlas allá en la sierra y de conocernos un poco. De que lloramos juntas por la montaña ya pasaron muchos días.

Nosotras hemos contado su historia de dolor por la masacre. Aquí en Quintana Roo mostré los videos de las entrevistas. Bettina y yo hemos hablado de su historia a todos los amigos que nos han querido escuchar. Los corazones y las lágrimas de muchos hombres y mujeres las acompañan en su pérdida, es el duelo de un país que no debería acostumbrarse a que unos lleguen con armas y quieran aniquilar a un poblado entero.

Esperamos que, como dijo Margarita, todas ustedes puedan llorar muchos ríos del dolor del pasado, para que mañana se levanten con un nuevo día llenas de fuerza digna, de amor y de tranquilidad. Les deseamos que encuentren mucha paz en sus corazones, para que sus hijas y sus hijos tengan paz y ya no mastiquen miedo.

Nosotras trajimos en nuestros ojos su tristeza, nuestras amigas preguntaban: "¿Y tú por qué tienes esos ojos tan tristes?", y nosotras contestamos: "Porque nuestras hermanas y hermanos de Chiapas tienen mucho dolor por la guerra, porque quisiéramos ayudarles a que ya se acabe. Entendemos que esto es más grande que nosotras, que Zedillo es un cobarde y envía al ejército a que la montaña se siembre de odio y violencia. Entendemos que los grupos del PRI usan la religión para atacarlas, para decir que la violencia es una diferencia de opiniones y no dicen la verdad: que es para quitarles las tierras, para dominar su espíritu y su voluntad de autogobernarse. Que las quieren sumisas y con miedo, sin educación ni salud para gobernarlas a su antojo".

Aunque ustedes no pueden oír nuestra voz y la voz de miles de personas más, están acompañadas en todo el país. Nuestros corazones están juntos.

Esa última tarde cuando nos abrazamos nos dieron la bendición con copal y lloramos juntas en su Acteal al lado de la ermita, supimos muy bien que somos todas fuerza y que no podremos olvidar la afrenta de la muerte. De a poquito las vamos a ayudar haciendo lo que está en nuestras manos para que el gobierno asesino detenga el genocidio y la mentira. Le exigimos ya al gobierno que deje que ustedes, las hermanas zoques, tzotziles, tzeltales, lacandonas y chamulas, y todas las mujeres, sean libres para sembrar su tierra, para andar por el monte con sus hijas y para tener autonomía y libertad.

Queremos construir con ustedes un mundo con dignidad, con amor, sin esclavitud, con libertad, con verdad y con justicia. Necesitamos que sean fuertes para que juntas levantemos la voz para poder bordar —con la paciencia con que ustedes bordan sus blusas— un futuro de tierra y libertad verdadero, no la promesa falsa de la revolución de los hombres que no hizo más que darles el poder a unos cuantos. Vamos a dar la batalla, pero con el corazón lleno de paz y convicciones.

De todo corazón,
Lydia Cacho

Puebla de Los Ángeles
26 de enero de 1999

Querida Lydia:

La otra noche cuando a hora inadecuada te cuestioné sobre los mecanismos con que manejas tus emociones, no buscaba la respuesta de la periodista audaz, de la feminista incansable, de la ciudadana inconforme que toma la opción de actuar en lugar de criticar. Yo quería la respuesta de esa otra parte de ti que te completa y que me confunde, de la Lydia que, en un todo, es capaz de desfragmentarse en poeta, pintora y mujer. No quiero saber los porqués, sino el cómo, ese cómo que te permite actuar y sentir de esa manera y te desdobla los sentidos para racionalizar un abstracto o una realidad.

Me intriga sobremanera esa otra parte que contienes que, como una máquina imaginaria, marcha absolutamente sola, sin tus otros fragmentos, suspendida en un signo imposible de interpretar y que dispara en cascada, y de igual forma, una serie de alternativas visibles o una serie de actos puros, velados al simple observador y cuya resonancia intuyo. Ése, tu otro lenguaje, impotente para enunciarse, pero que se inscribe en lo profundo de tu todo con dos significantes o un sinfín de significantes distintos. Pareciera que, como en una paradoja, se conjugan en ti la realidad y la desrealidad, esta última como sentimiento de ausencia en donde los demás te sabemos cerca y, sin embargo, aislada. En esa desrealidad no existe una sustitución imaginaria que compense la realidad y conoces la maravilla de la locura. Y todavía, señora, te das el lujo de conocer la irrealidad a través de un mundo de fantasía que puebla tu sustancia.

Ahora te reformulo la pregunta que antes no supe plantear adecuadamente: ¿cómo te desfragmentas y concilias la realidad que intentas cambiar y que es explícita en tu artículo, con la irrealidad de tu fantasía y la desrealidad de tu sustancia y locura?

¿Por qué lo pregunto? Porque he leído tus reportajes periodísticos, compartido tus cuentos, vivido tu novela y disfrutado tus poemas. Porque mis propios demonios sólo pueden ser combatidos y exorcizados en la búsqueda de un lenguaje que los materialice.

Teje pues las palabras que debes tejer, yo espero por ellas,
Mónica

Cancún, Quintana Roo, 28 de enero de 1999

Querida Mónica:

Me es difícil explicarlo... lo intentaré. Desde niña, cuando mi madre me llevaba con ella al orfanatorio y a las ciudades perdidas en que trabajaba con mujeres le preguntaba constantemente por qué las otras niñas, mis amigas, no sabían que había tanto sufrimiento y pobreza en el mundo. A los once años lloré en el orfanatorio escuchando la historia de una niña que fue abandonada en el basurero por haber nacido sin brazos ni piernas debido a la talidomida que el ginecólogo le había recetado a su madre. Escribí en esa época un pequeño cuento sobre una niña mágica, me sorprende descubrir que a esa edad yo entendía perfectamente lo que era la talidomida, lo digo porque no me considero una persona especialmente inteligente, creo que me dominaba la necesidad de buscar respuestas que nadie me daba porque era una niña. Creo que fue a esa edad cuando tuve mi primera crisis existencial; entonces comencé a buscarle sentido a la vida, leía cuentos a sabiendas de que eran ficción, estaba hiperpreocupada por la realidad. En mi adolescencia mi madre atendía a una joven que había intentado suicidarse, la propia paciente me lo platicó mientras esperaba que mamá la recibiera. Ella me dijo que el dolor te vuelve loca, que la habitaba un dolor indescriptible (no recuerdo la razón de su sufrimiento, ni lo escribí en mi diario), sólo recuerdo el impacto de aquel momento y mi miedo obsesivo de volverme loca si no era capaz de entender el sufrimiento como una parte integral de la realidad. Aprendí de forma intuitiva a compartimentar emociones y hechos, realidad y ficción; tal vez por eso Juan José Arreola me dijo en el taller de poesía que yo jamás sería buena poeta, estaba demasiado obsesionada con documentar lo real y separarlo de la ficción. Tal vez sentía que en la ficción te pierdes, por ello tenía que aprender a navegar por la más cruda realidad para luego recuperar el aliento en alguna pequeña alegría.

Estoy segura de que fue mi madre la culpable, ella me dijo mil veces que si no descubría qué hacer con tanta indignación frente a lo injusto que me abrumaba, viviría sometida por el miedo, que es así como la gente accede a la locura para perder la noción de lo real insoportable. Ahora, escribiéndote, pienso que tal vez fue el miedo al miedo lo que me ayudó a entregarme a la locura de ser valiente; aprendí a vivir en el aquí y ahora para no sucumbir a la locura de llorar todos los días frente a la crueldad humana que desde niña me parecía abrumadora e insoportable.

Te abrazo,
Lydia

Ciudad de México, julio de 1999

Querida Lydia:

Ya pude levantarme de la cama, el medicamento para el dolor funciona mejor, aunque no me baja la bilirrubina y por eso tengo comezón y ardor en todo el cuerpo. El doctor dice que hay que cuidar la dieta para que no regrese la pancreatitis, aunque ya sabemos que no es por la comida, es la enfermedad. Me sigo dando los baños con las sales de Epsom que no creas que sirven tanto.

¡Estoy tan frustrada por no poder seguir con mi vida normal! Es verdad que a lo que le tememos es a la decrepitud más que a la muerte. He pensado mucho en lo que platicamos en tu casa y se lo dije al doctor Kersenovich: ojalá que ya encuentren una terapia que me sirva para tener calidad de vida. Y sí quiero irme contigo a Europa a ver a mis tíos y a Nina; ojalá que me sienta con fuerza para cruzar el océano. Tu papá dice que estamos locas, que no estoy en condiciones de viajar; ya sabes cómo es, le da miedo que me pase algo en Portugal, no quiero preocuparlo más, creo que sí nos vamos a ir tú y yo porque una vez que abras el refugio va a ser muy difícil que viajes.

No sabes cómo me frustra no poder ayudarte más con la planeación de la casa para mujeres; es un proyecto tan necesario y útil que tal vez se pueda replicar en otros estados después de que lo pongas a prueba en Cancún. Qué mala suerte que tengo estos problemas de salud, sabes que si me sintiera con fuerza ya estaría allá ayudándote a formar tu equipo de trabajadoras sociales y psicólogas. Yo creo que tu hermana Myriam va a ayudarte mucho, y ojalá que tus amigas de Cancún se animen para que entre todas hagan equipo y consigan los recursos. Ya sé que eres una guerrera capaz de hacer mucho con poco, pero este proyecto es muy importante y va a ser un gran desgaste para ti. Ojalá que consigas a una buena directora para que tú puedas coordinar todo desde fuera y desarrollar ese manual del que hablamos. Tu amiga Ceci del Indesol tiene muy buenas ideas, estoy segura de que te va a ayudar como te prometió.

Este país es el México de la experiencia olvidada, por eso es importante documentar el modelo de atención terapéutica y ese manual para el seguimiento. Ya hemos visto cuántas mujeres regresan a relaciones patológicas de violencia por falta de ayuda terapéutica y de espacios seguros para la sanación. Porque yo creo que vas a recibir muchos casos como el de la mujer macheteada que el alcalde envió a tu oficina a pedir ayuda. Es tremendo el desamparo de las mujeres y la falta de atención a la salud mental de las que viven violencia intrafamiliar.

Hija mía, qué tarea inmensa te echas a los hombros y cómo me gustaría estar fuerte y sana para acompañarte en tu lucha. Tengo esperanza de que esta quimioterapia de interferón funcione bien y me recupere totalmente para seguir con los cursos con Myriam y apoyándote en el refugio. No dejes de escribirme y contarme cómo te sientes, si necesitas ayuda podemos pedirle asesoría a mi amigo el director del hospital San Rafael, que es especialista en atención de pacientes con ansiedad y depresión. Va a ser muy importante que consideres un área de enfermería y atención médica externa para que todas las mujeres y niñas tengan la atención adecuada. Estoy segura de que con tu don de gentes y la cantidad de personas que te quieren en Cancún vas a conseguir crear una red de profesionales de salud para atender la demanda que seguramente será enorme.

Si Dios quiere podremos organizar el evento en la Casa de la Cultura que pensaste con Fernando Espinosa y María Rosa. Ojalá que ya me sienta bien y pueda ir para disfrutar contigo este momento tan importante en tu vida y en el futuro de Cancún. Espero que para entonces todo esté mejor.

Bueno, mi amor, cuídate mucho y ya sabes que aquí estoy cuando me necesites. Aunque esté en cama puedo ayudarte a pensar y a desarrollar la prueba que me pediste para hacer las entrevistas de contrataciones de las especialistas y he pensado que tienes razón: deben ser feministas, porque si no entienden lo elemental de los derechos de las mujeres las van a hacer sentir culpables por no poder enfrentarse a la crisis. Ya verás que todo sale muy bien.

Bueno, mi amor, te dejo, me voy a descansar un poco.

Te quiere,
Paulette

Akumal, Quintana Roo, agosto de 1999

Salvador:

Te dejo esta carta antes de volver a Cancún. Siento en el alma haberte lastimado; no te voy a decir el nombre del hombre con el que he estado, no tiene sentido porque quien tiene un pacto de lealtad contigo soy yo, no él, y sacar su nombre sólo va a desviar nuestra conversación hacia un lugar infecundo.

Dices que soy muy fría en nuestra discusión por haber tenido sexo con otro hombre; sólo te recuerdo que lo que ahora juzgas como un defecto producto de mi crueldad, te pareció el más bello gesto de amor hace años cuando regresé de Alemania y me dijiste que te habías enrollado con la modelo gringa.

Si lo piensas, me entenderás. El que yo me haya pasado unos días con mi amigo no significa que nuestra relación esté fracturada. Tenemos casi trece años juntos y no se trata solamente de sexo, es más que eso; yo necesitaba ser vista de otra forma, sentirme reconocida y escuchada por alguien que no ha impuesto filtros a mis vivencias y experiencias. Es cierto que tú y yo tenemos mucho sexo y que lo disfrutamos, por eso no tiene sentido buscar una razón lógica a mi encuentro extramarital, porque no la tiene, no responde a una falta tuya sino a una necesidad mía que va más allá de nuestra vida amorosa y erótica.

Soy responsable de mis decisiones, pero no soy culpable de nuestra crisis de pareja, porque la crisis tiene que ver con lo que discutimos desde hace casi dos años: nuestros caminos vitales se alejan porque nuestras necesidades individuales han cambiado. No quieres que yo siga creciendo profesionalmente hacia este lugar de incertidumbre que tiene que ver con ser una figura pública que se enfrenta a los hombres violentos, porque no me perdonas que haya publicado que fui violada, porque tus amigos te preguntaron cómo podías seguir viviendo conmigo. Que tus amigos sean unos miserables que consideran que la víctima de un delito se convierte en persona desechable sólo muestra su bajeza espiritual, su machismo.

Y si a ti te sigue doliendo que te pregunten si no te da vergüenza que yo hable de la violencia contra las mujeres como una "feminista loca" o "castradora", necesitas revisar tu valores y principios, porque sigo siendo la misma mujer que empezó a escribir en la revista *Fem* hace ocho años y tú eres el mismo hombre que coleccionaba mis textos y me decía cuánto admiraba mi capacidad para nombrar las injusticias. ¿Qué cambió? Sólo tú sabes.

Cuando te enrollaste con la modelo me lo dijiste porque te sentías culpable; yo en ese entonces te pregunté que para qué me lo platicabas, si tenías planes de volver a estar con ella o si te habías enamorado, y dijiste que era algo inconsecuente. Teníamos tres años juntos y estábamos enamorados hasta la locura, no nos quitábamos las manos de encima y en cuanto me fui de viaje se te antojó tener sexo con otra mujer; a mí no me afectó ese affaire, ni cambió mi forma de amarte.

Yo te dije cuando empezamos a vivir juntos que no creo que una pareja sea propietaria del cuerpo del otro, o de la otra. Te pedí que si tenías sexo eventualmente con alguien más, usaras condón y jamás me lo dijeras. Que si no podías manejar tu culpa se lo platicaras a algún amigo. Me preguntaste si eso aplicaba a mí también y te respondí que por supuesto, yo creo que las mismas reglas deben aplicar en los pactos de amor y que la esencia de esas reglas es la honestidad. Dijiste que jamás serías infiel porque no soportarías que yo lo fuera y sin embargo allí estabas confesándolo dos años después.

No, no creo que te haya decepcionado porque creyeras que soy perfecta. Sabes muy bien que soy tan falible como cualquier ser humano. Que intento ser congruente en todo y no siempre lo logro, que me equivoco y estoy llena de inseguridades que conoces bien. No intenté ocultarme ni mentirte para irme este fin de semana que estabas en Miami y te dije la verdad sólo porque me preguntaste si me había acostado con alguien más. Creo que el hecho de que otro hombre haya tocado mi cuerpo no es grave, ya otros antes que tú lo habían hecho. También tú fuiste infiel muchas veces con tus exparejas, por eso me parece inútil esa discusión, porque en realidad a ti no te parece moralmente reprobable el sexo casual, te lo parece si el actor de ese sexo no eres tú y allí está el problema: que pienses que es inmoral que una mujer, tu mujer, lo haga, y eso es machismo, no indignación.

Si cuando vuelvas a casa dentro de una semana quieres hablar a corazón abierto sobre nosotros, sobre si quieres seguir viviendo conmigo frente a mi proyecto de protección a mujeres y niñas, ante mi trabajo de activismo con la ONU y Amnistía, yo estaré feliz de hablarlo, de buscar un camino nuevo para reencontrarnos y seguir gozando de nuestra vida juntos. Sólo si somos capaces de reinventarnos en el amor y el gozo vamos a salvar este matrimonio. No podemos volver atrás, Salvador, tú tampoco eres el mismo de hace trece años. Estamos en una encrucijada en la que tenemos que decidir si podemos aceptar como adultos maduros que tú tienes tu vida, yo la mía y luego tenemos una vida juntos. Que mi vida profesional no tiene por qué gustarte, aunque por los riesgos que entraña debes estar dispuesto a respetarla y creer en ella. Yo acepto que tú te hayas retirado del consultorio para vivir la vida, viajar y disfrutar el barco; me llevas más de quince años y eso es normal a tu edad, yo sería incapaz de pedirte que sigas trabajando como antes.

Tú has dejado tus vidas anteriores detrás para crear una nueva. Entonces la pregunta, Salvador, es si somos capaces de crear una vida nueva tomados de la mano o si nuestro tiempo para estar juntos ha llegado a su fin y aunque nos amemos, porque vaya que te amo con el alma, tal vez tengamos diferencias insalvables.

Te pido que lo decidas basado en una honesta revisión de si amas a la Lydia que soy, no en la tontería pasajera que representa esta aventura efímera. Yo quiero estar contigo el resto de mi vida, siempre y cuando no me pidas que sacrifique mi carrera y mi activismo a cambio de tu amor; eso sería injusto e inaceptable.

Te amo, perdóname por haberte hecho daño.

Lydia

Dakar, Senegal,
6 de octubre de 1999

Mamá:

Estamos en Dakar, la capital de Senegal. Hoy ha sido un día profundamente conmovedor. Aster Zaude, la directora del Unifem en Senegal —una brillante y bella mujer de mirada dulce y cuerpo de amazona—, nos llevó a las especialistas invitadas a dar un paseo en el yate presidencial. El paisaje humano camino al puerto es impactante. Nos dividieron en tres autos; yo me senté al lado de Pape, el chofer, es un tipo tosco y un tanto agresivo, hablamos en francés y poco a poco comienza a sonreír mientras le pregunto por su familia y el pueblo en que nació. Viajamos en un Jeep último modelo propiedad del secretario del Trabajo, esposo de la doctora Charlotte, la experta en VIH-sida que me llevó a conocer el orfanatorio de niños cuyas madres han muerto de sida.

Los contrastes entre la pobreza extrema y la riqueza son aún más evidentes que en México. La ciudad de Dakar muestra el estado del espíritu de su población. Mujeres de ébano vestidas con tocados coloridos, cargadas de niños y niñas, autos viejos viajando a toda velocidad como en la Ciudad de México, los amplios parques con vestigios de diseños arquitectónicos franceses son ahora basureros públicos, las fuentes se han secado, las bancas están rotas y oxidadas.

Lo peor que pudieron hacer, asegura Pape, fue independizarse de Francia, pues quedaron abandonados a la suerte de un puñado de políticos corruptos que, aunque ahora son africanos, son más racistas de lo que los franceses fueron en los últimos tiempos. Antes, dice el chofer, eran un país en vías de desarrollo cargado en los brazos de Francia, un padre rico amamantado por una madre poderosa que lo controlaba todo. La forma de expresarse de Pape me resulta extraordinaria, hace poesía rota del delirio de la corrupción y de la tragedia de la pobreza. Le pregunto al conductor (que trabaja para un funcionario público) su opinión sobre los políticos. Me asegura que, con un gobierno independiente y un presidente con nueve años en el poder, Senegal lucha por sobrevivir la miseria de su realidad. La colonia y la esclavitud intelectual toman una dimensión distinta. Sin guía, sin leyes que se respeten, los hijos rebeldes de la colonia francesa han creado una élite enriquecida a costa del hambre de millones. Si no fuera por Alá, dice con voz enternecida, ya nos habríamos matado entre todos.

El noventa por ciento son musulmanes; me dice Pape que él tiene cinco esposas y es difícil mantener a tantas familias. De pronto ya cerca del muelle nos detenemos en un semáforo, Pape señala un campo de futbol para niños que se ha convertido en basurero accidental: "*C'est un monument au désespoir*", con un tono de melancolía en la voz.

Nos detenemos y baja a abrir la puerta, sin retirarse los lentes de sol señala un viejo barco de madera de sesenta pies. "He allí el yate del presidente, *mademoiselle* Lydia, las llevarán en el lujo a la isla de los esclavos". Sus palabras son una bofetada.

Las otras activistas nos ignoraron, venían discutiendo sobre teoría de los derechos humanos y la salud, se bajaron y caminaron distraídas hacia el barco. Yo le pido a Pape que pose para mi cámara, se recarga en el Jeep como si fuera un modelo que vende autos deportivos. Sonreímos al despedirnos de mano. Una vez que le di la espalda me llamó, me agradeció que lo haya escuchado, pues tiene órdenes de guardar silencio mientras conduce, aseguró que soy la primera persona que se interesa por lo que él tiene que decir. Le sonrío y pienso en ti, madre, cuántas veces en la infancia te observé hablando con toda la gente, las cajeras del supermercado, los meseros y las personas que viven en las calles, sin techo. Nos enseñaste a escuchar y descubrir la humanidad de cada persona que cruza en nuestro camino, lo hiciste con el ejemplo. Sin ti sé que no sería una buena reportera. Vivo agradecida por tu congruencia amorosa, por criarme para navegar el mundo con los ojos abiertos.

Te amo,
Lydia

P. D. Prometo que cuando terminemos el trabajo iré a la iglesia Keur Moussa a escuchar el coro benedictino del que te habló tu amigo el sacerdote que vivió aquí.

Dakar, Senegal, 9 de octubre de 1999

Querida Mónica:

Los edificios que aparecen frente a la ventana del hotel, junto a las inmensas y verdes palmeras, se congelan en el cuadro, cierra y abre el obturador de mi cámara. Allí está la fotografía perfecta para una turista. Una ciudad puerto, un puerto del continente africano; el punto de salida más importante de la historia de la esclavitud humana está frente a mis ojos.

Con los pies en la tierra, la imagen más inmediata es la de un grupo de hombres vestidos a la usanza musulmana, sus rostros oscuros desde el negro azabache hasta el moreno tostado; esperan ansiosos, gritan sin parar. Recargados en lo que parece un lote de autos abandonados, todos pintados de negro y amarillo, con rastros de las marcas Peugot, Reanult, Mercedes Benz —las sobras de Europa—, los taxis ofrecen un espectáculo de cacahuates garapiñados sobre ruedas. En manos de estos hombres los coches son golpeados una y otra vez por el frenesí y el desorden de los conductores que ignoran las luces de los semáforos. Esquivan carretas jaladas por caballos o mulas, que cargan leche o verduras.

Dakar ofende al olfato con un olor de abandono, pero no se compara con Thiers, la ciudad que siembra basura. Mientras caminaba por la calle con Michel, el guía, vi un campo enorme con lo que parecían extrañas flores, y al fotografiarlo descubrí que lo que salía de la tierra eran las puntas de bolsas de plástico y trozos de tela. Esas flores transparentes que lo cubren todo surgen de la tierra casi con orden frente al caos.

Fui invitada por la sección de protección de la mujer de las Naciones Unidas, para documentar el papel de las mujeres en la pandemia del VIH-sida. Mi profesión me lleva por el mundo a documentar la condición humana, voy por todas partes preguntando y observando a quienes habitan el planeta. Justo anoche recordaba un reportaje que escribí hace casi dos años cuando los tutsies de Burundi, Kenia, masacraron a niñas y niños en un poblado pacífico. En aquel entonces la palabra *botswana* me hacía sentir que escribía desde un rincón del mundo que les importaba a pocos. Escribí sobre los derechos humanos y la guerra, quise en aquel momento imaginarme a las madres de las víctimas a quienes no pude entrevistar. Las imaginé como las mujeres de Acteal que me decían: "Cuéntales, hermana, a todos allá donde tú vives, para que no nos sigan matando". Y yo escribí y hablé en la radio y creí que le hablaba al mundo; como lo hice cuando entrevisté a las mujeres en la antigua Unión Soviética, y a las ancianas de Uzbekistán, que querían ser ellas quienes decidieran si vivían o morían, y a los jóvenes en Georgia, Tbilisi, que deseaban que su voz se escuchara y no la de unos cuantos asesinos de Estado del Kremlin.

Hoy, a mis treinta y seis años, he andado por la vida con la extraña sensación de que el planeta es inmensamente pequeño, y que los hombres y mujeres del mundo somos tan parecidos, que tender el oído y el corazón es suficiente para documentar las injusticias, importa la mirada y el lugar desde donde narramos. Ojalá que la vida me dé la oportunidad de viajar por el mundo, de escribir libros para contar las historias ocultas, ésas que los medios más poderosos dejan de lado.

Ahora me preparo para las entrevistas con las niñas víctimas de ablación genital femenina, y con los líderes religiosos que la ordenan, y con las matronas que, con una navaja en mano, cortan el clítoris de las pequeñas, ese órgano que tiene ocho mil terminaciones nerviosas. Me van a publicar el reportaje en México, en Francia y en España, espero que sea de utilidad. La ley que prohíbe la ablación genital es de este año, 1999, pero nadie la respeta. Dicen que es lo único que permite la pureza y fidelidad de las mujeres en una cultura de poligamia donde cada hombre tiene entre cuatro y cinco esposas.

La desigualdad, la opresión sanguinaria que mutila el cuerpo, el espíritu y arrebata los derechos de las niñas, al amor, al placer y al deseo elegido.

Ya veremos cómo me va en las entrevistas.

Te abrazo desde África,
Lydia

Casamance, Senegal,
14 de octubre de 1999

Madre:

No dejo de pensarte, me dice Myriam que te has puesto muy mal de nuevo, que te van a hospitalizar, que el hígado y el páncreas te están fallando nuevamente. Deseo de todo corazón que cuando leas esta carta estés mejor, que los médicos logren entender qué medicamento te ayudará a librarla esta vez. Ya sé que me dijiste que no me preocupara, que prometías no morirte mientras yo estoy trabajando en África, pero la angustia se ha instalado en mi pecho; quisiera saber rezar para sanarte.

Michel, el *stringer* que contraté para llevarme a los diferentes poblados para entrevistar a la gente, conduce un Renault viejo y ruidoso; fue él quien decidió traerme a Casamance, al sur de Gambia, cuando le platiqué que estás muy grave y que los médicos te han desahuciado. Josú es un médico brujo, el adivino de la región. Es tío de Michel. Entramos a un pequeño patio, al fondo una casita con una palapa. Afuera hay mujeres sentadas en el suelo con sus niños de pecho que lloran, unas niñas corretean y la madre les riñe, harta se toma la cabeza como para tolerar una migraña insoportable. Hay personas con muletas y un perro con sarna que husmea por allí. Mi guía me pide que espere en la puerta, las mujeres me miran y les sonrío tímidamente; ellas me observan sin respuesta, la más vieja fija la mirada en mi cámara y me pregunta algo en wolof, su lengua nativa. "Salamalekum", le digo a manera de saludo, responde algo que no comprendo y señala mi cámara. Con señas le pregunto si puedo tomarle una fotografía, asiente y me muestra una sonrisa con la mitad de los dientes ausentes. Otra mujer me grita algo y se tapa el rostro. Guardo la cámara y pido perdón.

Michel sale para llevarme a una habitación. Junto a un catre desvencijado, rodeado de botellas con pociones, una pared azul de la que cuelgan máscaras y una piel de serpiente, encuentro a Jusuf, el santón de la etnia wolof. Me mira, toca mi frente y me dice: "No tienes nada de qué preocuparte, tu madre no morirá mientras estás en África". Me pide que me siente y comienza a hablarme de ti, dice que eres un alma ascendida, que éste es tu último viaje en la tierra, quiero sonreír y no puedo. Me asegura que morirás en mis brazos, que ahora no debo preocuparme porque tengo una misión en esta región subsahariana. "Estás a punto de embarcarte en un proyecto que cambiará tu vida, correrás grandes riesgos, pero si eres inteligente no te matarán". Miro incrédula a Michel que traduce del wolof al francés. Hago preguntas, la precisión de Jusuf me eriza la piel; ya no hay más lugares comunes. Ahora me dice que yo tengo la misma enfermedad que tú; le digo que no, que yo estoy sana, él se levanta y trae una botella con yerbas en un alcohol de aroma fortísimo, amargo y terregoso. Hace que extienda mis manos y las unta con el líquido que resulta aceitoso. Me dice que voy a luchar contra la muerte, que llegará un día en que pensaré en quitarme la vida, que no debo hacerlo, porque hay algo importante que tengo que hacer para agradecer haber nacido. Utiliza extrañas parábolas y frases poéticas. A ratos es cruel.

Me pide que me levante y pone su mano sobre mi cintura, apenas tocando mi camisa. "Aquí tienes la marca de tu padre", cierra los ojos, hace oraciones que no comprendo. "Lo que odias de tu padre lo odias de ti misma", dice sin abrir los ojos. Quiero responder, no me salen las palabras, decido entregarme a la experiencia.

Me dice que soy portuguesa; me quedo helada, no he hablado nada de eso con Michel y no sabe más que mi primer nombre. "Irás a Guinea Bissau —asegura Jusuf—, allí unas niñas te contarán historias". Le explica a detalle a Michel, quien traduce azorado. Yo muevo la cabeza de arriba abajo, iré a documentar la ablación genital de niñas. Ya habíamos hablado de esto, mamá; me dijiste que la guerra civil apenas terminó en junio de este año y debo extremar precauciones, te prometo que lo haré.

Jusuf me entregó unos amuletos, me dijo que efectivamente debo ir a la abadía de Keur Mousa en Thiers, que lleve agua bendita para ti. Sabes que no creo en ello, pero como sé que a ti te importa iré por el agua que te sane. Iremos a nuestro regreso hacia Dakar y de allá te enviaré una postal.

Madre mía, cómo te extraño, escribo esta carta y pienso que no imagino cómo será la vida sin ti, no quiero que suceda. Juguemos, como dijiste cuando me fui a Nicaragua, a que seré tu Scherezada al revés, te contaré mil historias de mis marchas por el mundo, como las del viaje a la Unión Soviética, historias para que tú vivas. Anda, mamá, vive muchos años más para reírnos juntas, para que te platique cómo le doy la vuelta al mundo; prometo contarte todas mis aventuras para que no te mueras. Te necesito cerca, tu fuerza y tu sonrisa, tu guía y los sabios consejos, quiero compartir la ilusión del todo, ir por los rincones del mundo y traerte una piedrecita de cada uno para esa colección que comenzamos hace años.

Lo daría todo para que te salves, para que ya no sufras, para que te quedes conmigo.

Te amo,
Lydia

Cancún, Quintana Roo,
12 de diciembre de 1999

Flaquita:

Espero que este viaje a Miami sea el primero de nuestra nueva aventura. En este sobre encontrarás el documento de promesa de compra del Irwin 38 que te gustó en el Boat Show el año pasado. Si lo aceptas será mi regalo de Navidad (ve pensando en un buen nombre). Te invito a dar la vuelta al mundo en nuestro velero, dos años para los dos solos, aislados del mundo y todos sus problemas, juntos siempre.

Te amo,
Salvador

Hoy es 28 de enero del año 2000

En esta entrada de mi diario sólo puedo dejar la copia de la sentencia de divorcio. Mi vida, como la conozco desde hace trece años, ha terminado. No es mi vida entera la que encuentra el fin, es la vida que construí con Salvador, esa asombrosa montaña de afectos y delicias que me convirtieron en una mujer más feliz, más fuerte y tal vez un poco más sabia. El fin de una vida de dos que se amaron como si el tiempo no existiera. Mis labios ya no podrán retener el sabor de sus besos, mis ojos olvidarán poco a poco la luz de su expansiva sonrisa. Me perderé una noche hasta olvidar lo que fuimos, él me olvidará también y en su memoria las curvas de mi cuerpo que acariciaba cada mañana como si fuera el cielo amanecido ya no significarán nada, abandonará en algún rincón todos los recuerdos de lo que fuimos juntos. Deshojaremos en silencio nuestras auroras. Se acabó el verano que nos habitó como inmenso y eterno. Se acabó y el desgarro es infinito. En silencio lloro lo que fuimos, salimos del juzgado y nos abrazamos, ni él ni yo queríamos desenganchar ese abrazo porque era tanto como arrojar al mar el nombre del amor que inventamos.

Me habitan la angustia, la ausencia, el vacío; me siento escindida del amor verdadero, un retazo de mi alma se quedó es sus manos con la despedida. Deseo sentir rabia para que este dolor no perfore mis pulmones y me arrebate el aliento. Respiro.

Registro Civil
SENTENCIA RESOLUTIVA

De la solicitud de divorcio voluntario de los señores Salvador San Martín Vila y Lydia María Cacho Ribeiro, presentada el día 28 de enero de 2000, comparecen de nuevo y ratifican en todas y cada una de sus partes la separación voluntaria por diferencias irreconciliables. Se declara disuelto el vínculo matrimonial, efectuado bajo régimen de separación de bienes, según acta 00540. Por tal motivo los cónyuges ahora divorciados recobran su entera capacidad para contraer nuevo matrimonio.

En Cancún, Quintana Roo, República Mexicana,
a 17 de febrero del año 2000

Ciudad de México, enero de 2000

Lydia:

En los versos de Camões, en *Las lusiadas,* dice: "y si más mundo hubiera allí llegarían", así hablaba de los lusitanos. Dicen que por las venas de los portugueses siempre corre la sangre de aventureros, de navegantes, de conquistadores y educadores. Camões aconsejaba a los que descubrían algún nuevo lugar que fueran generosos para enseñar lo que sabían y podrían enseñar; desgraciadamente no le hicieron mucho caso.

Espero que tú en este recorrer lugares, conocer personas, descubrir culturas, seas tan generosa como pedía el poeta, pero también humilde para aprender cada vez más. Dicen los chinos que si tú crees que todo lo sabes es que no sabes nada. Además, recuerda que cuando abres una puerta del conocimiento encuentras otras tres que aún están cerradas.

Te ruego que no permitas que el éxito te vuelva soberbia, yo sé que no es tu naturaleza, pero cuando estamos rodeadas de gente que nos admira y nos dice muchas flores, cuando se es joven y bella como tú, se puede perder un poco la cabeza.

Recuerda que cuando me vaya, ya sea pronto o dentro de mucho tiempo, me voy feliz de haber visto los logros que has tenido y el entusiasmo que le pones a todo lo que haces.

Gracias por todo.

Te ama,
Paulette

Nueva York, 3 de febrero de 2000

Querida Mónica:

Recibí tu correo, te he tenido en mente toda la semana, efectivamente he estado ocupadísima, sobre todo porque aquí en Nueva York hice varias entrevistas que tuve que entregar para una revista y además un reportaje sobre las huérfanas del sida en África.

Nueva York ha sido maravilloso, sobre todo porque la calidez de las directoras de los diferentes departamentos del Unifem no tiene límites. Cuando te vea te platicaré más a fondo; por lo pronto te cuento que me ofrecieron trabajo viviendo en Nueva York para que coordine el área de prensa y las campañas en medios para aplicarles "visión de género". Esto sucedió en la mañana del primer día, después de varias entrevistas en las que me hicieron toda suerte de preguntas. Salí a comer con Stephanie Urdang, la extraordinaria periodista originaria de Sudáfrica a quien conocí en Senegal porque es la coordinadora de eventos sobre VIH-sida y mujeres. Ella me dijo: "Yo te veo llena de vida, me da envidia cómo vas por la vida averiguando todo y cómo tienes tus espacios ganados en los medios. Desde que te conocí en Senegal, me he arrepentido de haber aceptado el trabajo del Unifem. Ya perdí contacto con el periodismo, soy una burócrata".

Me explicó que ella siente que yo tengo la sartén por el mango, porque ellas me necesitan más que yo a ellas. Lo pensé mucho, amiga, y después de pasar toda la tarde encerrada en el edificio de la ONU, ese elefante blindado, con espacios como ratoneras, me sentí sofocada, así que les propuse estar en contacto directo con el entrenamiento sobre medios y con periodistas. En abril me iré quince días a la India, la primera semana la pasaré en taller de entrenamiento para personal del Unifem y la segunda haciendo reportajes sobre mujeres y niñas. Después me iré a China y más tarde a Argentina y Perú. Siempre combinaré trabajo de periodismo con talleres sobre feminismo e investigación de campo. Me pagarán como *freelance* pero muy bien pagada, así que estoy contenta con mi decisión.

En lo demás estoy un poco tensa porque mi madre ha estado muy mal, ella y mi papá tienen una crisis emocional; ella intenta cerrar sus ciclos de vida con mi padre y él se rehúsa. Ha sido difícil escucharla llorando por teléfono, pero mi terapeuta me dice que debo estar lejos porque no me corresponde resolver eso. Su tanatóloga opina lo mismo; me dice que no es mi papel ir a "salvarla" de mi padre, o de la crisis entre ellos, que soy la hija y me corresponde también comenzar a trabajar la aceptación de su inminente muerte.

Creo que la muerte está cerca, que ella lo sabe y está luchando contra los demonios que guardó sigilosamente durante tantos años. Qué difícil debe ser, pero como todo en la vida, hay batallas que se luchan en la soledad.

No puedo imaginar siquiera un mundo sin mi madre, intento prepararme para su partida, mi alma está inquieta por saber que ella está sufriendo tanto; me calmo diciéndome que nunca estoy más equivocada que cuando soy tan soberbia que creo que puedo salvar a alguien de sus misterios y destino. Creo que hago lo correcto.

Tu amistad y tus palabras me reconfortan, gracias por compartir mis textos con otras mujeres en la radio, le das vida a mi trabajo.

Mil besos a ti, a Ale y a Moni.

Con cariño,
Lydia

San Cristóbal de las Casas,
Chiapas, 15 de marzo de 2000

Querida Mirta:

Cuando esta carta llegue a Cuba yo estaré de vuelta en mi casa de Cancún, pero debo escribirte desde la montaña, el sello de este sobre será chiapaneco o no será.

Estaba sentada sobre un banquillo improvisado, sosteniendo el trípode de mi videocámara y ajustando el zoom, mientras escuchaba las palabras de María en tzotzil. Los sonidos de fondo eran el eco de la voz de Pedro, nuestro traductor, y el constante pasar de los camiones cargados de soldados.

Acteal, en el municipio de Chenalhó, es un pequeño poblado que a un año de distancia sigue emanando el aroma del dolor de la muerte y del fantasma de la justicia, ése del que todos los políticos hablan, pero que en realidad no conocemos más que de oídas.

María compartía su testimonio, fueron nueve los familiares que le masacraron el pasado 22 de diciembre, la ermita que fotografiamos hace apenas ocho meses en construcción hoy está decorada con los retratos de sus muertos, hombres, mujeres y niños, y despide un aroma de humedad e indignación.

Mi cámara sigue el paso ligero de María mientras entramos en la ermita, su voz se quiebra y hago un esfuerzo por sostener la cámara fija, mientras ella señala las fotografías de su madre y sus sobrinos muertos. "Los paramilitares me mataron a toda mi familia —dice con una tristeza casi dulce—, yo me tuve que llevar a mi sobrina al hospital porque la habían balaceado, pero ella se quedó tirada entre los muertos para que creyeran que estaba fallecida y no la mataran de verdad", dice en un hilo de voz. Ante mi sorpresa, de pronto se nos acerca una pequeña de cinco años, con un vestido demasiado grande para su delgado cuerpo, la niña sonríe a la cámara, sin mayor preámbulo. María me sorprende levantando el vestido de la pequeña y señalando unas profundas cicatrices en el cuerpo moreno: "Éstos son los balazos que le dieron los soldados y los paramilitares", dice María. La niña, inmóvil, se deja señalar como si fuera normal que una criatura de su edad ande por la vida con cuatro cicatrices de bala en el cuerpo.

Vuelve a sonar el motor forzado del camión de soldados que sube la sierra, los gestos de las mujeres muestran miedo, de ese que no podemos controlar porque surge del instinto de supervivencia.

María nos cuenta que la pequeña lloraba cada vez que veía un soldado pasar después de la masacre de Acteal. Todo esto sucede en la tiendita de tablones de madera que María ha puesto al filo de la carretera; de pronto para una Suburban negra, de ella se bajan dos hombres, uno demasiado pesado y moreno, con lentes oscuros. Pedro, en voz muy baja, me dice que son de la PGR. Guardamos silencio y tomamos un jugo, bajo mi cámara y la cubro con un rebozo, entran los dos hombres visiblemente armados a comprar refrescos. El aire se puede cortar con un cuchillo; el hombre más delgado nos mira a las mujeres con ojos de lince: "¿Usté qué hace aquí?", me pregunta casi ordenándome responder. "Visitando a mis amigas en mi propio país", le respondo molesta. Observan las cámaras a mis pies, no las oculté bien, y se miran, luego a María y ella baja los ojos. El intercambio de palabras es casi a base de monosílabos, hasta que menciono que soy periodista y le pregunto si quieren seguir preguntándome mientras los filmo. Se ríen incómodos y salen de la tienda. "A veces vienen y piden refrescos y luego no los pagan porque dicen que no tienen cambio", cuenta María un tanto aliviada por su partida.

La tensión que se vive en la sierra chiapaneca es constante, el estrés de lo que se llama efecto de guerra de baja intensidad y que tú conoces muy bien por tus años en la sierra Maestra. Los soldados pasean, hacen preguntas, entran armados a todas partes; los agentes gubernamentales actúan más como mafiosos violentos que como servidores de la justicia. En este rincón de México, los poderosos amedrentan a las y los justos.

Son tiempos de la cosecha de café. Las mujeres vuelven por primera vez a sus tierras después de un año; la cosecha es buena, pero muchas están temerosas de entrar en su tierra.

Los que fueron sus hogares no son más que escombros de ceniza, los recuerdos vuelven galopando por la ladera del miedo. Vestidos de bosque, los soldados las observan, dicen que están allí para cuidarlas, pero cuatro de las adolescentes que se acercan a mí han sido violadas por soldados en sus propios hogares.

Salgo con Norma, la antropóloga que trabaja con el padre Samuel, y con Pedro, entramos al "lado priista" de Chenalhó, allí nos detienen primero los soldados para pedirnos identificación, más tarde los priistas, también armados pero vestidos de civil, nos preguntan agresivos que a dónde vamos. "Trabajan para los caciques", me dice bajito una de las mujeres; "no los hagas enojar, hermana", me piden mirándome con las pupilas marcadas por el miedo.

Ay, querida Mirta, el pueblo parece fantasma: casas abandonadas, iglesias cerradas, calles silenciosas. Los "guardias blancas" han ido ahuyentando a la gente, aquí ya no quedan más que priistas, paramilitares que han perseguido a los sacerdotes de las iglesias y las han cerrado. Intentamos entrar en una de ellas, está tapiada y la vigilan unos "ciudadanos" que nos dicen que no tenemos nada que hacer allí.

Esto no puede ser México —me digo mientras recuerdo anécdotas sobre la época de la Revolución que me contaba mi tía abuela Elvira cuando yo era niña—, son pasajes de la historia de los caciques, en donde ellos imponían sus propias leyes y se hacían justicia. "Esta patria no es mía", pensé mientras pasábamos el retén de salida.

Las mujeres están tristes en Chenalhó, acaban de escuchar en la radio que liberaron al policía que había sido sentenciado, después de que fuera reconocido por los supervivientes de la masacre como uno de los asesinos de Acteal.

"Ya los soltaron —dicen en un soplo de voz—, ahora no sabemos si vendrán a buscarnos para vengarse, porque los soldados los protegen", cuentan dando por hecho que la justicia no es para las pobres ni para las razas originarias de nuestro país. "El gobernador Albores dice que se hace justicia en Chiapas", dice una joven que fue violada por cuatro soldados federales, que cuando bajó a San Cristóbal a acusarlos recibió como respuesta del agente del Ministerio Público que tenían que tener pruebas, y apelando a la compasión de la madre justificó a los soldados, porque son hombres y pasan meses sin una mujer. "Cuide mejor a sus hijas", le dijo mientras las mandó de vuelta a la sierra, sin siquiera levantar un acta.

"Ya no tenemos nada que perder —dice Antonia frente a mi cámara—, hubiera preferido que me mataran a que me dejaran así; a lo mejor un día de éstos me consigo un rifle y mato a cuatro soldados, para hacerme justicia", dice mientras mastica una ramita de hoja silvestre. Yo no tengo nada que decir y ellas lo saben, las manos me tiemblan y las palmas están húmedas sosteniendo la videocámara.

Después nos quedamos todas sentadas en las piedras, mirando lo verde tupido del bosque chiapaneco. Quisiera pensar que estoy sentada en un rincón olvidado de Dios, pero en realidad es un pueblo olvidado por los hombres y mujeres mexicanos, que hemos decidido creer que en Chiapas hay sólo guerrilleros encapuchados y soldados justicieros, mientras en realidad hay cientos de familias de carne y hueso, de mujeres lastimadas, de niñas heridas, víctimas de una guerra de mentiras, víctimas de un sistema político inhumano y corrupto. El abandono es intencional, tal vez porque negarnos la guerra en Chiapas es mantenernos ajenos a la responsabilidad que en realidad tenemos para terminar con la opresión de los pueblos originarios de México.

Tal vez estamos, como Antonia, mirando al infinito guardándonos el rencor para mejor ocasión, mientras los poderosos destruyen a nuestro país poco a poquito, en una lucha de poder económico, ajeno a la condición humana.

En cuanto edite el video, que tiene la extensión de un documental, te enviaré copia a República Dominicana. Ojalá nos organicemos para que ahora sí vaya a tu universidad y pueda mostrarles los testimonios de las mujeres de Acteal.

Te abrazo con el alma en vilo,
Lydia

Cancún, Quintana Roo, 11 de agosto de 2000

Querida Mónica:

El viaje a Costa Rica fue maravilloso, las compañeras de la Red Nacional llegaron con revistas y diarios en que publicaron mis textos en sus países, fue absolutamente conmovedor. Sara Lovera dijo en la inauguración del encuentro que de las cuarenta y seis periodistas yo soy a la que más publican las otras colegas; me llenó de emoción no por competir con nadie, sino por el claro afecto y generosidad de las compañeras de todo el continente que se toman la molestia de elegir mis textos para publicarlos.

Comparado con el resto de Costa Rica, San José no es bonito, es una ciudad ruidosa y poco limpia, aunque se compensa con la calidad humana y educación de la gente.

Ahora estoy preparándome emocionalmente, arrejuntando mis ideas y guardándolas en un itacate. Mi familia llegará pasado mañana a Cancún, quiero estar tranquila para apapachar a mi madre que ya tiene que dormir con un tanque de oxígeno porque tiene los pulmones invadidos de fibrosis, le cuesta trabajo respirar y caminar, y claro, la falta de oxígeno la deja sin aliento y con poca memoria, eso la pone muy triste. La semana pasada se puso fatal de nuevo, estuvieron a punto de hospitalizarla; yo iba a volar para estar a su lado con mis hermanos, por fortuna de nuevo la libró, es una guerrera.

Ayer me dijo que no quiere quedarse dormida porque tiene miedo de morirse ahogada; la frustración es inmensa, sé que no puedo hacer nada más que escucharla, reconocer su dolor, su miedo y amarla con toda la fuerza del mundo.

Te abrazo,
Lydia

Puebla de Los Ángeles,
28 de octubre de 2000

Querida Lydia:

Difícilmente esto que te escribo logrará expresar la emoción y los sentimientos que me invadieron al recibir tu regalo. Me cuesta trabajo conectar mis pensamientos con lo que bulle en mi espíritu: pareciera que un caos lúdico se hubiera apoderado de mi espacio vital para tornarme en espíritu y cuerpo amalgamado sólo por sensaciones. ¿Recuerdas la primera vez que viste el mar? A mí se me metió el inmenso en el alma mientras intentaba respirarlo completo y mi piel hacía suyas la sal y la arena. Los azules y el ruido se me vinieron encima de golpe y anhelé ser sirena, diosa y caracola, y lo fui durante los escasos segundos en que mi espíritu detuvo el latido de mi corazón y se me olvidó la forma de respirar. Escuché mi propia exhalación convertida en suspiro y descubrí unas lágrimas mojando mis ojos. Algo parecido me provocaron el retrato y las palabras que tejiste para esa yo que ha quedado plasmada por tu mirada en un cuadro pintado al pastel.

Es mágica la manera en que me ves, la forma en que me intuyes. Me emociona pensar que cada trazo conlleva detrás una carga de libertad maravillosa: me regalaste tus pensamientos, tu cariño y tu espacio por una fracción de tiempo que ya nunca podrá pertenecer a nadie, salvo a mí, porque así lo decidiste. Ésa es la certeza que rubrica el cuadro en que me retratas y ése es, amiga mía, uno de los gestos de amistad más hermosos que he recibido.

Ahora, mientras te escribo en un intento de revelarte mi fascinación por tu obsequio (no tengo tu don para tejer palabras), te imagino en tu estudio, con los lápices de pastel pintando mi retrato y percibo tu manera de mirar la laguna a través de tu ventana. También los rostros que pintas son tu propio espejo y puedo mirarte reflejada en el que del mío hiciste. Si desdibujaste mi esencia fue irremediablemente para dibujar la tuya, que es amistad.

Gracias por tu amistad del alma y por los ecos de eternidad con los que respondes a mis interrogantes y quehaceres. Gracias por formar parte de mi paraíso, ése del que nadie puede desterrarme.

Con inmenso cariño,
Mónica Díaz de Rivera

Londres, Inglaterra, 17 de junio de 2002

Alfonso:

Me has pedido en tu última carta que responda cómo he vivido el desamor, si en verdad lo he soportado en silencio o he corrido por las playas para gritar el dolor de la pérdida.

Recuerdo cuando me besaste a los dieciséis años, éramos fuego atado a una locura indescifrable. Contigo todo era descubrimiento, tal vez por eso jamás viví la última caricia como el fin de un amor, porque nuestras conversaciones eran fascinantes y nuestro deseo por amarnos era de tal magnitud que jamás nos contamos el cuento del romanticismo que conquista o abandona, que hiere para matar o evita que se le mate. Éramos un par de locos, la rebeldía frente a los mandatos nos convirtió en bestias raras en el amor.

Cómo olvidar esa tarde en una fiesta de cumpleaños en que la vecina que habitaba dos calles abajo de la mía me confesó estar enamorada de un chico maravilloso de melena larga e ideas geniales, músico de corazón que seguramente sería famoso algún día. Mientras ella te describía supe de inmediato que esa tarde que me habías besado con tanto cariño intentabas despedirte sin saber cómo o por qué debías hacerlo. Otra chica, bella y optimista, la vecina fascinante de ojos claros y melena de princesa, te había mirado y no pudiste resistirla. Honestamente, si fuera tú, yo tampoco hubiera resistido esa forma en que te miraba, sus dientes impecables, la dulzura aprendida propia de las chicas educadas para ser buenas, la sensualidad con que movía su cuerpo de adolescente. Ella quería ser perfecta, y sus genes, su educación y las estrategias que les enseñan a algunas niñas para seducir niños con una bondad sumisa son febrilmente atractivas para el ojo desnudo de quien busca sentirse conquistador.

Para responder a tu pregunta recurro a este recuerdo porque fue a esa edad en que descubrí quién soy frente al amor y el sentido de pertenencia. Recuerdo que salí de la fiesta con un vacío en el estómago parecido a un golpe seco y silencioso. Al mismo tiempo algo en mi pecho y mi cerebro se acomodaba en su sitio. Sabía que no eras mío, que a mí no me gustaría pertenecer a nadie. "Somos sujetos", dijiste alguna vez inventando una canción que jamás apareció en ningún disco tuyo. Luego lo escribió José Bergamín mejor que tú: "Soy subjetivo, ya que soy sujeto. Si fuese objetivo, entonces sería un objeto".

La tarde siguiente llegaste a casa y escuchamos un disco de vinil de Spyro Gyra en mi nuevo tocadiscos con aguja de diamante (al menos eso decía el vendedor de agujas). Nos besamos y nos tocamos con poca torpeza para ser tan jóvenes, metiste tus dedos en mi sexo húmedo y me hiciste feliz. Luego yo puse mis manos temblorosas en tu falo erguido y tibio y los dos sonreímos porque habíamos descubierto el ritmo de nuestros placeres sin miedo a nada. Había dulzura y ceguera, pasión y tensión, una complicidad propia de parejas adultas y un desconocimiento digno de nuestros dieciséis años.

Con la chica bella no podías tocarte así, a ella la habían educado para desapegarse de su cuerpo y reprimir el placer, le alimentaron miedo con cucharita de plata para que creyera que un cuerpo usado no tiene valor, es como una fruta magullada en el mercado; la pobre se creyó que era un fruto prohibido y no una mujer libre.

Cuando te acompañé a la puerta, al despedirnos, te dije mirándote a los ojos que si ibas a tener dos novias, a la chica bella y a mí, tendríamos que hacer un trato: ella debía estar de acuerdo. Mi argumento de que éramos demasiado jóvenes para pensar en relaciones formales era válido, no podrás negarlo. Tu rostro palideció y quedaste mudo, recuerdo que nuestros cuerpos estaban muy cerca, de frente. El tuyo en la calle y el mío en el quicio de la puerta de mi casa; era verano, la temperatura perfecta y el cielo color rosa y pistache pincelando detrás de ti, un árbol arrojaba su sombra a la mitad de la calle. Sobre ti la tarde y tus miedos. Te enojaste, sólo pudiste preguntar si estaba loca y saliste corriendo. Subiste a tu bicicleta, te vi partir como parten los hombres que no tienen respuestas.

Esa tarde supe que la congruencia en el amor tiene consecuencias inexplicables. Me senté a escribir en mi diario que el amor no puede depender de un juego de mentiras. Está claro que en casa no veíamos telenovelas. Recordarás que mi madre, como buena psicóloga progre, estaba en contra de los melodramas sexistas y racistas, así que tuve que crecer con la tara de quien no entiende las reglas del melodrama y por tanto no sabía cómo jugar ese extraño juego de la manipulación romántica y maniquea; nunca descubrí que había que aprender frases como "la otra o yo".

Decidiste que lo más caballeroso era abandonar nuestra amistad para ir tras la chica bella. Seis meses después, una canción de Yes te hizo recordar que la amistad no tiene género, que tú y yo somos almas solitarias que nunca se abandonan, y nos fuimos al cine. Nunca te atreviste a decirle a tu novia que éramos amigos de nuevo. En su casa sí veían telenovelas y su construcción emocional estaba basada en el melodrama amoroso reproducido por su padre y su madre, esto consistía en actos consecutivos de impostura de princesas y príncipes rotos, de hombres proveedores y mujeres atentas, amores eternos que no se transforman y perenne vigilancia a los hombres por cuya naturaleza de macho de la especie, según decían los cánones del culebrón, no podían controlar su impulso febril y debían ser vigilados por su hembra cancerbera.

¿Recuerdas cuando me dijiste que el amor debía vivirse como una sinfonía? En mi diario aún están nuestros apuntes de aquellos tiempos. Los cuatro movimientos de la concordancia.

Primero la sonata, el movimiento rápido de la pasión encendida, el descubrimiento y la ceguera, el invento del amante, la creación de la musa perfecta, el delicioso y flagelante autoengaño. El segundo es lento, el momento en que descubres verdaderamente quién es esa otra persona frente a ti, cómo es su vida, para ser capaces de compartir esos dos mundos desiguales sin que uno resulte aplastante para que la otra vida florezca, sin que disminuya el placer de cada nota, el ritmo. El conjunto no existiría sin el todo y sus movimientos individuales. Luego la danza, el aprendizaje, crecer cada cual hacia sus pasiones: "La métrica triple", dice tu letra en mi viejo cuaderno. Al final de los años, otra sonata, un rondó. También, por qué no, podría alargarse como la *Cuarta sinfonía* de Carl Nielsen, o la sorprendente *Sinfonía n.° 14* de Shostakovich. "Hacer música con el cuerpo y con la vida", decías, y yo quería estar para siempre en tu boca y tu piel. "Ir escribiendo la historia de amor sin arrebatarle el ritmo de tu propio espíritu", te respondí con letra de molde. Eres músico aún y desde entonces vaticiné que serías grande en tu oficio de artista.

¿Qué tanta razón tuvimos? Cada cual sacará sus propias conclusiones. Con los años tú te quedaste en una larga relación llena de rencores y resentimientos, con dos hijos y una mujer que te desprecia con pasmosa tranquilidad; me escribes que agradeces sus sorpresivos mimos cuando llegan como si del mejor verano se tratase. Supongo que para tu arte necesitas de esa soledad acompañada que a mí no me interesa cuando tiene tufo de abandono y hastío. El amor se inventa, amigo mío, el desamor se construye sobre ese invento y sus fábulas comunes.

El desamor para mí es la fecha de caducidad de una relación. Me resulta imposible que se transforme en una perenne agonía entre dos cuerpos que se abandonan, entre cuatro ojos que huyen de su propia mirada. La nada, esa oquedad que convierte el bosque en un desierto abandonado cuyo viento encrespa el tiempo y su arena seca hasta enceguecer la mirada con un ardoroso pinchar de gránulos lacerantes.

No puedo con ello; tal vez por eso ahora que me preguntas en esta larga carta en que me narras los malos tratos que justificas con la maestría del artista que eres, capaz de ver tus propios defectos magnificados para nulificar la angustia que te produce la mirada despectiva que descubres en ella cuando te ve jugando con los niños y reclama que esa sonrisa fue suya algún día, reflexiono sobre lo que aprendí de mis amores para no perderme en el hastío del no amor. Jamás he creído —ya te veo llamándome radical en mis posturas— que el abandono se parezca al amor. No puedo con el abandono ése del no-estar-presente-aquí-ahora con pasión del cuerpo, con el espíritu y la voz, con las preguntas emocionadas de "¿cómo estará?" y "¿sabrá que le amo?".

Y ahora, después de una larga divagación, respondo a tu pregunta. El abandono es lo que hizo él, a quien tanto amé durante trece años, ese día en que mientras se duchaba en la regadera y yo me lavaba los dientes me pedía que yo decidiera qué hacer, a dónde ir, a quién invitar, porque a él simplemente le interesaba poco celebrar su cumpleaños. Recuerdo con claridad que le pregunté qué era lo que deseaba. "Quiero lo que tú quieras", respondió con hastío. "Yo quiero lo que tú desees", respondí retadora. Nos separaba el cristal ahumado de la regadera, el vapor se convirtió en su escudo para impedir que yo pudiera verlo a los ojos. Así que hablábamos yo con el espejo, arrebatándome la honestidad con un miedo oculto a que me dijera que ya no quería celebrar nada conmigo (porque en el fondo yo sabía que de eso hablábamos), y él con el agua corriendo que ya no caía más en su cuerpo; probablemente miraba al muro de mármol de la regadera, deseando que ese diálogo se terminara. Le pregunté si quería explorar estar con alguien más y dijo que no, sólo si yo quería. Inquirí si deseaba irse solo o con sus amistades a algún sitio y descansar de nosotros, dijo que sólo si yo quería. Abrí la puerta de la regadera y lo vi allí, hermoso, húmedo y desnudo, le pregunté qué necesitaba él para ser feliz, qué lo haría sonreír si yo no estuviera. Dijo que lo que yo quisiera. Su hastío fue para mí el claro retrato del desamor y la cobardía. Le dije que lo que yo deseaba era la libertad de no mentirnos mutuamente, que tal vez sería mejor separarnos. Sin mirarme, acomodando la botella de champú y casi de espaldas dijo que yo sería más feliz sin él. Se convenció de que no quería lastimarme con la verdad como si la herida del desprecio y el silencio no fuera más ofensiva que el acto amoroso de decir adiós mirándote a los ojos.

Con los años hablamos. Después de la separación y el necesario tiempo de repartición de bienes y amigos, de no querer mirarse y repeler la simple presencia del dolor que nos recuerda la entraña rota, el desgarro que precisa alejamiento para sanar. Una tarde de noviembre nos topamos de frente en el supermercado, ambos sonreímos, nos saludamos con un beso y un abrazo extrañamente cálido, profundamente honesto. Un abrazo de quien se ha reencontrado con un amigo perdido en la distancia.

Terminamos sentados en una pizzería, la que fue nuestra favorita, hablando un poco de todo. De la nada me preguntó por qué nos divorciamos. Respondí que porque él me había dicho que la vida que yo elegía no era la misma que él deseaba. Le narré cómo viví esos meses finales, desde mi punto de vista que obviamente no incluye el suyo, ¿y sabes qué respondió? "Así somos los hombres de cobardes, no sabemos irnos, forzamos a las mujeres a que nos dejen".

No esperaba esa respuesta.

Me dejó muda por un instante. Le pedí que explorara a profundidad esa curiosa afirmación, me dijo que carecía de mayor profundidad, que es un hecho incontestable: "Los hombres somos cobardes". "Así nomás, así dejamos que se termine, vamos abandonando poco a poco hasta que la mujer decide…".

"¿Nosotras? ¿De verdad? —pregunté. Me negué a la generalización—, ¿ustedes todos? ¿De verdad?". Con su sonrisa dulce, casi compasiva, me dijo que yo siempre espero más de la cuenta de las personas, en especial de los hombres. Refuté sin éxito su argumento. Estaba convencido de que es así, tal vez porque sentir que no es el único pulveriza el sentido de culpa por abandonar sistemáticamente a las mujeres que ha amado. Nos reímos y brillaron los ojos como los de quienes se amaron de verdad algún día. Yo, la que imagina que las personas son mejores de lo que son, la que piensa que la maldad no es una condición humana sino una serie consecutiva de actos voluntarios movidos por una entraña desconectada del corazón y la empatía. Confesó que lo que al principio le parecía fascinante en mí terminó por resultar insoportable. Recordé la canción de Serrat: "me gusta todo de ti, pero tú no".

Me dijo, con esa dulce sonrisa que tú conoces bien, que siempre busco lo bueno en las personas, una virtud defectuosa que a ratos le resultaba insufrible y ahora extraña cuando ya no estoy en su vida. No hubo nada de virtuoso en su escape. Le recordé mis alejamientos y la melancolía que me habita, enumeré mis defectos y rarezas para hacer de nuestro encuentro algo más real. Él sonreía y me tomaba la mano con el cariño de quien te ha acariciado cada rincón del cuerpo con una pasión de galope insaciable. Señaló que siempre estoy en busca de respuestas, aunque en ello me vaya el golpe de regreso. Él se fue en busca de la simpleza y no la halló, porque detrás de la complejidad hay poca turbiedad y la sencillez casi siempre oculta sentimientos sepultados o inteligencias limitadas que aburren fácilmente. No se puede tener todo en la vida. Por eso yo, de lo poco que podemos tener, prefiero lo verdadero, aunque sea breve.

Confesó que cuando nos divorciamos él sabía lo que quería, le desquiciaba mi pasión por encontrar nuevos caminos e historias, a ratos le molestaba mi necesidad para sobrevivir los duros golpes de la realidad sin huir de ella, decía que le recordaba sus ganas de huir de la realidad y vivir sólo en y para el placer como nos habíamos prometido algún día después de hacer el amor en la playa, luego de bucear en el gran arrecife de Cozumel. Odiaba mis manías para ordenar la cocina, envidiaba mi facilidad para construir amistades duraderas. En realidad, confesó cuán sin sabor era su vida cotidiana: montado en su moto, ir y venir al trabajo, al mar, hablar con sus pocos amigos, ver la televisión, reírse con repeticiones de *Seinfeld,* recorrer cuatro kilómetros diarios en bicicleta; esa vidita personal lo tenía hastiado.

Yo me convertí en espejo de su hastío, dijo, entonces tenía que deshacerse del espejo para seguir acomodado en la hartura de su propia y nimia elección de vida sencilla.

Para mí, amigo querido, el desamor es convertirse en espejo del otro y, sin saberlo, terminar rota porque lo que el otro mira es despreciable para sí. En ese espejo hay dos, pero quien sólo pone los ojos en su reflejo es incapaz de darse cuenta.

Prefiero la soledad al desprecio mudo de miradas letárgicas. Tú me enseñaste que el amor es música y jamás lo he olvidado.

Te amo a la distancia siempre,
Lydia

Cancún, Quintana Roo, febrero de 2004

Adriana:

Eres o quieres ser periodista, documentalista, no importa el nombre. Hay algo en ti que desde cierto instante estalló en las entrañas de tu vida, entonces supiste que contar historias, las vidas de las y los otros, se convertía en una fuerza reveladora, ineludible. Saber, comprender, buscar allí donde nadie más ha encontrado la clave, por menor que parezca, ese diminuto fragmento de la vida de la persona que tienes frente a ti. Un ser humano que es mirada y aliento, rabia y llanto, ira y desconcierto. Quien desea afanosamente narrarte a ti, sólo a ti que estás en la sala de su pequeña casa, en los escombros de un hogar perdido, tal vez tatemado por el fuego o arrasado por el mar después de un huracán que ha llegado desde África para llevarse un futuro que nadie conocerá.

Estarás resistiendo la conmoción emocional en el camino de una migración incierta, tal vez con cientos de hombres, mujeres, niños y niñas hambrientas que van tras una ilusión de libertad. La ausencia de fronteras, una paz inasequible, una economía estable, la libertad a secas, ésa que cobra las manos rotas desangradas por la cosecha de alguna fruta que comerán otros, las palmas húmedas que lavarán los platos de alimentos exquisitos que comerán aquéllos que sí tienen víveres cuando les da la gana porque pueden pagar por ellos.

Una parte de ti sabe que la realidad se rompe en trozos como la tierra seca, que absorbe las gotas de vida que caen del cielo o las lágrimas de una madre que ha perdido a su hija en el desierto. Esa mujer que llama a sus hijos lleva en brazos a su nieta para espantar la muerte, como un sino religioso que ahuyentará, iluso, el destino manifiesto de miles de mujeres desaparecidas o asesinadas. Me has dicho que te duele que su voz te convierta en testigo y cómplice para hacerle saber a quien quiera escucharla que la vida importa muy poco en algunos pueblos, porque todas, todos vamos a morir algún día, pero las mujeres indígenas y pobres morirán antes.

Tú no puedes detenerte. Algo te impulsa, ¿acaso conoces el nombre de esa emoción que te espolea para contar las historias que importan? Si la respuesta cambia cada día, si la duda te hace sentir que este oficio es para valientes o personas enloquecidas, harás buen periodismo porque eres guardiana de la memoria de la vida, de una realidad que no es negociable, de la verdad a secas, la que has contrastado lo suficiente para tener la claridad de que estás diciendo la verdad y no eres parte de ese inmundo ejército de expertos de la mentira, de quienes creen que fabricar historias falseadas es válido.

Eres tú para quien escribo, eres quien algún día escribirá para alguna compañera joven reportera que comprenda lo que significa asumir a ciencia cierta que existen seres humanos como tú y yo, que somos capaces de convertirnos en puentes entre lo que es real y la historia que debe ser narrada con tal empatía y profesionalismo que se irá convirtiendo en un retazo de la Historia de la humanidad. Sabes entonces que las mayúsculas importan en la misma medida que resulta indispensable aprender a escribir porque has leído lo suficiente para cultivarte en el oficio de narrar como quien retrata el rostro de una vida, la otredad y sus razones. Tienes un don, Adriana Varillas, espero que jamás lo olvides y que yo viva para verte publicar en los grandes diarios, que los más poderosos te lean y sepan que el periodismo seguirá con vida mientras haya jóvenes como tú que abren caminos a golpes de poesía, sonrisas e inspiración rebelde.

Te abrazo, compañera. No te rindas.
Lydia

Cancún, Quintana Roo,
30 de mayo de 2005

Querida María Rosa, hermiga:

No sé qué decirte cuando intento escribir esta carta. Aunque sé bien que a ratos te has sentido abandonada porque no te llamo o escribo con la frecuencia real en la que pienso en ti. Es una rara sensación la que me invade cuando tengo la certeza de que estás muy cerca de mí y saliendo ya tarde del CIAM voy en el coche pensando: ahora sí le voy a llamar esta noche, y en lo que me regalo un momento para cuidarme, estar en silencio, darme un baño y prepararme la cena sin que nadie ni nada interrumpa (como suele suceder cada minuto en la oficina), me dan las once de la noche y siento que es demasiado tarde para llamar.

Hace un par de años comencé a intuir que mi vida daría un giro determinante en cuanto a cómo mis pasiones se iban convirtiendo en forma de vida. Haber descubierto mis capacidades específicas y cualidades sujetas a una misión de vida ha sido un proceso lento; estar preparada para admitir que en este proceso tendría que negociar mis tiempos con mis amores y familiares es cosa bien distinta.

Mi abuelita Marie Rose me contaba que se reía de mí cuando tenía cuatro o cinco años. Decía que mientras mi hermana Sonia jugaba a las muñecas con otras niñas y trataba de acatar las reglas, yo hacía todo lo contrario y era capaz de crear mi propio universo, en mi tiempo y espacio personales. Me sentaba sola durante horas a pintarrajear un cuaderno y murmurar historias de cosas que se me iban ocurriendo, ajena al mundo y a la vez profundamente sumergida en él. Antes lo tomaba a broma, pero con los años he descubierto que efectivamente armo mi universo de cariños y los llevo contenidos en el alma en mis propios tiempos, y eso me hace sentir acompañada en toda estación.

Sin embargo, a ratos recuerdo que los tiempos normales de las demás personas indican que yo debería hacer las cosas de otra manera para no perder amistades como la tuya, para evitar que mis amigas sientan que estos afectos no son equitativos y que si no les doy el nutrimento una mala tarde de otoño la trompada se llevará irremediablemente y de tajo tu presencia de mi vida. Aunque tú no lo reclamas, sé que el cariño te impide decírmelo y a veces sólo cuando hay drama nos hallamos juntas.

No dejo de pensar en los tiempos en que las horas podían pasar junto a nosotras sin percatarnos de su presencia; tardes o noches en que las conversaciones sobre la vida, el amor y sus milagros no tenían respiro en nuestros labios. Extraño esos días y sé que poca gente tiene el privilegio de siquiera haberlos vivido una vez con la intensidad con que nosotras hemos vivido.

Me reconozco afortunada, querida y cobijada por cariños de hermanas como el tuyo. Entiendo —sin culpa malsana— que debería hallar tiempo para recuperar un poco de esos días y sé de cierto que éste es el momento de hacer lo que hago, de vivir como si esto de la violencia contra las mujeres se fuera a acabar mañana (porque eso quisiéramos) y que darle voz a otras mujeres en este momento es indispensable porque parece que la edad me llegó como el presagio que arrojó mi madre cuando me escribió en una carta: "Lydia, a los cuarenta conocerás tu misión con claridad y allí te tocará saber si es una forma de vida o la simple hipótesis de lo que habrías podido ser". Parece que me salió lo científica a los cuarenta y no quiero dejarlo en hipótesis.

Hace unos días leí la frase: "*Dream like you'll live forever, live like you'll die tomorrow*"; *luga*res comunes aparte, me cayó de tajo la noción de que sin proponérmelo eso es lo que estoy haciendo con mi vida.

Enfrentar la violencia y aprender a combatirla de maneras posibles fortalece mi alma y alimenta mi alegría al ver cuántas mujeres y niñas sobrevivientes florecen en lugar de morir en la sumisión ante la guerra contra sus cuerpos y voluntades. Estar a su alrededor es un privilegio que me fortalece para aprender a sobrevivir yo misma. Trabajar horas extras llena de energía, hallar instrumentos para decir verdades que no caben en las pantallas de televisión en que aparezco y recordarle a la gente que hay otro mundo posible es fundamental, muchas mujeres lo decimos y tenemos razones de sobra: la violencia contra las mujeres y niñas no es natural y normalizarla es un crimen cultural. Esto es lo que me roba las horas desde que amanece hasta que cae la luna, es lo que me nutre y me hace sentir más cerca de mis hermanas o amigas del alma, es decir, de mis hermigas. No me ausento de nuestras tertulias por falta de interés o de deseo de disfrutar un buen vino y risas, lo hago porque estamos en un momento de emergencia, y el refugio con los rescates, la revista, la televisión y mis artículos periodísticos exigen mi tiempo para desentrañar verdades importantes.

Queridísima hermiga, no me pierdo de tu vida y te pido que tampoco te pierdas de la mía. A ratos los teléfonos intervenidos y la internet espiada se convierten en obstáculos contra los cuales me rebelo y no quiero usarlos para que no queden exhibidas las flores de mi cariño.

Pero, como sabes, a ratos me importa poco el espionaje y como si tal cosa te escribo y envío esta carta de lunes al medio día escrita en la computadora del centro de atención a víctimas para decirte que tu presencia en mi vida es fundamental, que saberte viva y animosa es fortaleza y vida para mí, que nada valoro más que tener la certeza de que me quieres tal como soy, feminista errante por el mundo que torea la maldad como faena de domingo y que ama profundamente; aunque a veces parezca que olvido eso, no es cierto.

Las amistades del alma nos arropan a todas horas, no importa la lejanía física, y a veces ni las palabras importan. Saberme presente en tu corazón, en tus oraciones, en tus recuerdos, me hace sentir más viva, más cerca, más fuerte. Y que sepas que tú estás en mi corazón en la misma medida. Me siento agradecida y profundamente bendecida siempre de tener el cariño de una mujer sabia, tierna, inteligente y solidaria como tú.

Siempre cerca,
Lydia

México, 27 de diciembre de 2005

Estoy harta de dar entrevistas. Hace seis días que salí de la cárcel y todavía me duele el cuerpo entero. No quiero ver a nadie, ni sonreír, ni tener conversaciones superficiales. Estoy harta de mentir al decir que estoy bien, que me siento fuerte y que vamos a ganar esta batalla. Cada vez que un colega pone una cámara frente a mí me siento poseída por una fuerza inexplicable; hablo como si supiera lo que digo, mi cerebro funciona solo y aparentemente digo cosas claras y precisas. No lo entiendo.

Estoy grabando cada detalle de lo que recuerdo que me hicieron los policías en el coche y en la cárcel. No quiero contarle todo a Jorge, está muy asustado y ya no quiere que hablemos de los detalles. Está bien, se los digo a mis abogados y a mi terapeuta. Guardé mi ropa porque tiene el ADN de los policías, la puse en una bolsa de plástico. Qué mierda, ¿cómo sobreviví? No tengo claridad. Sólo quiero dormir, pero tengo que recordarlo todo. Aunque sea lo último que haga en mi vida no voy a permitir que esos cerdos pederastas que me mandaron torturar y encarcelar nieguen

*

la verdad. No voy a dejar que las niñas me vean quebrarme; soy su único escudo frente a sus torturadores. Éste es un país de mierda, unos políticos de mierda, una sociedad cobarde que no protege a sus niñas. Tengo que descansar. La doctora me dio unas gotas de Rivotril, pero cuando me las tomo se avivan las pesadillas. Todo se repite. No quiero hacer sufrir más a mi familia, no se merecen pasar por esta pesadilla en la que yo me he metido. Me siento culpable con mi familia, me siento culpable con mi equipo del CIAM y con mis amigas. Puta culpa que me come el corazón. Ya no puedo llorar más. Extraño a mi madre, quiero que me abrace, que me diga que de ésta vamos a salir juntas; me siento más huérfana que nunca.

Jorge me enseña un periódico de una marcha, las mujeres tienen letreros: "Todas somos Lydia Cacho"; pobre país si todas las mujeres son sobrevivientes de tortura por decir la verdad. Pobre país si a todas nos espera la violencia detrás de la puerta de la libertad. Este dolor de mierda me rompe en silencio.

*

Ciudad de México, enero de 2006

Querida Claudia:

No sé qué decirte. Estoy tan cansada, me siento emocionalmente devastada por todo lo que sucedió este diciembre pasado. A ratos siento que hace años que me secuestró y me torturó la policía, luego siento que apenas fue ayer que salí de la cárcel. Tienes razón, tengo que buscar a una terapeuta especializada en tortura. Ya le pedí a nuestra querida Flora Aurón que me ayude a encontrar a alguien con quien pueda trabajar y procesar todo esto. Como tú, yo también estoy azorada ante el hecho de que Edith Encalada haya testificado en mi contra, a favor de Kamel Nacif. Una parte de mí lo entiende, ya habíamos revisado los correos anteriores que me envió y tú, buena psicóloga que eres, me dijiste que ella estaba mintiendo, manipulando. Claramente nunca le creí del todo, pero quise creer que era la inestabilidad por el estrés postraumático. Ahora, después de leer el expediente y de saber que el famoso, y supuesto, contrato que le hicieron firmar no sólo incluía una suma de dinero enorme sino que además le ofrecen la entrega de la casa de Pecari que Gloria, la esposa de Succar, le prometió a cambio de mentir, es duro porque en esa casa ella fue abusada. Como bien dices, hay víctimas que nunca se convierten en sobrevivientes y pasan al círculo de victimarios como facilitadoras de la impunidad.

Me parte el corazón por ella y por mí, por no haber encontrado la forma de ayudarla. Lo irónico es, como dice mi hermana Myriam, que si yo hubiera entregado sus cartas en la fiscalía el año pasado, ésas en que me confiesa que la hicieron firmar un contrato los abogados de Los Ángeles, Nacif nunca hubiera tenido argumentos suficientes para este encarcelamiento ilegal. Jorge me lo dijo también, muchas veces me pidió que publicara en los medios las cartas de Edith, sobre todo después de que ella salió en la televisión a intentar desmentir mi libro.

Tú bien sabes que no podía hacerlo, resultaba éticamente inaceptable. Ahora que sabemos que ella misma ha interpuesto una demanda civil en mi contra y contra la editorial, que quiere quitarme mi casa que es mi única posesión, tendré que defenderme. Ahora me toca a mí, querida amiga, predicar con el ejemplo y defenderme incluso de una mujer que cuando niña fue victimada y ahora a los veintitrés años está dispuesta a destruir a quien le salvó la vida. Tal vez detrás de todo esto, cuando pase la tormenta, podré aprender de mi soberbia, de mi necedad, de ese no querer ver y obsesionarme con que todo saldría bien, con que el bien ganaría la batalla.

Ya no tengo certezas, querida Clau.

Voy con una máscara y una armadura por los días de mi vida, declaro en los medios y los juzgados, pero estoy rota por dentro, hecha añicos, y no sé si seré capaz de retomar esos trozos de mí y volver a ser. Hoy sólo me pregunto por qué no me mataron los policías como lo prometieron; hoy no tengo ganas de ser sobreviviente de nada.

Quiero paz, silencio, llorar hasta dejar de respirar.

Te abrazo,
Lydia

3 de septiembre de 2006

Querida Ceci:

Te cuento que pasé tres días encerrada —por segunda vez— con peritos criminólogos y victimólogos contratados por la PGR para ver si de verdad fui torturada por los judiciales en el viaje de Cancún a Puebla (y de paso averiguar si estoy loca y todo es producto de mi imaginación, o si es verdad lo que todo el país escuchó en las llamadas de Nacif). Intento mantener la entereza, aunque debo confesar que a ratos simplemente quisiera darme por vencida y escribir la historia de un fracaso más de la justicia mexicana. Pero no puedo. En estos días he pensado mucho en el hijo de Rosario Ibarra de Piedra. ¿Qué hubiera hecho Jesús Piedra si hubiera sobrevivido y lograra contar la historia? ¿Qué dirían las y los cuatrocientos desaparecidos? Nunca como ahora las y los muertos del 68 y del pasado en general han vuelto a mi memoria como fantasmas.

Yo tengo cuarenta y tres años, es decir, tenía cinco años cuando las represiones del 68, y la siguiente década crecí en la colonia Mixcoac mirando que algo andaba mal en mi patria, sin comprender muy bien qué era, y por qué yo y mis amistades del Colegio Madrid soñábamos construir un país libre de violencia, un país diferente a ese en el que estábamos respirando la sumisión ante el patriarcado priista.

Yo escuchaba la pasión de mi madre, una feminista extraordinaria, diciéndome que éste es mi país, y que en el suyo —Francia— también estaban asesinando y desapareciendo estudiantes que reclamaban tener voz y una ciudadanía plena. No sé si sea descabellado o no, simplemente me acompaña la certeza de que algún día lograremos romper de tajo los ciclos que se repiten. Habremos de transformar la historia con la verdad, reclamando nuestros derechos en compañía de quienes nunca pudieron exigir su libertad, defender su dignidad y derechos estando en vida. No destruir, sino *deconstruir* pensando en el porqué y el cómo de cada ladrillo ideológico que desmontamos de ese edificio que conforma las instituciones corruptas. Tenemos que crear nuevos paradigmas... para ello necesitamos castigos ejemplares, demostrar que las leyes funcionan. Utilizar nuestras herramientas para desactivar sus armas de poder tradicional y estructurado que sostiene al sistema corrupto.

Acabo de caer en cuenta de que sólo me quedan dos meses y medio para terminar de entregar todas las pruebas y lograr que se consigne el expediente en contra de Mario Marín, Kamel Nacif, los judiciales, la procuradora y Juanito Nakad. De no lograrlo en esta administración, con los cambios mandarán el caso a Puebla y allí se disolvería, no sólo bajo el control de mis torturadores, sino ahora dejándome en indefensión jurídica para que Marín y Nacif me contrademanden por dañar su honor. He gastado ochocientos mil pesos en abogados, gracias a las ventas del libro y los préstamos de familia y amistades. Ellos pretenden dejarme en la calle sin posibilidad de seguir pagándome una defensa a la altura de las circunstancias.

Marín ha presionado suficiente para que la PGR no argumente jurídicamente la validez de las llamadas telefónicas como prueba. El peritaje es positivo en cuanto a voces y autenticidad. Siendo así, el argumento de Marín y Nacif, quienes sonrieron ante el fiscal de Periodistas de la PGR, es que sin las llamadas mis pruebas son muy débiles. Han amenazado de muerte a los testigos, desaparecieron a la custodia de la cárcel que me protegió de la violación y la golpiza. Mandaron a robar mi expediente de la CNDH para amedrentarme. Marín tiene en su poder todas las copias de mi expediente de la Fiscalía de Periodistas, obtenida a través de un MP de esa fiscalía que es gran amigo del abogado Lanz Gutiérrez, defensor de Marín. Eso les ha permitido adelantarse y amedrentar a las y los testigos que menciono y transformar pruebas, como el cuarto donde me iban a golpear en la PJ de Puebla, o mandar borrar videos de entrevistas al interior de ese lugar en TV Azteca de Puebla.

Por otro lado, la Suprema Corte tiene ya la recomendación de los ministros investigadores. El resultado dice que *no sólo se violaron mis garantías, sino las de las víctimas del pederasta extraditado Jean Succar Kuri. Así Mario Marín, gobernador constitucional del estado de Puebla, utilizó al aparato de justicia del estado para de manera indirecta, a través de Kamel Nacif, dar protección al pederasta. Por ello recomiendan el juicio político del gobernador.* El problema es que Marín y Lanz Gutiérrez han hecho una extraordinaria labor de cabildeo en la Suprema Corte y el ministro presidente igual piensa que no hay lugar a la recomendación. Sumado a ello, han entregado una carta en la que argumentan que las marchas de Puebla y las firmas entregadas han sido elaboradas por la gente de Andrés Manuel López Obrador y que yo hago esto para favorecer la inestabilidad y la polarización. Es decir, ser de izquierda en este país es un pecado capital de tal magnitud que te arrebata el derecho a la justicia. Se necesitará un importante cabildeo con las y los ministros de la SCJN.

Mientras tanto, Kamel Nacif sigue pagando a Arsenio Farell para que gane el juicio de difamación en mi contra y asesore la defensa del pederasta Jean Succar Kuri. Desde la Procuraduría de Justicia de Quintana Roo se han "ordeñado" los expedientes con las pruebas documentales más importantes, dejando en algunos casos sólo copias que no se acreditan como pruebas. La defensa de Succar Kuri está compuesta por un exsubdirector de averiguaciones previas de la PJ de Quintana Roo y un jefe de Procesos de la PJ que aún sigue laborando en la institución. Están comprando y amenazando a víctimas, jueces, fiscales y periodistas. Planean desparecer los cargos que demuestran la red de pornografía que esconde a la red de lavado de dinero y dejar los cargos por corrupción de menores y violación. Es decir, rebajar la historia a la de un viejo sucio con unas cuantas mañas. La red quedaría intacta, y las más de veintidós niñas y niños que se atrevieron a declarar, en peligro de muerte y sin justicia. Y yo... pues podría irme del país con mi tristeza a cuestas, a contar que mi patria está podrida y no tiene remedio. O convertirme en un número más en las estadísticas de periodistas asesinadas por decir la verdad.

Prefiero una tercera opción: ganar el juicio y dar la batalla en vida, decirles a esas niñas y niños que en su país tienen derecho a una vida sin violencia, como la tuve yo, para que sueñen con otro México.

Me preocupa profundamente la situación de la batalla poselectoral, pero allí en varios frentes están miles; de este lado en esta pequeña trinchera, como verás, el frente está casi vacío.

Te abrazo,
Lydia Cacho

5 de septiembre de 2006

Querida Lydia:

De nuevo me conmovió tu carta, por tu compromiso a toda prueba y tu entereza, por la fortaleza de tu mundo interno que se destila en cada una de tus palabras y de tu amor por las causas en las que crees, coincido contigo en que eso sólo se mama, se incorpora y se mete en el cuerpo, en la médula del alma cuando alguien muy significativo, en este caso tu mamá, te lo mostró y te amamantó el corazón con ello (me hubiera encantado conocerla). También me hiciste pensar en lo pequeña de edad que eres y lo grande de espíritu. A las que somos más viejas y vimos de cerca esas historias también nos duele mucho ver que los grandes problemas de siempre siguen vigentes.

Va un abrazo con mucho cariño,
Cecilia

Cancún, Quintana Roo, septiembre de 2006

Diario de terapia
Buscar la rabia

Hoy hablé con Clara sobre la invisibilidad. Cuando era niña y mis hermanos no querían jugar conmigo, jugaba a ser invisible. Ellos jugaban a Daktari, un veterinario que vivía en África rescatando animales: su hija Paula era representada por mi hermana Sonia, Alfredo, mi hermano pequeño, era Clarence, el león, y, cuando Sonia lo permitía, yo podía hacer el papel de Judy, la chimpancé traviesa, aunque en mi caso el personaje debía obedecer a los regaños de Paula. La mayoría de las veces no podía jugar, porque no obedecía las reglas del juego y porque honestamente no les caía muy bien a mis hermanos mayores, así que cuando me sacaban de la habitación transformada en el campamento Nairobi, yo me asomaba por la puerta en silencio, e imaginaba ser invisible para poder estar allí sin sentirme excluida o humillada por mis hermanos.

Quería no ser vista para pertenecer.

La invisibilidad es parte de mi historia como para miles de mujeres y niñas, cuando quieres romper las reglas eres excluida, si no te adaptas a los cánones eres invisible. Para mí la invisibilidad era un acto de magia que jugaba a mi favor; me permitía esconderme silenciosa en las escaleras de casa para escuchar a mi madre dando terapia o hablando con sus amigas sobre la vida, el amor y otros asuntos. Ser invisible me servía para mirar el mundo y escuchar a otros sin ser vista, me gustaban las historias en las que yo no era personaje.

Me tomó muchos años aprender cuántas víctimas de violencia añoran ser invisibles para no ser maltratadas. Dirigiendo el refugio documenté una y otra vez cómo las mujeres y niñas víctimas de violencia y explotación añoraban la invisibilidad, no como yo de niña para tener el poder de la ubicuidad, ellas añoran desaparecer para no ser objeto de abuso de parte de sus agresores.

Con Edith he vivido lo más difícil de mi carrera como defensora de los derechos humanos. Su dolor y su necesidad de afecto me conmueven, puede ser la joven más tierna y a la vez la más violenta y manipuladora. Ni mis cursos de victimología, psicopedagogía y atención a víctimas han sido suficientes para entenderla. Le salvamos la vida, entablamos un vínculo tan profundo que muchas veces llorando me decía: "Yo soy tu niña Edith, ojalá hubieras sido mi mamá". Yo entiendo que el sentido de desprotección de una niña que fue abusada desde los trece años es inimaginable, no hay sentimiento de orfandad más grande que el de una niña, o niño, que ha vivido bajo el yugo de un pederasta que lo amenaza, lo viola y mantiene un control psicológico perverso sobre su personalidad; dominan sus reacciones emocionales hasta dictarles cómo se sienten. Otra vez divago como activista y la tarea es expresar lo que siento y no lo que pienso...

Le dimos todo a Edith: protección, defensa legal, terapia, acceso a un trabajo digno y bien pagado, apoyo de mis amistades y mucho cariño. Por desgracia nada fue suficiente. Bastó que recibiera una llamada de su tío para volver a reunirse con sus agresores. Ante nuestro asombro, se fue a Las Vegas pagada por Kamel Nacif, el hombre que la humillaba y se burlaba de ella con Succar. La esposa de Succar se la llevó después de nuevo a Los Ángeles con sus hijos, le ofrecieron dinero y una casa. Los que hicieron pornografía infantil con ella y otras niñas la usan de nuevo, ahora contra mí. Hoy, a los veintitrés años, la quieren entrenar como victimaria. El síndrome de Estocolmo a veces jamás se cura.

Descubrir que fue Edith quien ayudó a Nacif a secuestrarme y torturarme ha sido uno de los golpes más duros de mi vida, me siento tan vulnerable y azorada que no acabo de procesarlo. No creo que salvemos a las víctimas de trata para que nos agradezcan, pero al menos no esperamos que se conviertan en instrumentos de sus propios violadores para vengarse de nosotras las defensoras. Sé que no soy la única que ha vivido esto, pero hoy es mi historia de la que debo ocuparme para sanar. Quiero sanar este dolor profundo y desgarrador, me cuesta trabajo colocarlo en algún lugar de mi cuerpo. Quisiera sentir rabia, como mis compañeras del CIAM, pero sólo quiero llorar y quedarme en cama sin ver a nadie.

Clara me pide que busque rabia, rencor, resentimiento; araño mi interior como un perro que rasca la tierra para desenterrar un tesoro que al final puede ser simplemente un trozo de madera vieja. Lo remuevo todo y sólo encuentro un lodazal de tristeza y angustia. No sé cómo sanar esto, dónde colocarlo. Descubro que la rabia vuelve siempre a los tratantes de las niñas, a ellos los quiero presos, sin derecho a gozar de sus privilegios, solos, aislados, sufriendo el desamparo y encerrados como tuvieron a las niñas. Ellos merecen vivir en un calabozo el resto de su vida, porque las niñas llevan dentro ese calabozo, la cárcel de las emociones y los miedos, el encierro y las amenazas; no puedo ayudar a todas a sanar, pero deseo con todas mis fuerzas que ellos no puedan tocar a una niña o a una mujer el resto de su vida. La rabia es contra ellos, los aborrezco, son la crueldad hecha hombre.

Busco la rabia contra Edith y no la encuentro.

¿Cómo sanar después de leer todas estas cartas de Edith?

¿Cómo?

Septiembre de 2006

Hola, Edith:

Espero que estés sana, salva y tranquila. No he sabido más de ti. Sólo algunas notas en las que supuestamente te has retractado de tus declaraciones. Yo sigo trabajando con Verónica en varios casos muy difíciles. Logramos encarcelar a varios criminales y estamos satisfechas con nuestro trabajo. Yo volví a recibir amenazas de Nacif y su gente, pero todo está bajo control, mi escolta está al tanto de todo. Estuvimos en el juzgado porque volví a testificar por las amenazas y en los expedientes están todos los correos que nos hemos enviado tú y yo, me dice la fiscal que los entregó "tu abogada", que es en realidad la abogada de Succar y Gloria. Le dijeron a mi abogada en los juzgados que tú estás testificando a favor de Nacif y Succar. Deseo de todo corazón que no estés de vuelta con ellos, que te cuides. Si necesitas pidas ayuda, ya sabes cómo hacerlo.

No estás sola.

Cuídate,
Lydia

10 de octubre de 2006

Diario de terapia
Obsesiones

Otra vez me preguntan en terapia por qué siempre quiero ser la buena de la historia, por qué no salgo con todo el material enviado por Edith y de una vez por todas evidencio toda la verdad. No quiero ser buena, soy obsesiva, es cierto que es culpa de mi madre habernos inoculado con esta maldita obsesión por cumplir con el deber ético, con salirnos de la soberbia y el ego; algo habrá de mi niña interior que no quiere fallarle a su madre perfecta, no lo sé. Lo que sí sé es que me indigna que me pidan que yo actúe como los pederastas desean: ellos han cooptado a Edith para que ella me destruya y yo la destruya a ella. ¡Es tan evidente la estrategia del patriarcado que enfrenta a sus víctimas para que ellas no se unan para enfrentarlos! Debo encontrar otras estrategias para defenderme, no seré yo quien encarcele a Edith. Me da rabia que mis amigas piensen que no sé defenderme, estoy harta de explicarles que el trabajo que tenemos consiste en evidenciar las estrategias de los abusadores y para ello tenemos que entender cómo destruyen la integridad psíquica de niñas y niños para destruir su autonomía como personas, para que sean víctimas perennes y vivan con el fantasma de sus violadores comiéndoles el corazón el resto de sus días.

Estoy harta de explicarlo. Sólo sé que estoy llena de defectos, que soy depresiva, que a ratos repudio a la humanidad y por eso me paso meses encerrada leyendo y escribiendo sin querer ver a nadie, pero también quiero defender la habilidad que he tenido para poner mis obsesiones al servicio de mi trabajo como reportera y activista, he decidido hacerlo para convertirme en una estratega, para enfrentarme en esta guerra contra los patriarcas de la violencia desde un lugar que no sea el proverbial femenino (de la manipulación, el martirologio y el fingimiento de debilidad), ni el de lo masculino que es la guerra vengativa que destruye todo a su paso. Tenemos que inventar otra forma de encontrar justicia; si no lo hacemos, ¿qué nos queda? Sólo sé que me rehúso a vivir en un mundo que replique su imbecilidad hasta la náusea. Debemos ser capaces de crear otra forma de construir la paz que no sea a través de la guerra. No, no soy buena, sólo soy persona, quiero que mi vida consista en construir y no en destruir, ¿es tan difícil de comprender esto? Me duele el dolor del mundo y no quiero ser yo quien traiga más dolor a nadie.

Estoy harta de dar explicaciones.

Octubre de 2006

Diario de terapia

Serendipia

El fin de semana fui a bucear a Cozumel con Carlos y Andy, usé mi traje de neopreno porque ya hace frío. Hicimos dos inmersiones, el sábado una nocturna en Palancar; disfruté como hace años no gozaba nada. Me sentí viva de nuevo, con ganas de seguir. Bajamos noventa pies por la pared de Santa Rosa, Andy y yo hicimos pareja, me gusta hacer inmersiones profundas con él, se convierte en un cetáceo bajo el agua. Mientras mirábamos una de las cuevas salió una morena enorme y pasó a mi lado sin mirarme, entonces pude asomarme a la cueva, donde había pequeñas criaturas de colores vibrantes y corales intocados.

Me emocioné. Pensé que eso es el periodismo, hay quienes nadan en la superficie mirando hacia abajo, narran lo que ven y es cierta su crónica, pero inacabada. En cambio, nosotras las reporteras de investigación hacemos buceo profundo, tenemos que asegurarnos de que lo que parece una morena no sea una barracuda, no confundir a un tiburón limón con un cazón de ley. Luego de mirarlo todo y documentar con precisión lo que queda oculto cuando sólo se mira desde la superficie, debemos subir lentamente, con estrategias para protegernos del peligro, paradas de descompresión para procesar la experiencia sin hacernos daño.

Yo soy una buzo de aguas profundas, no quiero mantenerme en la superficie, porque aunque parezca más fácil también es más peligroso flotar y sentirse valiente por nadar en el océano; olvidamos que nos hace ver más pequeñas a la mirada de los depredadores que viven en el fondo. En la superficie todo parece más sencillo, pero no lo es. Hace años, a manera de desprecio, Sara Lovera me dijo que era demasiado protagónica y, considerándola una de mis maestras de periodismo, me hizo sentir culpable de ser tan visible. Ahora pienso que si no soy yo la protagonista de mi propia vida, ¿quién contará mi historia?

Mexico D.F. Abril 1988

Semana Santa 1985

Lydia y Salvador:

Ustedes estarán

Sr. Salvador

Residencial la Isla

Club de Golf Cancun

Cancun Quintana Roo

Mexico

/890.

Simão.

eiro

/891

Un Recuerdo de Casablanca
con todo cariño.
Recive besos y
Abrasos de tu

Sr. Jose Maria Ribeiro
Calle de Sor Juana Ines
de la cruz # 151
DF

21 de Junio de 1983.

especial emoción que provocaron en
palabras contenidas en la tar-
galo del dia del padre. Me lleva-
resentimientos que aunque exis-
eliminar por carecer de motivos
stacos sobre ellos
tro amor Padre-Hijo,
ombras pasajeras,

os sea la causa
ntimos y desea
do jove
trovert
bormi

SAILBOAT TERMS:
CASCO - HULL - Body
KILLA - KEEL - WEIGHT
THE HULL, KEEPS THE B
CUBIERTA - DECK - HORIZ
PROA - BOW - FRONT OF
POPA - STERN - BACK OF
TIMON - RUDDER - FIN AT
TILLER - ALUMINIUM
RUDDER
Volse

aspectos.
Solo quiero que
que no te deje
haga daño.
el resultado
ambas.
Alfredo estuvo
semana pasada
tiene
Yo sigo en
estamos

7 de marzo de 2007

Querida Lydia:

Ha sido una etapa en la que la convalecencia ha sido lenta y difícil, no les daré detalles porque odio a las personas que se solazan haciendo alarde de la cantidad de dolores y de sufrimiento que han vivido, quiero que la gente piense en mí por otras razones y no por sufrida. Ahora estoy en un tratamiento de quimioterapia que durará doce semanas (una por semana); llevo cuatro, ayer iba por la quinta, pero me regresaron porque de nuevo estoy baja de defensas.

He empezado a recibir a mis amistades, sólo cuando vienen les explico que hay días en los que no puedo recibirlas por los efectos del tratamiento y especialmente les pido que estén seguras de que no me traen algún contagio, por mínimo que parezca, porque si me da una gripe no puedo seguir con el tratamiento y entonces todo se atrasa. He estado tranquila y mi corazón está en paz, no sé en qué terminará todo esto, ¿alguien lo sabe? La pelea la estoy dando, nunca me he negado a dar una batalla y ésta no es la excepción. Sé que hay mucha gente a la que le encanta escuchar el discurso (bastante omnipotente, por cierto) de los héroes y heroínas que vencen a la muerte, tal vez quisieran oírme decir con certeza que sanaré.

Quiero sanar y lucho por la vida con ánimo y con enjundia (que de verdad se necesitan para volver a pasar por esto), pero sé que no todo depende de mí. En estos últimos años he aprendido muchas cosas, pero la más importante es que la vida no depende sólo de una; en esta etapa me ha tocado ver a gente muy querida que peleó con la misma fuerza que yo y que ya no está con nosotros, sería injusto pensar que si uno sana lo logró porque cree que es mejor que ellos. La vida nos enseña que a veces se gana y a veces se pierde. Tengo la gran fortuna de tener fe en Dios y eso es muy importante para mí, me da fuerza y me acompaña en los momentos difíciles.

Me gustaría que de aquí en adelante cuando nos escribamos lo hagamos sobre otros temas, que cuenten cómo están, qué es de sus vidas, qué pasa allá afuera; como me dijo un querido amigo: "Sólo te vengo a contar los 'chismes' sobre lo que pasa con los movimientos sociales", u otra amiga con las feministas: hagámoslo como si nos tomáramos un café. Por prescripción médica debo guardar reposo, no es fácil para mí, así que durante horas escribo cosas, contesto *mails,* tengo varios días de la semana buenos y seguro que si me escriben les contestaré.

Te quiero mucho y te mando la mejor vibra,
Cecilia Loría

7 de marzo de 2007

Mi querida Ceci:

Qué bueno que mandas esta carta, te entiendo desde el fondo del alma: cambiar el tema y no quedarse atrapada en el remolino del dolor y la incertidumbre es lo más sano.

Te tengo un par de regalitos que estoy segura les van a gustar mucho a ti y a Carlos. Yo pasaré rápido por México con unos eventos del 8 de marzo (estoy empezando a odiar esas fechas emblemáticas plagadas de rollos y festejos vacuos, en fin). Ya te llegaré, luego me regreso a Cancún y me voy casi dos semanas a USA a recibir el premio de Amnesty Intl. Allá me voy a echar un tour por las principales ciudades con un discurso realista de la situación de las mujeres y la justicia en México (dice Jorge que a mi más puro estilo diplomático que precisa de viajar con el cuerpo de bomberos al lado para apagar los incendios que provoco).

La verdad está tremendo el asunto. No sabes cómo me han insistido para que vaya al desayuno de mañana en Los Pinos donde el presidente Fox se quiere tomar la foto conmigo y luego declarar que van a abrir refugios para mujeres en todo el país con las procuradurías de justicia (qué joya, ¿eh?). La verdad estoy tranquila, ya no me azoto, tengo claro lo que están haciendo: son la derecha y ésas son las estrategias para cooptar a las ONG obedientes y para debilitar a las libres... nada que no conozcamos.

Creo que ante tiempos difíciles, estrategias prácticas.

Y a seguir pensando, como bien lo dices en tu carta, que haremos sólo lo que está en nuestras manos... el resto lo deparan el Universo y el poder de nuestra colectiva, no nos queda más que vivir con intensidad, con amor y sin perder la esperanza.

Te quiero, te abrazo, mi guerrera, mi maestra.

Besos a Carlos,
Lydia

27 de mayo de 2007

Querida Alicia:

Tal y como me lo pides, te escribo todo lo que sucedió antier en la cárcel cuando enfrenté a Succar tras las rejas.

Yo sólo lo conocía en fotografías y videos. Como millones de personas, vi el video en que Jean Succar Kuri le narra con la crueldad digna de un sádico cómo goza cuando ve que una niñita de cinco años sangra al violarla. Pido una disculpa por utilizar este lenguaje, puede parecer morboso, sin embargo, lo utilizo porque define claramente la personalidad del pederasta de Cancún.

Llegué a las 9:30 de la mañana, acompañada de los abogados Olea, y allí en la entrada del penal de La Palma (ahora le llaman El Altiplano) pasamos unos quince minutos en una revisión tras otra. Dos kilómetros a la redonda del penal se pierde la señal de los celulares; al igual que los convictos, quedé incomunicada, la sensación inicial es extraña. Está prohibido entrar con alimentos o líquidos; por tanto, llegas y te vas sólo con lo puesto. No imaginé que pasaría doce horas sin comer o beber agua.

Las salas de audiencia son pequeñas. Al entrar, mis ojos se toparon con un cristal transparente reforzado con barrotes de unos cinco centímetros de diámetro, y entre ellos atisbé un rostro enjuto, blanquecino, del hombre que tiene aún más parecido que nunca a su amigo y protector Kamel Nacif. Yo portaba mi playera con una leyenda: "No más pederastas, no más corrupción, no más impunidad", caminé de frente hacia Succar Kuri y su gesto se deformó, miró mi playera con detenimiento y de inmediato llamó a sus abogados. No pasó mucho tiempo antes de que Wenceslao Cisneros, el defensor del pedófilo, pidiera al juez que me ordenara cubrir mi camiseta porque "ofendía al reo", en el acta quedó asentada la queja del abogado. No te contaré mucho sobre toda la audiencia, basta decir que salimos de allí a las once de la noche. Lo fundamental es haber tenido la oportunidad de entender cómo se cierra la pinza de la corrupción y de la red que protege al pederasta.

La verdad es que Succar Kuri es indefendible, están los videos donde confiesa cómo viola a las niñas y por qué lo hace, están los testimonios de varias niñas pequeñas (ahora dos nuevos testimonios que por razones desconocidas el procurador de Quintana Roo niega conocer), están las más que heroicas criaturas de quince y dieciséis años que frente a frente han explicado ante el juzgado cómo las violaba y las grababa; está el trabajo de un puñado de agentes policiacos honestos y profesionales que lograron obtener pruebas y testimonios suficientes para que fuera arrestado. Pero después de tres años de haber sido denunciado… sigue en espera de sentencia. Así las cosas, Succar Kuri dedicó su posibilidad de defenderse mirándome con un encono extraordinario, a ratos fruncía el gesto de tal manera que desaparecían sus labios blanquecinos, estábamos a dos metros de distancia: frente a frente yo y el amigo por el que Kamel Nacif me encarceló y torturó, por el que el gobernador Mario Marín vendió la justicia.

En otros momentos, como cuando su abogado insistió en que yo no soy periodista porque no tengo cédula profesional que lo indique, Succar Kuri levantó los brazos y golpeó las barras pegadas al cristal para luego pegarse en el pecho, tal como haría un gorila marcando su territorio. Me paré de frente a él, es un hombre pequeño… me llega a la barbilla. El juez lo mandó a comportarse cuando hizo gesticulaciones escandalosas. Una y otra vez mencionaba mi libro *Los demonios del Edén*; él a través de las rejas no podía tocarlo, así que sus abogados se lo mostraban y él señalaba algo y me hacía preguntas; de pronto mi comparecencia como testigo dio un vuelco, pareció convertirse en un juicio contra mí por la existencia de mi libro, ¡cómo me recordó las frases y los argumentos que durante un año esgrimió en mi contra Kamel Nacif, el "rey de la mezclilla y del cognac"!

Hubo un momento tan álgido que le pregunté al juez si esto era mi comparecencia como testigo por haber conocido a las niñas violadas, o si en cambio era un juicio en mi contra por haber develado la red criminal. Durante casi cuatro horas los abogados de Succar insistieron en atacarme ferozmente; ante la imposibilidad de defender a su cliente, me atacaron a mí. Pude, sin embargo, narrar las historias de las niñas amedrentadas, de cómo los abogados de Succar les ofrecieron a unas niñas doscientos mil pesos y a otras madres quinientos mil a cambio de su silencio, acompañados de amenazas, claro está. Succar insistía en que Edith Encalada, una de las muchas víctimas, me demandó por la vía civil para exigir un porcentaje de las ganancias de mi libro por "haber contado su historia". El gran conocimiento que el pederasta tiene de esta demanda nos ratificó la sospecha de que es él quien paga a los abogados para demandarme.

Intentaron sacar el tema de fondo del juicio: las niñas y niños violados por este hombre y utilizados para producir pornografía infantil. Yo insistí tanto como pude. Al final, luego de más de once horas y media, en su rabia y con un rostro deforme y mirada desorbitada que me recordó al personaje Hannibal Lecter, Succar me aseguró que va a acabar conmigo. Escuchamos claramente decir a sus abogados que me va a demandar por haber publicado *Los demonios del Edén*. Ni con la ayuda del Góber Precioso, Mario Marín, me ganó el juicio Kamel Nacif. Succar va a intentarlo de nuevo, veremos.

El juez se había ido, esperábamos a que imprimieran los documentos para firmar, entonces Succar insistió en que por mi culpa estaba preso, que debería de estar muerta; ya logró recuperar —comprar con amenazas y dinero— la voluntad de algunas de sus víctimas, ahora el estorbo soy yo. Yo sólo pude decirle en voz alta que no está en prisión por mi libro, sino por sus propios actos aberrantes. "Mi libro existe gracias a la valentía de las niñas cuyas almas usted fracturó de por vida, mi libro sólo cuenta la verdad de por qué usted estuvo a punto de salir libre ayudado por sus amigos poderosos".

Salimos del complejo principal de La Palma y en los bellos jardines que llevan a la reja principal se nos acercó una camioneta de seguridad; el policía que la conducía preguntó: "¿Usted es la reportera?". Contesté que sí, con más orgullo que nunca. Nos ofreció llevarnos hasta la lejana entrada donde me esperaba mi escolta en la camioneta blindada. Detrás de mí se quedaba, unos metros bajo tierra, el hombre que como un demonio amoral ha poseído el alma y el cuerpo de no se sabe cuántas niñas y niños. Adelante, al aire libre, yo respiraba el aire puro, feliz de poder hacer un trabajo para recuperar un pedacito de la dignidad de México. El policía que conducía el vehículo dijo con gran naturalidad: "Ésos que van allá son los abogados del Diablo, ellos que caminen". Eran las 11:15 de la noche y el vehículo blindado que me protege salió del estacionamiento. Durante casi dos horas lloré sin poder detener las lágrimas. Me sigo preguntando si vale la pena... en algún rinconcito de mi mente algo me dice que sí. Nunca me había sentido tan sola peleando contra este monstruo que es el sistema que protege a los abusadores.

Te abrazo, agotada y satisfecha,
Lydia

Cancún, Quintana Roo, 3 de octubre de 2007

Lic. Nancy Gallardo Marcelino
Agente del Ministerio Público Federal
Subprocuraduría de Investigación Especializada
en Delincuencia Organizada
PRESENTE

Estimada licenciada Gallardo:

Por medio de la presente hago de su conocimiento que a partir de esta fecha he decidido prescindir de la escolta que me fue asignada por esta dependencia con la finalidad de otorgarme protección especializada, debido a las amenazas de muerte de las que he sido objeto por mi trabajo como directora del Centro Integral de Atención a las Mujeres (CIAM) Cancún, A. C. Dicha escolta me fue asignada a principios del año 2005 a petición de la Comisión Nacional de Derechos Humanos, del Congreso de la Unión y de la Comisión Interamericana de Derechos Humanos.

A pesar de que las amenazas sobre mi persona siguen vigentes y el peligro es real, me veo obligada a retirar la escolta por razones éticas. Desde enero del año 2007 la Fiscalía Especial para la Atención a Delitos Relacionados con Violencia en Contra de las Mujeres (FEVIM), turnó el caso de mi tortura, tentativa de violación, abuso de autoridad y otros delitos al área de consignaciones de la PGR para que procedieran las detenciones y procesos de los policías y "madrinas" que obedeciendo a las órdenes de Kamel Nacif Borge, del gobernador constitucional Mario Plutarco Marín Torres y de la procuradora general de justicia del estado de Puebla, Blanca Laura Villeda; todos ellos violentaron mis garantías constitucionales, me infligieron daño físico, psíquico y moral en forma de tortura y fueron parte de lo que la propia Suprema Corte de Justicia de la Nación determinó en su último informe, elaborado por el ministro Juan Silva Meza, como una confabulación delictiva, y que dice textualmente: "Sí existió concierto de autoridades de los estados de Puebla y de Quintana Roo para violar derechos fundamentales de la periodista Lydia María Cacho Ribeiro violando además los principios democráticos de federalismo y división de poderes, en especial el principio de independencia judicial".

A pesar de todos los elementos de prueba aportados a las fiscalías de la PGR, de que dicha consignación fuese revisada y avalada por el titular de Asuntos Jurídicos, el C. José Luis Santiago Vasconcelos, y de que existen evidencias sobradas sobre los delitos cometidos en contra de mi persona, el titular de esta dependencia, el procurador general de la república, C. Eduardo Medina Mora, ha ordenado se detengan —durante más de diez meses— los procedimientos de ley para que procedan las detenciones de quienes no solamente me torturaron, sino que además, previendo su impunidad, vertieron amenazas mortales sobre mi persona en caso de que les denunciara ante las autoridades federales.

Me consta que el propio procurador general de la república me dijo en sus oficinas que "mi caso no le preocupaba". Bajo el argumento de que esta dependencia me otorga los servicios de escolta para protegerme, la misma institución me niega mi derecho constitucional al acceso expedito a la justicia. Por lo tanto, ejerce un papel de aliado y coadyuvante de la impunidad de quienes desean ultimar mi vida, y han cometido delitos en contra de mi persona y de las víctimas de redes de pornografía infantil y trata de menores a quienes yo he defendido.

Ya desde el 2004 el anterior procurador general, Rafael Macedo de la Concha, hizo público el hecho de que el caso Succar Kuri implicaba delitos de lavado de dinero y de crimen organizado. La titular de la FEVIM ha ratificado estos datos en múltiples ocasiones; sin embargo, la ineficacia y lentitud de las fiscalías pertenecientes a la PGR ponen en mayor peligro mi vida y violentan mis derechos al filtrar información delicada sobre mi caso, al omitir durante tres meses investigar el probable atentado contra el vehículo de la PGR en que mi escolta y yo, con cuatro testigos más, viajábamos el 7 de mayo del presente. Porque han llevado a cabo maltrato reiterado contra mí con citatorios fuera de tiempo, desaparición de pruebas y reiterados exámenes psicológicos de mi persona que me infligen un mayor daño psicológico; mientras que los ciudadanos y servidores públicos que cometieron delitos federales contra mi persona, contra las niñas y contra el Estado mexicano no están siendo investigados, no han sido interrogados ni se les ha evaluado psicológicamente como a mí.

En resumen: prescindo de los servicios de la escolta porque no puedo prestarme a que la propia institución (PGR) que me pone en peligro, que se niega a investigar y deja libres e impunes a los delincuentes vinculados con el crimen organizado, la misma que no puede transparentar sus investigaciones, argumente que mientras me "proteja con una escolta" puede negarme el derecho que me confiere la Constitución sobre el acceso libre y expedito a la justicia. Porque no puedo guardar silencio cuando las instituciones se prestan a dilatar mi caso para que sea utilizado como argumento entre políticos. Porque éste no es un caso partidista, ni entre particulares, sino un caso de delincuencia organizada, pornografía infantil y libertad de expresión que involucra a personajes que trabajan en la política; es un caso que muestra claramente cómo desde las instituciones del Estado mexicano algunos individuos con poder eligen defender a los criminales y castigar a las víctimas, a quienes les protegen y dan voz, dejando en indefensión jurídica a la ciudadanía.

Agradeciendo su atención, sin más por el momento, quedo de usted.

Lydia María Cacho Ribeiro

C.C.P. :
C. José Ricardo Cabrera Gutiérrez. Titular del área de escoltas, SEIDO
C. Patricio Patiño Arias. Subsecretario de Estrategia e Inteligencia Policial, AFI-SSP
C. José Luis Santiago Vasconcelos. Subprocuraduría Jurídica y de Asuntos Internacionales
C. Luis Raúl González Pérez. Director del Programa de agravios a periodistas, CNDH
C. Felipe Calderón Hinojosa. Presidente Constitucional de la República Mexicana

Ciudad de México, 4 de octubre de 2007

Sra. Lydia Cacho Ribeiro
Periodista, directora del CIAM Cancún, A. C.
PRESENTE

Estimada señora Cacho:

He leído con preocupación la carta entregada a la licenciada Gallardo, en ella usted solicita que la escolta sea retirada por motivo que expone con claridad en su oficio. Me permito extenderle una disculpa por el lento proceder de la institución a la que sirvo y, por la confianza que le tengo, quiero pedirle a título personal que recapacite respecto al retiro de la escolta. Tenemos evidencia de que el vehículo oficial en que usted viajaba de regreso de Tijuana fue efectivamente manipulado a fin de causar un accidente, el equipo de SEIDO a cargo de este peritaje está plenamente consciente de la importancia y gravedad del asunto.

Hay acciones que escapan a mi competencia en el área de la Subprocuraduría de Asuntos Internacionales; sin embargo, sabe usted que hemos llevado a cabo todos los procedimientos pertinentes para la detención y extradición del prófugo Jean Succar Kuri, y que conocemos plenamente los alcances de esta organización delictiva que usted ha descubierto, por ello le pido un voto de confianza en mi equipo. La licenciada Gallardo se compromete a que la nueva escolta que le asigne esta institución sea personal calificado y de confianza de estas oficinas. Sabemos que las amenazas a su persona son reales y que en este momento corre un gran riesgo, en especial por su participación como testigo principal en el caso Succar Kuri. Le suplico que tome en cuenta nuestra recomendación de mantener la escolta al menos hasta lograr la sentencia de los responsables. Por mi parte, he instruido al C. Patricio Patiño Arias para que le asigne el uso de un vehículo con blindaje de uso militar y un chaleco antibalas a fin de que sus traslados al penal de la Palma, a la cárcel municipal de Cancún y a la ciudad de Puebla sean seguros para usted y sus abogados.

A título personal le agradezco su confianza y le pido que acepte la protección de nuestra institución. Su labor es muy valiosa para las víctimas. Debe permanecer con protección especializada a fin de resguardar su integridad física.

Sin más por el momento, sinceramente,
José Luis Santiago Vasconcelos
Subprocuraduría Jurídica y de Asuntos Internacionales

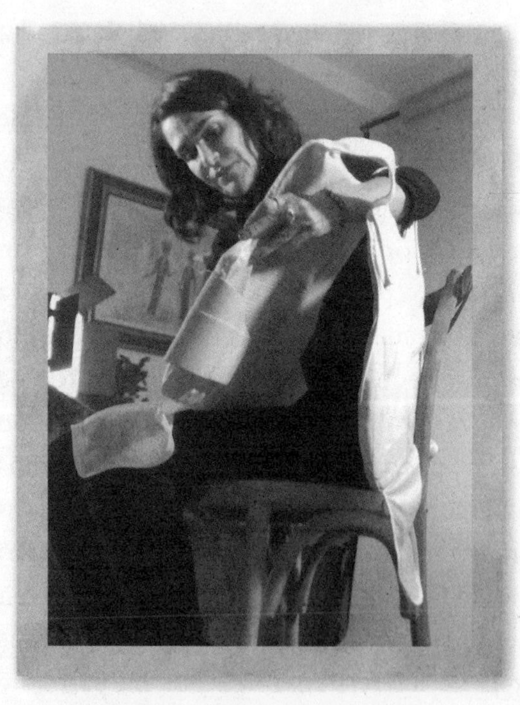

Cancún, Quintana Roo,
15 de noviembre de 2007

Edith:

Antes de enviarte este correo me vi obligada a que lo leyeran mis abogados, porque tú eres mi demandante y, como ya hemos comprobado, has sido capaz de utilizar todo en mi contra; sin embargo, no puedo dejar de responderte.

La primera vez que estuve en un refugio para mujeres y niñas maltratadas fue en 1998; aún no te conocía. Tú tenías catorce años y estabas siendo víctima de explotación por un hombre que te convenció con engaños de que una relación sexual de niñas de ocho y trece años con hombres de sesenta era algo normal; yo estaba en un refugio en Brooklyn, Nueva York, recibiendo entrenamiento para abrir nuestro propio centro de atención en Cancún. Allí conocí a un grupo de niñas que habían sido sistemáticamente abusadas por un tío paterno, explotadas sexualmente. Fue la primera vez que escuché testimonios de niñas en condiciones de dolor tan profundo. La psicóloga especializada en violencia sexual me explicó cómo funcionan el estrés postraumático severo y el síndrome de Estocolmo (en que las víctimas sienten afecto por sus captores), ella me regaló un libro y me dijo que tenía que hacer la paz con el hecho de que hay víctimas de estas redes de abuso que, sin importar cuánta ayuda reciban, van a terminar convirtiéndose en victimarias de otras niñas y abandonarán toda posibilidad de sanar emocionalmente. Me dijo que hay víctimas —niñas y niños— que no creen en el bien y se conectan con el mal porque es lo que perciben como el verdadero poder para mantenerse con vida.

Cuando regresé de ese viaje hablé con mi madre y tuve la certeza de que si algún día recibíamos a víctimas de explotación sexual en nuestro refugio, yo haría todo lo humanamente posible por ayudarles en sus procesos terapéuticos para que lograran sanar su vida y descubrir el poder del bien. No me arrepiento de nada, sé que todo mi equipo de expertas del CIAM hizo un trabajo maravilloso con ustedes como con todas las víctimas, y que estuvieron dispuestas, en especial las abogadas y psicólogas, a arriesgar la vida por ti, por ustedes.

Entiendo que estás viviendo tu propio proceso, que te mueve la rabia y que crees en la palabra de Gloria, que te ha prometido propiedades y dinero a cambio de atacarme y desarticular el caso contra Succar.

Entiendo que no puedas ver cómo se tejen en ti una mezcla de ambición, resentimiento, amor por tus agresores, odio y afecto hacia quienes te salvamos y logramos encarcelarlo. Pero también entiendo que este caso es mucho más grande que tú y que yo; no se trata de mi ego ni de tu dinero y tu carrera como cantante, se trata de una red criminal que ha hecho un daño irreparable que no puedes ver con claridad porque aún estás sumida en esa red que destruye la vida de niñas y mujeres.

Te confundes cuando crees que haces bien al intentar sacarme un dinero que no tengo, al demandar a la editorial que publica libros necesarios; te equivocas de enemigos y no lo puedes ver. A raíz de tu demanda civil he tenido que entregar todas nuestras cartas al juzgado y quedarán integradas en el expediente, así que cada vez que intentes sacar dinero de este caso, te será negado porque la extorsión no es la vía correcta. Te prometo que cuando esto termine y ganemos el caso, lograremos la reparación integral del daño y Succar y sus cómplices tendrán que resarcirlas económicamente a todas ustedes, a ti, a tu hermanita y a tus primas. Tendrá que ser por la vía correcta, legal y transparente.

Yo ya te di todo lo que podía darte como defensora de derechos humanos y como periodista. No tengo nada más, has logrado ser parte de la red que me torturó por decir la verdad y ahora tendrás que vivir con esa realidad.

Te suplico que ya no me escribas y deseo de corazón que logres entender que los criminales son los que te han traicionado, nosotras hemos hecho todo por ayudarte a salir. Ahora tú, adulta, has decidido quedarte del lado de quienes destruyeron tu vida; lo siento en el alma.

Lydia

6 de diciembre de 2007

Queridísima y admirada amiga Lydia:

Espero que todo salga a todo dar con tu operación de la matriz para que esos tumores no sigan creciendo, ya que tú eres muy sana y has aguantado varios pianos. Estamos en las mismas porque a mí me operaron de cataratas y el ojo derecho salió muy bien, pero el izquierdo no, y sufro ahora las consecuencias, pero sigo al pie del cañón. Vas a estar bien, te lo aseguro, y te van a sentar bien esos diez días de reposo; estaré pensando en ti y llamaré a Jorge para tener noticias y seguiré estando cerca tuyo. Ya extraño nuestras comiditas con tequila hablando de libros y amores.

Si no logro comunicarme por teléfono, te estaré escribiendo por email.

Apapachos sanadores,
Elena Poniatowska

30 de marzo de 2008

Mi querida Elena:

¡Pues claro que me acuerdo de tu cumpleaños! Si lo celebramos en Stanford el año pasado, ¿recuerdas que estuvimos con las feministas chicanas, mujeres maravillosas que organizaron un coloquio sobre feminicidio en la Universidad de Stanford? Estuvimos juntas tú, yo y Marcela Lagarde, las tres en una mesa de discusión sobre caminos para abordar la violencia contra mujeres y niñas desde nuevas narrativas latinoamericanas. En esas fechas te envié las fotografías que tomé, ya sabes que nunca suelto mi cámara fotográfica, aunque ya todo el mundo tome fotos con celular.

Esa tarde una de las chicas que estaba como tu asistente en Stanford me dijo que era tu cumpleaños, y como estaba un grupo de estudiantes latinos, admiradores tuyos que me habían platicado que tienen un grupo de reggae, les pedí que te organizáramos una fiesta sorpresa. Creo que al rector de Stanford, que insistía en tratarnos a Marcela, a ti y a mí como si fuésemos la divina trinidad, no le hizo ninguna gracia que yo rompiera el protocolo en la cena y metiera a los músicos. Debes recordar que los chicos se animaron y el profesorado de Stanford se levantó poco a poco para irse a dormir. No pude evitar notar que se quedaron sólo las profesoras latinas y dos nativas norteamericanas que daban cursos sobre culturas originarias de Norteamérica; ahora no recuerdo sus nombres, pero una de ellas era de descendencia cherokee y bailó con nosotras.

Cuéntame si vas a hacer algo, y si no, pues yo misma te organizo una buena pachanga con las amigas para reírnos y recordar todas las bendiciones y cosas maravillosas que tenemos. Sabes qué alegría y fortaleza me inspiras, y me siento feliz de pertenecer a la misma tribu de mujeres que nos abrieron camino para atrevernos a defender la voz y la palabra.

Te abrazo,
Lydia

1 de abril de 2008

Querida Elena:

Sí, estoy muy bien de salud y con el alma en paz. Este sábado 5 voy a Puebla a presentar *Memorias de una infamia* en el Zócalo, ¿te acuerdas del año pasado? Para mí es importante porque quiero cerrar el ciclo doloroso, necesito dejar esa historia de tortura y miedo atrás y simplemente seguir con la de la justicia internacional contra los sátrapas, pero desde otro lugar de mi alma. Ya te contaremos cómo nos va.

Tengo muchas ganas de conocer a tu hija Paula. El año pasado en medio de la locura y las carreras me llamó para ir a su programa de radio, a ver si un día de éstos organizamos algo para apoyarla con su casa de la cultura. Dile que cuente conmigo, por favor.

Pues fíjate que sí creo que somos una tribu de mujeres fuertes, ¿has leído a Jean Shinoda Bolen? Es una gran escritora y psicóloga junguiana que ha estudiado la teoría de Carl Jung sobre los arquetipos y ha desarrollado hipótesis sobre ellos desde la perspectiva feminista; es una maravilla. Seguramente te interesará incluso para el desarrollo literario de personajes desde la visión arquetípica del heroísmo; nos ayuda a entender cómo abordar las historias desde una mirada de la épica feminista. Tuve la oportunidad de entrevistarla y quedé abducida por su frescura y lucidez. Tiene varios libros maravillosos, los que más me gustan son *Las diosas de la mujer madura* y *Las brujas no se quejan*. Yo creo que tú eres una mujer sabia, te admiro profundamente además de por tu escritura por tu capacidad asombrosa de gozar la vida, el aquí y ahora, te puedes reír casi de cualquier cosa y transmites una paz interior real. El día de tu cumple en Stanford pensé en eso; te veía bailando arriba de la mesa y pensé: "allí está la escritora que se negó a recibir el premio Villaurrutia de manos de Echeverría, el presidente asesino, en 1970; aquí está bailando reggae con unos chamacos migrantes en California". ¡Qué ejemplo es Elena para mí y miles de mujeres!

Mi madre nos decía que cuando nos sabemos diferentes vamos por la vida buscando a las mujeres de nuestra tribu, a las guerreras, a las sabias, a las que saben cultivar amor entre las mujeres, a las maestras de la vida. Poco a poco, eventualmente la vida nos pone cerca y nos toca descubrir a qué tribu pertenecemos.

Cada vez que encuentro a una hermana de la vida como tú, mi alma sonríe; sé que aunque estemos lejos algo inasequible nos une y estaremos allí para cuidarnos.

Te abrazo hasta que volvamos a encontrarnos,
Lydia

Maputo, Sudáfrica, 3 de mayo de 2008

Una mujer camina por la montaña en una provincia del norte de China, se encuentra una manta que cubre lo que parece un animalito. Se acerca y descubre la pequeña manita de un bebé, abre la manta y descubre a una niña recién nacida muerta. Avisa a la policía del pueblo, la ignoran.

Un hombre encuentra a una mujer de su pueblo escondida tras un árbol. La mujer llora. El hombre se acerca y descubre que tiene en sus manos el cadáver de una preciosa niña. La mujer se asusta y le pide al hombre que no la denuncie. El gobierno chino ha prohibido a las familias que tengan más de un hijo. Las niñas no tienen derecho a la educación, ni a ser propietarias de sus tierras, no obtienen buenos trabajos: las mujeres en China son ciudadanas de segunda clase; los niños tienen escuela y derechos y trabajo, ellos sí pueden cuidar y mantener a los viejos de la familia. Un reportero chino de la provincia de Hunan descubre que cientos de niñas están siendo asesinadas selectivamente por padres y madres. Escribe un texto. Una semana más tarde el corresponsal del *New York Times* encuentra la nota del joven chino, perdida en internet; se va a China y escribe un extraordinario reportaje. Organizaciones de derechos humanos del mundo y de China se movilizan, académicos de varios países analizan el fenómeno del feminicidio infantil selectivo. La comunidad internacional llama la atención al gobierno chino, exige políticas públicas que mejoren la vida de las mujeres y una política pública de salud sexual y reproductiva para todas las mujeres. Las cooperaciones internacionales ponen la mirada sobre China e invierten en la creación y fortalecimiento de organizaciones de derechos humanos de mujeres y niñas.

Una reportera de *The Guardian* en el Reino Unido lee el reportaje sobre infanticidio en China, ella vive en la India y algo similar sucede. "¿Qué puede ser?", se pregunta. La periodista investiga el infanticidio en la India y descubre algunos factores similares al fenómeno de China: las bebés muertas son niñas. Su reportaje levanta la indignación social en Inglaterra y Oxfam actúa de inmediato subiéndose a la ola mediática para defender los derechos humanos de las niñas y mujeres de la India. El periodista John Thor Dahlburg escribió *"Where Killing Baby Girls Is no Big Sin"*, lo publicó en *Los Angeles Times* y en *The Toronto Star* en 1994 y las organizaciones de derechos humanos lograron que se reinvirtieran recursos para ONG indias con perspectiva de género, lo que produjo cientos de estudios académicos sobre el vínculo entre el infanticidio femenino y la inequidad de género, la desnutrición y el sexismo cultural. Miles de mujeres en la India se movilizaron para defender y exigir sus derechos.

Un reportero de *El País* en España entrevista a una feminista sobre las mujeres migrantes y ésta le platica acerca de las mujeres que huyen de países africanos a España y Francia por miedo a morir lapidadas. El reportero decide darle seguimiento a un correo electrónico en el cual un grupo internacional de feministas, desarticuladas pero con la misma misión, intentan que el gobierno iraní detenga la muerte por lapidación de siete mujeres que habían sido víctimas de violencia doméstica, cuyo único delito fue no obedecer a un hombre. El reportaje impacta de tal forma que los llamados de Amnistía Internacional obtienen un eco impresionante, y las presiones mediáticas hacia los gobiernos que practican la lapidación surten efectos importantes. Amnistía Internacional envía un llamado urgente y le siguen cientos de organizaciones de derechos humanos en todo el mundo.

En México, cada año medio millón de personas cruza la frontera hacia Estados Unidos, huyendo de la pobreza y la violencia. Una reportera de televisión elabora un reportaje sobre mujeres migrantes y descubre que cientos de niños se han ido solos en busca de sus familiares a los Estados Unidos. Un par de reporteros siguen la pista y encuentran un vagón de niños y niñas de entre siete y doce años que viajan como ilegales atravesando más de cuatro mil kilómetros de territorio, solos, con hambre, sed y miedo, pero soñando reunirse con su madre o su padre en el norte.

Universidades de la frontera estudian el fenómeno. Human Rights Watch elabora un informe sobre violación de derechos de niños y niñas migrantes, una agrupación de San Diego lee el reportaje sobre ese informe y decide fundar una organización de derechos humanos para cuidar, proteger y ayudar a los niños y niñas migrantes.

Podríamos pasar el día entero exponiendo ejemplos de la trascendencia social y humana que tiene el buen periodismo en el mundo entero. Pero estos ejemplos bastan por ahora.

Yo estoy aquí, viva y hablando en un foro de la UNESCO gracias a las buenas acciones de las redes de defensa de derechos humanos y gracias al buen periodismo. Como reportera develé una red de pornografía infantil en mi país, México. En ella están implicados poderosos políticos y empresarios. Por publicar la verdad fui torturada y encarcelada, pero sobreviví y sigo haciendo mi trabajo como reportera especialista en derechos humanos.

El periodismo es una linterna para iluminar al mundo, un buen periodismo no solamente nos permite entender lo que sucede en nuestra comunidad, también ayuda a revelar aquello que impide que nuestros derechos humanos se respeten plenamente. Un buen periodismo educa, descubre, revela, ayuda a formar opinión. El buen periodismo enciende una flama que ilumina al mundo, una flama que incita nuevas ideas, genera procesos de solidaridad global y, a su vez, sensibiliza a más gente sobre la tragedia del dolor humano provocado por los humanos. Un buen periodismo hace la diferencia en la velocidad en que la sociedad reacciona ante un tsunami o un temblor. Cada vez que un gobierno como el mexicano o el ruso o el libanés permite la impunidad del asesinato de una reportera o un reportero no sólo arrebata a la sociedad de su derecho de conocer la realidad, silencia también a cientos de periodistas que temen ser asesinados por decir la verdad.

Hoy les pido que imaginen un día del mundo sin periodistas. Nadie sabría lo que sucede en su comunidad. Ni el clima, ni el tráfico, ni los peligros, ni las buenas nuevas, ni los pequeños milagros cotidianos. Sería un mundo habitado por el silencio o la mentira, un mundo de falsas noticias, una fiesta para los criminales, un aliciente para los políticos corruptos y abusivos. Un día sin periodistas es lo que nos espera si la comunidad internacional no reacciona adecuadamente ante el silenciamiento hacia reporteros del mundo que muestran las diarias violaciones a los derechos humanos.

Ser periodista es una responsabilidad, un privilegio que mientras haya historias que contar allí estaremos, trabajando para revelar la realidad, para acompañar a millones de personas a tejer redes de solidaridad global de derechos humanos.

Porque el buen periodismo es necesariamente la principal herramienta de los derechos humanos del mundo.

Un abrazo,
Lydia

9 de junio de 2008

Mi querido Jesús:

Espero que estén muy bien, gracias por esa llamada. Ahora te pongo en papel lo que necesitamos para enfrentar la situación de mi equipo del refugio.

Hace ocho años, cuando creamos el centro de atención, comenzamos cinco mujeres (y un hombre que duró un mes). En seis años hemos crecido muchísimo, logramos construir el refugio y en otra instalación tenemos el centro de atención externa. La idea original fue crear una organización similar a Alternativas Pacíficas, pero con perspectiva de género y, hasta donde fuera posible, una estructura horizontal que demanda mucho sentido de autorresponsabilidad de todo el equipo. Para lograrlo, Claudia, la psicóloga feminista del CIAM, y yo elaboramos un plan de talleres y capacitaciones enfocado en el crecimiento personal, espiritual y profesional del equipo. En muchos sentidos esto ha sido muy exitoso, aunque como sabes tiene sus complejidades fomentar la congruencia por la igualdad. Al entrar a trabajar yo les dije que debían comprometerse al modelo feminista de trabajar contra la violencia propia y ajena, que el tipo de trabajo de atención a víctimas de violencia demanda un trabajo individual que va más allá de reconocer emociones personales en talleres específicos e intervenciones de crisis.

Con mi hermana Myriam llevamos cuatro años trabajando un proyecto denominado "Desde el ego hacia el alma" (basado en el método junguiano). El equipo ha crecido enormidades. Paralelamente, como lo has visto en Alternativas Pacíficas, el burnout es brutal, y por más que algunas compañeras tengan terapias personales y que durante las juntas de equipo se medite, nadie puede sustraerse de su entorno. Varias compañeras defensoras que atienden a las víctimas siguen viviendo en casa de familias violentas, otras se han separado de sus parejas como consecuencia de su trabajo y tras descubrir que estaban en relaciones inequitativas. Otras han logrado el equilibrio en ese sentido.

Hace un par de meses el jefe de seguridad del CIAM nos traicionó, es un compañero al que yo entrené, un exmilitar retirado que hace tiempo quería dedicarse a hacer el bien. Salió dejando un vacío complejo en este momento en que tenemos tantas amenazas de muerte porque estamos protegiendo a víctimas de trata de personas.

Fue un shock para todas en muchos sentidos, pues llevaba cuatro años con nosotras y lo considerábamos de la tribu, pero además porque coincidió con que el otro hombre del equipo, un psicólogo infantil, salió huyendo de la noche a la mañana porque no podía manejar el tema de la masculinidad violenta y se rehusó a trabajar con sus propias emociones. Entonces se fueron los dos varones al mismo tiempo, y eso fue muy duro. Ya antes de él el otro psicólogo de niños también se fue porque entró en crisis de odio contra los hombres y no pudo manejarlo. Siempre hemos querido incluir a terapeutas hombres, sobre todo para atender a todos los niños víctimas de violencia paterna y de trata, para que vean que existen hombres buenos y se sientan inspirados por el bien y no por la crueldad de los machos de su entorno familiar. Pero vaya que es difícil encontrar defensores de derechos humanos dispuestos a hacer el mismo trabajo y sacrificio que hacemos las mujeres.

Como sabes, este trabajo tiene mucho movimiento de personal; por tanto, los niveles de crecimiento y conocimiento son muy desiguales, lo cual ha sido, por una parte, muy enriquecedor para todas y, por otra, muy desgastante, porque se presta a abusos del poder de quienes sienten que ya están muy superadas emocionalmente. Yo por mi parte he trabajado desde hace tres años en fortalecer las coordinaciones para que en efecto el poder esté repartido y los liderazgos sean sanos, para que todas quieran ser líderes compasivas y justas. Las resistencias naturales de una buena parte del equipo vienen de una educación tradicional que exige verticalidad y eso les permite menos autorresponsabilidad. Me ha costado trabajo manejar todos los casos, las amenazas, mi trabajo como periodista, mi vida personal y encima hacer de mediadora en las crisis entre las cuarenta y tres personas que conforman nuestro equipo. Estoy desgastada, necesito ayuda.

A partir de mi arresto las cosas han cambiado mucho, se puso a prueba el modelo al interior de la tribu. Algunas salieron corriendo (las menos), otras descubrieron sus fortalezas y sus miedos, otras más no entienden muy bien lo que sucedió y siguen procesándolo. Hemos hecho varias sesiones de todo el equipo unido, y cuando yo estoy y meditamos y hablamos todo parece idílico, pero en cuanto me voy un par de semanas, algunas compañeras con liderazgo abusan del poder y se generan tensiones que revelan el verdadero *burnout* del equipo.

Mi querida Claudia Fronjosá, la jefa de psicología, y yo vemos lo siguiente:

A seis años de haber abierto el CIAM estamos en una crisis de adolescencia, de crecimiento; algunas podemos verla, otras no. Algunas compañeras se están llenando de resentimiento contra los agresores y están trabajando desde la violencia, pero como meditan aseguran que todo está bien. El entorno social (la ciudad de Cancún y el país en general) ha cambiado radicalmente. Casi a diario matan a algún narco o llega una víctima de trata de personas y niñas abusadas de las formas más crueles y extremas. En nuestra ciudad se respiran la ansiedad y el miedo ante la creciente violencia social.

A pesar de trabajar mucho la cultura de paz al interior del equipo y de nuestros espacios vitales, el miedo contamina y notamos que no es tan fácil como antes retomar la armonía. Cada vez se hace más difícil y complejo conseguir recursos, en particular el gobierno federal nos está aislando y sometiendo a una tremenda presión (aunque hemos avanzado en conseguir donativos privados e internacionales poco a poco, tenemos el refugio a tope todo el año).

Por mi parte estoy convencida de que el CIAM no puede ser *yo*. Que si sólo va a funcionar cuando yo estoy cerca entonces la institución no ha crecido adecuadamente y he fallado. Creemos que tenemos que hacer un alto en el camino y saber si podemos seguir existiendo bajo las condiciones sociales. Hemos crecido tanto, somos cuarenta y una (sin los dos hombres que se fueron) y sólo el año pasado dimos treinta y tres mil servicios; el equipo está saturado por más descansos y vacaciones que tomemos, son todas unas valientes.

Cada vez que les planteo si queremos seguir haciendo lo que hacemos, me dicen que si yo puedo con las presiones y las amenazas, ellas también pueden. A veces siento que muchas están en la negación del peligro real al que nos enfrentamos, y no sabemos cuánta negación es sana y cuánta es dañina.

Te confieso que a ratos pienso que debemos cambiar la misión, que tal vez debamos convertirnos en una escuela para mujeres, para capacitar a maestras para la paz, para enseñar a las y los jóvenes a desarrollar relaciones equitativas y no violentas. Cuando mis compañeras me dicen que ellas van adonde yo vaya, me preocupa que no puedan ver que cada una tiene una misión y que yo no puedo ni quiero pedirles que se jueguen la vida todos los días.

En fin, que lo que nos urge es un sanador de almas —ése eres tú—, que vengas y nos guíes en una revisión y que nos ayudes a entender en equipo. Que me ayudes a ver y a entender cómo y hacia dónde podemos construir el camino de crecimiento, ¿puedes venir pronto?

Yo creo que el hecho de que seas mi terapeuta no crea conflicto; por el contrario, podrá ayudarte a ver en directo mis defectos y mis problemas.

Te abrazo,
Lydia

24 de agosto de 2008

Querida Paty:

Hace unos días impartí un taller ante un grupo de jueces, ministerios públicos y policías investigadores. Hablamos sobre explotación sexual infantil. Cuando comencé a enumerar los síntomas del agotamiento emocional que sufren quienes atienden a víctimas de delitos, todos asentían, como el paciente que ante una médica se atreve por fin a hablar de sus padecimientos. Gastritis, colitis nerviosa, insomnio, ansiedad, depresión, beber y comer compulsivamente, y una disminución de la libido.

Pregunté cuántos de ellos y ellas se llevaban en la mente a las víctimas de secuestro o de violación a casa, o cómo endurecer el corazón para no sufrir hasta enloquecer; la mayoría asintió. Miradas cansadas y algunos a punto de llorar; desde un juez de sesenta años hasta una ministerio público de veintiocho años. Esta experiencia me lleva a preguntar si las personas de quienes depende el sistema de justicia penal están sumidas en estados de miedo, depresión y ansiedad, ¿cómo escalar ese impedimento para que sean efectivos y a la vez mantengan una salud emocional mínima?

Luego del secuestro y asesinato de Fernando Martí, los medios y una parte de la sociedad se han volcado a exigir seguridad. Las peticiones desesperadas van desde la absurda solicitud de una policía militar hasta cárceles especiales para secuestradores. Uno de los problemas radica en que para que el secuestrador llegue a la cárcel se necesita de una cadena de expertos que va desde quien responde el teléfono de emergencia hasta la policía investigadora, pasando por el ministerio público y el juez. Por un lado prometen que habrá policías honestos, pero de ocho mil plazas que la SSPF abrió el año pasado, sólo tres mil quinientas personas acudieron a pedir trabajo como policías. Nadie quiere pertenecer a cuerpos de seguridad desprestigiados y desprotegidos.

En el supuesto de que logren contratar a quienes se necesitan, el gran reto de las autoridades consistirá en asegurar que el propio sistema eduque a los cuerpos policiacos para hacer el bien como misión esencial.

Para que un policía se corrompa, pasa por un proceso paulatino de agotamiento emocional sin contención, desensibilización, frustración por un sistema en el cual, si atrapa a diez criminales, sólo uno termina condenado. Le sigue el discurso de muchos: si mi jefe recibe dinero, ¿por qué yo no? Contrario a lo que suponemos comúnmente, la mayoría de policías que se asocian con bandas criminales pasa por un largo proceso que los lleva de haber creído que podrían hacer el bien de manera profesional y hacer la diferencia para su comunidad, a juzgar que nada tiene remedio y que es mejor aliarse con los malos; ellos no solamente pagan mejor, también les dan sentido de pertenencia y les ofrecen protección.

La experiencia internacional nos demuestra que un buen cuerpo policiaco precisa del equilibrio entre el entrenamiento técnico para investigar, descubrir y detener a los criminales, y una educación ética apoyada por programas de salud mental. Sabemos que el miedo y la rabia son malos consejeros para la sociedad y las autoridades. La violencia genera más violencia: entrenar a los policías para hacer el mal, para ser crueles y desalmados, se revierte contra la sociedad. El odio genera odio, la paz y la ética fomentan el bien social. Mientras las autoridades no lo entiendan, seguirán promoviendo falsas promesas y fábricas del mal.

Por eso creo que tu programa para entrenar a hombres y mujeres policías es tan importante, te agradezco la invitación y prometo integrar el tema de manejo de miedos y estrés en mis talleres.

Un abrazo,
Lydia

25 de enero de 2009

Hola, hermanita:

¡Qué bueno saber de ti, que estás bien y reconociendo aún más tus capacidades natas y todas las que has desarrollado a través de los años! Yo creo que algunas veces no alcanzas a ver tu brillantez y valentía como mujer.

Eres verdaderamente un ejemplo de congruencia y fuerza para las personas que tenemos la fortuna de conocerte. Estás llevando a cabo una misión que viene de tu espíritu, sabio y seguro, por eso estás destinada a abrir los caminos que para muchos resultan aterradores e inalcanzables.

Lydia, te pienso y te siento todos los días, bendigo tu presencia en mi vida y en este plano. Festejo que la divinidad nos haya hecho coincidir como hermanas de sangre y espíritu.

Entre todo el dolor que veo y escucho, celebro que mamá nos haya dado la capacidad de ver la luz en las tinieblas. Celebro también que tú tengas el valor de entrar a lo más sombrío y des voz y esperanza a quienes han creído que no podían salir del infierno. Sí, he visto los nuevos ataques de Edith en tu contra, yo sé que cuando la rescataste de los pedófilos le prometiste protegerla, pero tienes que aprender a poner límites. Ella es ya una mujer adulta, me consta que tú y las compañeras del CIAM le dieron todas las herramientas para sanar, ¡la mantuviste durante dos años! Le pusiste terapeutas, le conseguiste trabajo y una vida nueva. Tienes que reflexionar sobre tu incapacidad para poner límites. No sé cuánto daño puedan hacerte sus ataques y mentiras, hermanita, tal vez sea momento de publicar la carta que te escribió confesando lo del contrato que firmó con Kamel Nacif para atacarte. Lo hace por dinero, eso lo debes tener claro.

Como terapeuta, efectivamente entiendo que quedó traumatizada con la explotación sexual, pero lo que está haciendo ahora a los veinticuatro años es inaceptable. Tú le diste opciones y posibilidades, creaste a su alrededor una red de salud emocional, laboral, física y económica, y decidió ir a buscar a sus maltratadores por dinero. Entiendo que te dé lástima su pasado y te pido que pienses en ti; no puedes seguir dando sin poner límites. Piénsalo, hermanita querida, sé cuánto te duele esto y no lo compartes nunca.

Si estuviera en mis manos, te protegería de tanta violencia, pero entiendo que tienes una misión en la vida y la fortaleza para seguir con ella.

Eres en verdad una Guerrera de Luz.

Gracias por existir y coincidir.

Te amo siempre,
Myriam

29 de enero de 2009

Hermanita:

Sé que tienes razón e ignoro qué haría sin tu presencia sabia, tu cariño y claridad. No puedo atacar a Edith, estoy trabajando en terapia para encontrar el equilibrio entre proteger a las otras y protegerme a mí, lo prometo. Esta vez no puedo, no dormiría tranquila si hago el trabajo sucio de los pederastas. Anoche soñé que conseguía un AK-47 y salía a matar a Succar, a Kamel y a todos los que aparecen en los videos violando a niñas pequeñas. Dice Jesús que es muy sano que imagine terminar con ellos, que no me asuste, lo anormal sería que no esté enojada con ellos por su crueldad.

Yo quiero enfocarme en el nuevo libro, Cristóbal y yo decidimos que se va a llamar *Esclavas del poder*. Hoy me entregan todos mis boletos de avión para seguir viajando por Asia.

Ya te iré contando.

Te amo con toda el alma,
Lydia

Turquía, 10 de febrero de 2009

Hola, *amore:*

Esta mañana creí que había enloquecido, estaba segura de que alguien en las líneas aéreas turcas me había filtrado algún psicotrópico en el jugo de tomate que bebí en el viaje entre Turquía y Kirguistán. Mi reloj marcaba las 9:30 de la mañana del 9 de febrero de 2009, tal vez mi amiga numeróloga podría explicar el fenómeno de las alucinaciones por la consistente presencia del tres repetido tres veces.

Había llegado a mi habitación a las cinco de la mañana, descansé tres horas; el *jet lag* y el hambre me sacaron de la cama. Me bañé y, una vez forrada como tamal oaxaqueño para enfrentar el clima de menos diez grados centígrados, bajé a desayunar.

Nomás entrando al restaurante me encontré con Santa Claus. Sí. En traje de carácter, con larga barba blanquecina y cabellera albina. Santa desayunaba carnes frías y café charlando en inglés con una pareja rusa que se convulsionaba a carcajadas. "*Niet, niet*", decía el hombre riendo; "da, da", respondía la mujer embelesada con el tipo vestido de rojo con sus botas boludas y su playera escarlata con un *Merry Xmas* inflado por su barriga oronda.

"*Jo, Jo, jelouuu biutiful*", me dijo Santa. Yo quedé estupefacta, paralizada, en la entrada del restaurante. Creí que había perdido la cabeza. Pero otros *santas* rieron igualmente y hablaron en ruso, en mandarín y en alemán. Llegaron más papás Noel de todo el mundo, saludaban e iban al buffet de carnes frías y huevos hervidos. Esto me sucede por perseguir a los tratantes de mujeres por todo el mundo, pensé, es un *compló* asiático kirgui.

Tuve que sentarme y preguntarle al Santa canadiense si mi alucinación era real o mi realidad era una alucinación (tal como sospechamos muchas mexicanas). Me explicó que estaban en la convención mundial de Santa Claus. ¿En un país cuyas lenguas son el kirgui y el ruso? ¿Un país en que la Navidad no se festeja a la usanza occidental?

Así es. El ministro de Turismo de este empobrecido país asiático descubrió un estudio que demuestra científicamente que para que Santa Claus pueda dar la vuelta al mundo en veinticuatro horas entregando regalos por toda la tierra tendría que salir del poblado de Kirguistán. "Y no son renos —ha dicho el ministro—, son yaks". "Un poco más lentos", aseguró riendo un Santa noruego, pero pueden volar, no hay problema. "Niet payalustá; no, por favor —dije bebiendo café—, esto no está sucediendo".

Había tomado el avión en Estambul a las seis de la tarde del día anterior. Luego de pasar cuatro exhaustivas revisiones de rayos equis por la policía del aeropuerto turco, subí animosa al avión de Turkish Airlines que me trajo a Biskek, la capital de Kirguistán, Asia Central. Para tus mayores informes, este pequeño país, que perteneció a la Unión Soviética, se encuentra arriba de Afganistán. Más que conocido por turistas, lo reconocen analistas del crimen organizado por ser vecino de Tayikistán, el paso para la heroína entre Afganistán, Rusia y Turquía. No te había dicho que venía para acá para que no sufras por adelantado; perdóname, corazón.

Este país es, por desgracia, uno de los centros proveedores de niñas y mujeres que son vendidas y explotadas sexualmente en Turquía y los Emiratos Árabes, y de trabajadores esclavizados en la región; ya tengo varias citas con gente del Ministerio del Interior que investiga la trata de niñas de Kirguistán, secuestradas para venderlas en otros países como Turquía, Israel y los Emiratos Árabes. A la mayoría se las llevan las mafias rusas que controlan estos mercados de esclavas para trabajo en el hogar o cuidado de ancianos de familias ricas. Como las niñas no hablan más que kirgui o algún derivado de lenguas mongolas, están absolutamente desprotegidas en otro país.

Me impresionan la pobreza y el aislamiento de este país que, cuando lo visité por primera vez, pertenecía a la Unión Soviética y tenía una economía estable. Pero a partir del colapso de la Unión Soviética, que subsidiaba el campo en estos territorios, la sociedad quedó abandonada, sin clase media, con una clase política corrupta y los peores hoteles más caros del mundo; estoy en uno de ellos, que pertenece a uno de los más poderosos mafiosos rusos de la región. Por eso pagué casi doscientos dólares por llegar a uno de los mejores centros de hospedaje locales, con la calidad de un hotel soviético de los sesenta que desde entonces no ha recibido mantenimiento. Con una vista fantástica a las montañas nevadas, un frío arrebatador y la policía militar siguiendo mis pasos por investigar al crimen organizado que protege a las mafias que venden niñas y mujeres, me encontré con Santa Claus en estéreo. Claramente, como dijo Ricardo Rocha: “Una buena reportera es siempre una reportera con suerte”.

El ministro de turismo, Turusbek Mamashov, es una mala bestia, me dijeron unos *expats* americanos en un restaurante italiano de poca monta donde comí una pasta al burro. Pero el Santa Claus surcoreano no lo cree así; ellos adoran a Turushbek Mamashov y él está feliz de ser el niño consentido de Santa.

En verdad que si no estuviera haciendo videos y fotografías de todo esto, sería difícil de creer. Vengo disfrazada de reportera de turismo para investigar a las mafias de tratantes de niñas y mujeres y me topo con un centenar de turistas mayores de cincuenta años que juran ser Santa; en el bar conviví con los barbones mientras observaba a empresarios rusos listos para explotar a trabajadores y a una pareja china de luna de miel. Aquí yo, Lydia, una periodista mexicana que ingenuamente creía que casi nada más le sorprendería en la vida y ya ves, *amore*, una película no les haría justicia a mis aventuras; nunca me dejes vender los derechos de mi vida a nadie.

Justo antes de subir a la habitación pensé que febrero siempre me trae sorpresas: en 2004 me anunciaron que se publicaría mi libro, en 2006 fueron las grabaciones del Góber Precioso y Nacif, en febrero de 2009, a los cuarenta y cinco años, descubro que Santa sí existe.

Voy mejorando, o eso creo.

Te mando todo mi amor,
Lydia

Asia Central, 15 de febrero de 2009

Mi querida Lucía:

Estoy aún en Asia Central y de aquí me iré hacia Afganistán siguiendo la ruta de los vendedores de niñas. Ya te contaré más sobre este viaje, pero antes necesito platicarte lo que traigo en la cabeza desde que tomé el avión de Londres a Turquía y me leí un libro que seguramente tú entenderás.

Después de leer la reseña, me compré el libro de Jerry Openheimer: *Toy Monster: The Big, Bad World of Mattel.* Hay un capítulo completo sobre Barbie y al leerlo me emocioné.

Confieso que mucho antes de que mi madre me dijera: "Creo que eres feminista", yo sentía una animadversión malsana hacia la muñeca rubia de piernas kilométricas y senos artificiosamente cercanos a las amígdalas. No, no era envidia, sino desagrado.

A los veinte años un amigo me dijo que no era buena referencia para hablar de Barbie, esto porque aseguré que era una muñeca que se les daba a las niñas para entrenarlas en el estereotipo del símbolo sexual. Me resultaba extraño ver a esa rubia nórdica en miniatura, de piel blanca rosácea, sin defectos, particularmente entregada a manos de mexicanas de piel morena y cabello castaño o negro (hablemos de mayorías que somos).

Algunas amigas me llamaron exagerada; "es sólo una muñeca", insistían. Pues treinta años después de que comencé a despotricar contra la plástica rubia despampanante y su novio *castrati,* un tal Ken, Openheimer publica este estupendo libro que revela los verdaderos orígenes de la aparentemente inocua *Barbie doll.*

Resulta que el diseñador de la Bárbara americana, Jack Ryan, era un fanático de la pornografía y los juguetes sexuales. En la década de los setenta, Ryan, quien se graduó en Yale como diseñador industrial, llevaba una vida, como diría mi abuelo paterno, licenciosa. O, como diría el propio Ryan: "Era un maniático sexual con una obsesión por las rubias exóticas, de pechos voluptuosos y cuerpos despampanantes". Su fijación por las mujeres despampanantes lo llevó a casarse, entre otras rubias, con Zsa Zsa Gabor.

Ryan era lo que los americanos llaman un *womanizer* y las mexicanas apodamos mujeriego empedernido. Además de ser un genio del diseño, se las arregló para convencer a los dueños de Mattel, la compañía juguetera, de que éstos eran los muñecos ideales para las niñas y niños modernos.

En el libro, Stephen Gnass confiesa que cuando su amigo Jack Ryan le contó de su muñeca recién fabricada hablaba de ella como el colofón de sus perversiones sexuales. Quién lo diría, y las madres comprándoles Barbies a sus niñas...

Resulta que Ryan engañó al mundo entero, sobre todo a los propietarios de Mattel, Ruth y Elliot Handler, una pareja conservadora y protestante a quienes Barbie y Ken les parecieron tan monos que les pusieron los nombres de sus propios hijos. Según *Toy Monster*, el verdadero Ken Handler quedó traumatizado por las burlas del muñeco bautizado como él, sobre todo por el asunto de aparecer como asexuado y precioso. El autor asegura que el verdadero Ken murió de VIH-sida y dentro del clóset en 1990.

Este libro me hizo respirar algo que se me atoró en la infancia, porque revindica esta extraña sensación que durante décadas muchas feministas hemos tenido: digamos, la sospecha de que esa muñeca apela al estereotipo de la mujer objeto, de la mujer artificialmente fabricada. Tal vez por eso nunca me hizo sentido ver a una niña mexicana jugando a las barbies con sus amiguitas. Sus madres no se parecían a la muñeca plástica, ni tampoco sus amigas. Difícilmente sus tías medirían en promedio 1.85 y tendrían las piernas más largas que una modelo noruega y los senos más duros y grandes que la mujer promedio con implantes de silicona. Pero, a fin de cuentas, ¿a qué jugaban, o juegan, las niñas mexicanas con Barbie? ¿A ser mamá? Por supuesto que no. Para fomentar la maternidad se les compran muñecos que semejan bebés tan naturales que asustan, a los que ya sabes que yo también aborrecía de niña.

Con Barbie las niñas juegan a soñar con ser una mujer artificial. Sueñan convertirse en un paradigma de mujer prácticamente inalcanzable, más allá incluso de las costosísimas cirugías plásticas. Las niñas de la generación Barbie juegan a convertirse en conejitas de *Playboy*, no a ser ingenieras, periodistas o presidentas. Es la generación que desarrolló una enfermedad moderna llamada anorexia.

La ironía no deja de impactarme: un hombre fascinado con los prostíbulos y que debió resistir varios tratamientos para sanar la gonorrea; un tipo embelesado con las mujeres de apariencia aniñada, núbil, que en sus propias oficinas de Mattel, mientras diseñaba a sus muñecas, recibía las llamadas de la proxeneta que le enviaba prostitutas cada vez más jóvenes en quienes se inspiraba para la creación que terminó en manos de millones de niñas del mundo.

Desde hace años, una voz interior me decía que Barbie inspiraba todo menos ganas de jugar a ser una mujer libre. Barbie invita a las niñas a jugar a *Sex and the City*, o a la cabaretera. Estaba pensando en que si publico esto las madres dirán: "Pero ¿qué hago, si a sus amiguitas les encanta?". "¿Puedo evitar que se maquille con el juego Barbie va a las Vegas, o que se disfrace de bailarina de tubo a los seis o siete años?". Bueno, respondería que las madres y padres están para educar, no para consentir; a veces deciden las personas adultas, otras veces decide la mercadotecnia o la niña pequeña.

Todos los juguetes son, en esencia, educativos. Enseñan a niñas y niños a seguir patrones de conducta, a descubrir ideas, a desarrollar paradigmas o a fortalecer estereotipos.

El problema con Barbie no es la muñeca hermosa en sí misma, sino lo que representa: la cultura de la nenorra bobalicona, de la mamacita manipuladora que juega a hacerse la tonta para lograr sus objetivos; esa sonrisita núbil de Marilyn Monroe que esconde a una mujer deprimida y utilizada por el poder, víctima de su propio personaje. Eso es lo que esconde el símbolo, por eso nos incomodó a tantas. Su padre lo ha confesado, la fabricó para que todos los hombres tuvieran una rubia boba y tetona en casa, para que todos los niños desearan una.

El hecho de que la muñeca más vendida de la historia sea producto de la travesura fetichista de un maniaco sexual irrefrenable no es para escandalizarse, claro... Las feministas lo dijeron desde que salió al mercado, la historia lo confirma y la realidad lo reafirma cotidianamente. Dale una espada a un niño y querrá hacer la guerra. Dale una Barbie a una niña y pensará que sin tetas no hay paraíso, enriquecerás a los dueños de Mattel y, eventualmente, a los cirujanos plásticos de la región. En fin, querida, que si crees que aquí hay un artículo para Cimac, dímelo y lo escribo.

Te mando besos,
Lydia

5 de marzo de 2009

Hola, hermanita querida:

Estoy en Tokio, mi celular encriptado aquí no entra porque tienen otro sistema y prefiero no usar el teléfono del hotel. Todo va muy bien, es un viaje intenso y a ratos estresante, pero emocionante porque me ha permitido estar sola mucho tiempo, reflexionar, darme cuenta de la mujer en la que me he convertido en los últimos años, y eso me fortalece emocionalmente. Tenías razón cuando me dijiste que debía salirme de la dinámica de ser la periodista perseguida por Nacif y su mafia, me estaba desgastando quedar atrapada en ello. Hacer este nuevo libro sobre las mafias mundiales de trata de niñas es un desafío que me emociona y me he quitado de encima todas las inseguridades que me crearon los comentarios de Jorge. Yo sé que me quiere, pero sigo sin entender por qué le parece mala idea este proyecto de viajar por el mundo para seguir la ruta de la venta de niñas. Entiendo que tiene muchos miedos, que necesita la seguridad de lo conocido y sería incapaz de viajar como lo estoy haciendo.

No lo sé, hermanita, en este viaje he pensado que él no me acompañará a subir esta nueva montaña que he decidido escalar como reportera, creo que mi éxito lo está alejando de mí. Es un buen hombre y lo amo; uf, no sabes cómo lo extraño y al mismo tiempo me llena de emoción esta aventura y saber que la locura de este libro será posible. No quiere que le escriba nada de los riesgos que corro ni de cuando me infiltro en los lugares peligrosos, ya sabes que tiene una aversión hacia el peligro real y no sabe manejar el conflicto. En fin, espero que al final me ame lo suficiente para entender que no cederé a mis sueños para estar cerca de él, yo lo amo tal como es; ojalá él aprenda a quererme fuerte y libre... No sé, siento que todo lo de mi encarcelamiento lo puso a él en los medios como el príncipe valiente y salvador, le gustó jugar ese rol y ahora que he roto la narrativa no sabe dónde colocarse. He pensado mucho en este viaje que en el fondo Jorge es muy tradicional en sus relaciones amorosas y, como con sus anteriores mujeres, en cuanto haya crisis saldrá corriendo. Ojalá que me equivoque, hermanita, me gusta mi vida con él y lo que hemos construido con sus hijas y entre nosotros. Mírame aquí persiguiendo a los yakuza y preocupada porque el hombre que amo me deje de querer por tener más éxito que él... Como diría mamá, qué retorcida la visión del amor romántico que nos encasilla.

Pues he conocido gente maravillosa, y también he descubierto que entiendo el mundo desde una perspectiva muy amplia que a la gente le sorprende, así que puedo ver mejor mis habilidades para comunicar y analizar diferentes realidades.

Es interesantísimo; viajar por el mundo para este libro me ha acercado más que nunca a mi mundo interior. Esta mañana pensaba en el título que pensamos Cristóbal y yo: *Esclavas del poder*, es perfecto. Ayer que me infiltré en un bar operado por miembros de la mafia yakuza veía a las chicas súper jóvenes, todas menores de edad, vestidas con una especie de uniforme negro de seda y todas maquilladas de forma idéntica; están entrenadas para actuar como una especie de robots obedientes, sonríen mientras les dan de comer en la boca a los hombres de negocios vestidos de traje, todos orientales, japoneses y coreanos, según me dijo una mesera. Es lo más extraño que he visto, ellas les ponen la comida en la boca y ellos las tocan de vez en cuando como si fueran mascotas. Hay algo lamentable en Japón, la visión de la sexualidad es profundamente retorcida, machista y con un barniz de pedofilia brutal.

Cuando estaba entrevistando a un académico de la Universidad de Osaka, experto en mafias, me sorprendió que analiza todo con una precisión científica admirable. En el momento de hablar sobre la explotación sexual por parte de la yakuza y de la sexualidad en general cortó la conversación, estaba molesto, puedo decir que toqué una fibra de su machismo que le incomodó. Argumentó que nosotras las occidentales juzgamos otras culturas sin comprenderlas, le respondí con fotografías y datos duros, incluso cité mis lecturas de Junichiro Tanizaki, le hablé del ero-guro-nansensu, de Yasunari Kawabata y Edogawa Rampo, le enseñé las fotografías que te envío con esta carta, en ellas están las sex shops y todos los juguetes sexuales con imágenes infantiles, con Hello Kitty. Le dije que es desconcertante ver la sexualidad infantilizada y a la vez a las mujeres retratadas como niñas, vestidas como lolitas como en el prostíbulo de Kabukicho; frunció la boca seguramente guardándose un insulto rabioso. Me quedé helada, se levantó y nos dijo a la *stringer* y a mí que la entrevista se había terminado.

Te juro que llego a mi hotel sola y me tengo que dar un baño para quitarme de encima esa energía de artificios que esconde tanta violencia y represión. En fin, que ya te contaré más a mi vuelta a México, si no te escribo otro libro en lugar de carta.

Te he pensado mucho, hermanita, te quiero y te mando besos y abrazos, y a la familia también. Diles que estoy bien, que todo va de maravilla.

Cariños,
Lydia

26 de febrero de 2010

Querido Cristóbal:

Estoy trabajando las correcciones de mi libro, prometo entregarte el manuscrito pronto. Ésta ha sido una semana infernal y en verdad ha sido prácticamente difícil concentrarme en los últimos diez días. Es muy importante que lo sepas porque vienen tiempos más complicados; te explico.

Mañana por fin traerán extraditado a Succar Kuri a la cárcel de Cancún. Los hijos de Succar, particularmente el más grande, Jerry, está viviendo desde hace tiempo en Cancún y ahora ha dicho al hijo de un amigo mío (que iba en la escuela con él) que en cuanto su padre llegue a Cancún yo voy a pagar por arruinarles la vida. Asegura que como Yunes está enojado por lo de Veracruz, pues ellos piensan que, de lograr asesinarme, los medios culparán a Miguel Ángel Yunes; como ellos saben que hace años en verdad ordenó asesinarme, tienen algún tipo de evidencia. Por tanto, estamos haciendo otra vez estrategias de seguridad.

El sábado a las diez de la noche escuché un helicóptero sobrevolando casi pegado a la palapa de mi casa; subí al estudio y estaba tan cerca que despeinaba las palmas de mi techo. Salí al balcón para tomarle fotos que ya envié a la fiscalía, aunque en cuanto salí empezó a alejarse y yo estaba tan nerviosa de salir que en lugar de tomar mi cámara con telefoto lo grabé con mi Blackberry. Estuvo durante varios minutos sobrevolando y tomándome fotografías; no sabemos quién fue, no se pudo ver bien el número, a ver si los peritos logran dilucidar la licencia. Las autoridades del aeropuerto dicen que sólo sobrevolaron helicópteros del ejército en esos días por la Cumbre Internacional en Playa del Carmen, pero el mismo fiscal dice que ésa no es una aeronave del ejército, sino una privada. Te imaginarás que el estrés me tiene abrumada, no he podido dormir y ya no quiero comentarle nada a mi familia. Me siento muy culpable de mantenerlos preocupados todo el tiempo.

Respecto al amparo que ganó Edith Encalada, debo confesarte que estoy muy enojada. Les pedí a mis abogados que ayudaran para argumentar el amparo en el marco de mi caso y la Corte Interamericana. Parece que se confiaron y dejaron que su amparo progresara en lugar de impugnar adecuadamente desde el principio. Quieren llegar de nuevo hasta la Suprema Corte con este caso. Yo no puedo más, me rehúso a someterme de nuevo al desgaste. ¡Es una locura! Siento que los abogados quieren pasar a la historia con mi caso como si yo fuera de hierro y esto no tuviera un costo emocional (mi doctora me dijo que no puedo mantener estos niveles sostenidos de cortisol, porque me puede dar un infarto).

Ya platicaremos sobre Edith en otra ocasión; mi terapeuta y la fiscalía quieren que yo declare en su contra por haber llevado a su hermanita, su prima y otras pequeñitas con el pedófilo, pero no lo haré. En aquel entonces ella era una niña también y estaba secuestrada emocional y psíquicamente por los tratantes. Ahora necesito mantener la cordura para ser estratégica y tomar decisiones ejecutivas, las emocionales las llevo a mi terapia.

Edith ha declarado en Cancún que yo debo pagarle los cien mil pesos, y tanto ética como económicamente para mí es insostenible pagar y lo debería ser también para la editorial, creo yo. Los abogados de Edith son los mismos que defienden a Succar, no se toman la molestia de disimular. Mi abogado me forzó a entregarle al juzgado todas las cartas y correos que Edith me escribió; en ellas me explica que a cambio de dinero ella firmó unos documentos con los abogados norteamericanos de Kamel Nacif y que se ve obligada por contrato a atacarme como se lo ordenen. Ya le dije que ese documento es ilegal, que en cualquier juzgado lo invalidan. Ella quedó de enviármelo para que le ayude a traducirlo y la proteja de nuevo; en verdad es un infierno este ir y venir con algunas de las víctimas que no quieren soltar su vínculo con su tratante. Por lo pronto yo estoy tranquila, ya hicieron un peritaje en la PGR a mi computadora para certificar que todos los correos vienen efectivamente de su cuenta personal, y ella misma en el juzgado civil se equivocó y admitió haberme escrito esos correos.

Como te dije brevemente por mensaje, el lunes pasado estuve encerrada testificando otra vez ante el nuevo fiscal de periodistas sobre el atentado de la camioneta blindada; es increíble, pero no hay nada que yo pueda hacer.

Ayer llegaron de sorpresa a Cancún mis abogados de Artículo 19 para darme la noticia de que la fiscalía reabrió mi caso por tortura (contra la procuradora, los policías y la juez). Tenemos dos hipótesis: la primera es que quieren alentar mi salida a la Corte Interamericana fingiendo buena voluntad gubernamental. La otra es que ante tiempos preelectorales el PAN cree que puede ganarle al PRI y quieren revivir el caso para golpear a Marín y a su partido, aunque con lo cobardes que son todos se niegan a girar órdenes de aprehensión contra el gobernador y Kamel. Como sea, reabrirlo significa que me van a forzar a testificar por enésima vez, a carearme con los policías que me torturaron y con la procuradora de Puebla (ya estuve en mi terapia tres horas buscando equilibrios para seguir adelante).

En fin, querido Cristóbal, ya te escribí una carta larguísima. Te adjunto aquí el capítulo de lavado de dinero donde ya está amarrada toda la evidencia de cómo los tratantes que compran niñas blanquean sus capitales con partidos políticos y casas de bolsa. Seguimos con esto. Gracias de verdad por el apoyo de la editorial.

Besos,
Lydia

25 de abril de 2010

Lydia:

Recibí tu libro *Esclavas del poder*, lo estoy devorando. Tu talento como narradora es notable, eres una cronista que debería aparecer entre las mejores de nuestra dolida América Latina.

El libro me parece un excelente trabajo de investigación, minucioso y sensible. Eres respetuosa con tus lectores porque les das respiro ante la barbarie que documentas, muestra de tu sensibilidad y oficio periodístico.

Pronto te enviaré el texto de contratapa. Sólo tengo una pequeña observación: en la página 201, creo que antes que Jeffrey Robinson fue Bertolt Brecht quien dijo que robar un banco es delito, pero más delito es fundarlo. Fuera de esa minucia no hay defecto en este trabajo que reivindica las voces de tantas víctimas. La claridad de tu esfuerzo se convierte en un desafío para los poderosos; nunca dejes de escuchar a quienes te necesitan, el mundo está huérfano de oyentes y tú eres una salvación en la escucha.

Abrazos y felicitaciones,
Eduardo Galeano

25 de abril de 2010

Querido Eduardo:

Qué honor, en verdad agradezco que le dediques tiempo a mi investigación y me obsequies unas palabras. Tus observaciones son más que bienvenidas, ya hice el cambio sobre los banqueros.

Tus palabras sobre mis habilidades como escritora me abrazan, sabes que mi vida como periodista ha quedado marcada por tu obra literaria, que heredamos de los saberes y gracias a ellos somos mejores.

Espero con emoción tu correo y mientras tanto te abrazo.

Espero que la vida me dé la oportunidad de encontrarnos en persona de nuevo muy pronto.

Cariños desde la selva de Quintana Roo,
Lydia Cacho

26 de abril de 2010

Querida Lydia,

Aquí va mi texto para la contraportada de tu libro. El honor ha sido mío por compartir desde lejos este viaje tuyo en busca de justicia:

Lydia Cacho es un símbolo del periodismo valiente.

Ella lleva ya unos cuantos años desafiando la tradición de impunidad y demostrando que los medios de comunicación pueden no ser miedos de comunicación.

Este nuevo libro culmina sus años de trabajo en la denuncia de las sistemáticas violaciones sexuales de niños y mujeres, y de la prostitución de niños y mujeres que constituye la más lucrativa esclavitud de nuestro tiempo, aunque no se llame así.

Y Lydia llega más allá de las fronteras de México. Disfrazada con disfraces diversos, viaja desde los bajos fondos mexicanos de La Merced hasta los centros nocturnos y los prostíbulos del Japón, pasando por muchos otros nudos de la inmensa telaraña de mafiosos, empresarios, policías, jueces y políticos que manejan el negocio en el mundo.

Éstas no son páginas neutrales. La autora no toma la distancia exigida a los trabajos de investigación académica. Lydia escucha, para que sean escuchadas, las voces de las víctimas, las vidas rotas, y acusa a quienes ejercen la forma más abyecta del derecho de propiedad, hombres dueños de mujeres, adultos dueños de niños: esos *supermachos* que humillando a los más débiles ejercen su despreciable poder.

Eduardo Galeano

1 de junio de 2010

Queridas amigas:

El ataque armado llevado a cabo ayer en contra de nuestro refugio por agentes policiacos de Cancún se vincula directamente con dos aspectos fundamentales de nuestra vida: el primero es la defensa de los derechos humanos de las mujeres y niñas víctimas de violencia, el segundo es el derecho a la libertad de expresión. Todas las personas tenemos derecho y responsabilidad de asegurar la construcción de la paz social de este pequeño planeta que habitamos; algunas hemos elegido acompañar a mujeres, niñas y niños a reconstruir sus vidas vulneradas profundamente por la violencia, para ello utilizamos herramientas mientras los agresores usan armas. Nosotras usamos la libertad y ellos la amenaza de encarcelarnos por rebelarnos en contra de un sistema que promueve la desigualdad, el sexismo, el racismo y todas las formas sutiles y evidentes de violencia como forma de control social. El sendero a la libertad y el poder personal pasan necesariamente por la liberación de la voz, por el reconocimiento de nuestra palabra que lo revela todo. Expresarnos es volver a existir a los ojos de las y los otros.

Nosotras construimos la paz por nuevos caminos y ellos se indignan e irritan porque quieren hacernos volver a las formas tradicionales de sometimiento, silencio y obediencia. Para ello instigan miedo a la muerte y a la tortura, sin embargo, nosotras les respondemos con estrategias de seguridad, solidaridad y dignidad.

Ellos se alían para desacreditar y destruir a hombres y mujeres que no nos rendimos ante el miedo y la corrupción, porque elegimos diariamente no vivir cegadas por la ira sino inspiradas por la felicidad posible y la libertad merecida.

Ellos llegan con sus armas y sus gritos para incitarnos a huir, a escondernos. Nosotras los filmamos y los exhibimos tal cual son: personas que eligen conscientemente ejercer violencia y quebrantar la ley a su antojo. Hemos notado, por cierto, que a ellos nos les gusta que se les grabe, ni que se les fotografíe incurriendo en delitos, por eso se tornan vengativos e iracundos. Prefieren que se les imagine como seres omnipotentes y fuertes, no que se les observe y escuche como vulgares personajes de espíritu pequeño y visión supina.

Ellos a golpes, con esclavitud y violencia, acallan las voces de sus víctimas, nosotras las acompañamos en la reconstrucción de su realidad, de su pasado, y les ayudamos a levantar la voz y decir ¡basta ya! Escribimos sus historias. Entonces ellos usan la fuerza del Estado y las armas para recordarnos que en este país decir la verdad puede costarle la vida a quien se atreve.

Algunos, algunas sobrevivientes de la corrupción intentan cambiar al país desde la entraña misma de la política, es por eso que este país sobrevive. Porque en toda su geografía hay hombres y mujeres que todos los días eligen defender la libertad, la dignidad, la pequeña y solitaria paz mexicana que a ratos agoniza.

Ellos, allá afuera, arden de furia porque les damos voz a las sobrevivientes y porque tenemos voz propia. Es su fuego y su furia, no son nuestros.

Ellos, allá afuera, escriben amenazas de muerte detalladas, deleitándose con imágenes inenarrables. Nosotras las tomamos en serio, sí, pero no le regalamos el sueño a su crueldad.

A ellos les consume la ira porque el mundo se mueve a pesar de que quisieran que estuviésemos paralizadas y temerosas. Nosotras caminamos firmes, hablamos fuerte, botamos el temor a la basura y tomadas de la mano nos vamos reinventando el mundo que queremos construir. Ellos no quieren perdonarnos el atrevimiento, pero en realidad nosotras no buscamos su perdón, sino la libertad sobre nuestros cuerpos, sobre nuestras acciones y nuestras palabras. Y esa libertad que es nuestra se hace grande, fuerte y luminosa cuando nos tomamos de la mano.

Porque la solidaridad nos torna inquebrantables ante el peligro, nos acaricia ante el agotamiento, nos protege ante la muerte, nos rescata de la desesperanza que a veces, temprano por la mañana, toca a la puerta. Ellos se alimentan del miedo y la rabia de los demás, nosotras de la vida y la libertad. Yo elijo no darles de comer; hoy aquí y ahora estamos vivas y fuertes, somos muchas y muchos.

Que amenacen, que vengan con sus armas, que esto no es cosa de una sino asunto de millones.

Hoy vamos por todo, a levantar la voz, a gozar y defender la vida de todas y todos, que es la única vida posible.

Un abrazo cariñoso y agradecido,
Lydia Cacho

25 de julio de 2010

Lydia:

Mil gracias, gracias mil, Lydia querida, por tus palabras entrañables y tu ejemplo de dignidad admirable. Disculpa mi brevedad, son tiempos convulsos.

Va mi abrazo de muchos brazos.

Siempre,
Eduardo Galeano

26 de julio de 2010

Querido Eduardo:

Estoy sentada en mi jardín, afuera de mi palapa en la selva maya de Quintana Roo. Recién llovió y los árboles y palmeras quedaron iluminados por el rocío que se mezcla con la brisa salada que sopla mi vecino el mar. La luz que me rodea se debe parecer a aquella cálida intensidad que se ve por vez primera cuando una niña recién nacida mira al mundo.

Camino por mi huerto, miro los calabacines y una papaya que florece como dueña de la tierra. Acaricio el tronco de mi árbol de aguacate, les cuento una historia a los mangos y a los plátanos tropicales que crecen como si vivir en esta tierra fuera seguro y placentero.

Me sigue Petra —una perra que más bien parece un venadito cola blanca—, quien un día caminando en la calle me siguió para que fuera su madre, y lo soy. Allá en la esquina juegan Kali y Luna, las dos hermanas perras negras que parecen panteras protectoras. Sobre la mesa del jardín está mi libro *Esclavas del poder*. La séptima obra que publico, el viaje al mundo que me transformó el alma. Y en la contratapa se derraman ordenadas tus palabras.

Respiro profundamente, recuerdo los días de 1979 cuando a los dieciséis años leía *Las venas abiertas de América Latina* y volvía a tus textos una y otra vez como quien vuelve al huerto a ver florecer las ideas que nos nutren. Luego leí *Los días siguientes* y *Días y noches de amor y de guerra* y me sentí menos sola por saber que un hombre llamado Eduardo, en el mismo continente que me dio vida, había hallado el secreto para nombrar la indignación y la fuerza, el dolor y la magia de lo que somos y no hemos llegado a ser.

Y te seguí leyendo, no como a un ídolo famoso (que lo eras desde entonces en mi generación), sino como se lee a un tipo compasivo y genial, a un amigo sembrador de ideas, a un mago que revela realidades ocultas por el poder, a un maestro que señala el camino. Y aquí estoy, a los cuarenta y siete años, en mi huerto donde me escondo de los macarras que me amenazan, de los machos que añoran que viva amedrentada y sumisa y no logran entender por qué no pueden callarme. Resguardada de la mirada de los que me encarcelaron y de los que intentaron matarme y arden porque no pudieron, lejanísima de los que me violaron y creyeron que me arrebatarían el placer y la capacidad de amar a los hombres.

Con mi tequila y el hombre que amo y me ama a mi lado, con la risa y la brisa, con la vida que aspiro, con la pasión de quien se niega a vivir sometida al miedo, te escribo desde la selva. Agradecida.

Desde allá soy sólo la amiga mexicana de otros amigos. Acá soy la amenaza pública de mi gobierno, la feminista loca que cree que las mujeres podemos ser buenas periodistas. Acá soy la piedra en el zapato de las mafias y sus aliados en el poder, que nomás saliendo el libro fueron a atacar el refugio para mujeres que fundé hace diez años. Fueron para avisarme que no les gustó mi libro, que calladita habría sido más bonita.

Tus palabras entonces son mi cobijo, son un recordatorio de la pasión de aquella adolescente que descubrió la importancia de hacer eco de las voces de las otras y los otros enmudecidos por el poder y sus poderes. Inspirada por un tal Eduardo Galeano que, desde *Crónica de un desafío* y *Guatemala, país ocupado,* ya lo había descubierto.

Entonces sonrío, tomo el libro, acaricio su tapa y te abrazo desde mí hasta ti.

Gracias de nuevo por cobijarme, por haber sido mi maestro de la búsqueda y la esperanza sin saberlo siquiera.

Lydia Cacho

Tulum, Quintana Roo, agosto de 2010

Madre, la culpa de sobrevivir:

Si vivieras, madre, tu mirada sabia leería esta carta y no me sentiría tan huérfana como hoy.

Estoy en la playa. Jorge, mi pareja, a quien no llegaste a conocer, decidió que era una buena idea escaparnos de la ciudad; no quiere volver a mi hogar en Cancún, tan cerca de este sitio, prefiere un hotel cinco estrellas disfrazado de ecológico. Lo miro leyendo, tirado en la hamaca, con su rostro ajado y blancuzco fumando un pequeño habano que extrajo con delicadeza de una cajita de metal amarilla y roja. Abstraído en una novela de Paul Auster cruza los pies mientras practica sin parar su manía de mover las falanges como si tuviera que calentar lo pies para salir corriendo. Siempre he tenido la sensación de que quiere huir; será la historia que demuestra que no permanece mucho tiempo en ningún sitio, ni un trabajo, ni una relación, ni siquiera en la relación con sus propias hijas, que es siempre intermitente.

Caigo en cuenta de que estoy enamorada de un hombre que huye, ese tipo delgado y bajito que me hace reír y con quien tengo tanto en común dice que nunca había estado enamorado. Ahora que lo miro tengo la clara sensación de que jamás lo estará; me quiere, sí, mi presencia lo hace feliz y le facilita la vida, le acerco a personas famosas, a un círculo al que no tenía acceso antes de mí. Lo observo y pienso que amarlo habla también de mí, no solamente de él, yo lo he elegido y estos años juntos hablan de nuestra soledad a cuatro manos.

Lo observo, tiene las piernas más bien delgadas y arqueadas, siempre ha confesado que le avergüenzan, por eso evitaba usar traje de baño cuando comenzábamos la aventura erótica que se transformó en una relación estable.

Te escribo, Paulette, mamá, desde una hamaca. Tengo a un lado de mi cadera izquierda una novela que se calienta bajo el sol; me acomodo el bikini mientras asiento las nalgas en los hilos multicolores que me acunan para escribir en mi libreta con los hombros relajados. Todo se cae en la arena cuando me muevo, el polvillo de siglos secos y granulosos oculta una parte del bolígrafo, la libreta empolvada de la harina amarillenta del Caribe mexicano.

Él me pide que me distraiga con el paisaje, que deje de escribir mi diario. Le sonrío en silencio, no imagina siquiera lo que pasa por mi mente, las preguntas que me atormentan, la depresión que reduce al silencio cada noche que paso esperando noticias de las mafias que son mis enemigas de por vida; me obsesiona por el momento el nuevo juicio en contra de un torturador contra el que testificaré.

Te confieso que no le he hablado de la dificultad para sacar el cuerpo de entre las sábanas y meditar, hacer yoga. Nada es lo que parece; veinticinco años de meditar me han salvado, ahora son parte de la pesadilla, descubrir que la mente en blanco está manchada de sangre, de voces, de rabia que voy diluyendo a fuerza de respiración pausada. Mi cuerpo responde al entrenamiento; las emociones, en cambio, se rebelan con la furia de quien quiere huir de la paz para hacer la guerra contra los criminales. La batalla está dentro, madre, es una ermitaña muda que me habita sin miedo a la oscuridad. ¿Recuerdas cuando era niña cómo me insistías en que pusiera mi personalidad obsesiva compulsiva al servicio de algo superior a mí, o enloquecería? Si vivieras, seguramente estaríamos hablando muy seriamente para luego desternillarnos de risa por la ironía. "Siempre al extremo, mijita", me decías, pero olvidabas que tú me entrenaste para esto, y aquí estamos, yo una reportera congruente y viva de milagro, tú la psicóloga activista muerta para la que yo desearía un milagro de resucitación a domicilio.

Él sigue fumando y de vez en cuando bebe una cerveza clara. Yo he terminado la mía de dos tragos, detesto la cerveza tibia.

Después de más de veinte años de vivir en el Caribe, las manías se convierten en fórmulas consistentes que consideramos una madurez e incluye nimiedades: aborrezco la cerveza caliente, el escándalo de turistas en la playa, la arena en los ojos, las conversaciones sobre el clima, que me digan lo que debo hacer, que mi pareja finja que no fui torturada.

El mar es escondite para el deseo, el amor, la inspiración o el silencio, ¿recuerdas cuánto escribiste la última vez que te invité a quedarte en casa? Ya estabas muy enferma, desahuciada por demasiado tiempo, contradiciendo a los médicos con tu necedad que afortunadamente heredé. Tu padre, tú y yo, como decía el abuelo, somos tres almas bucólicas con sangre de navegantes. Éste es mi escondite, no quiero vivir nunca más lejos del mar. La ciudad me sofoca, pero vuelvo a ella por Jorge, me pregunto si terminará sofocándome con su negación expansiva.

Hay poca gente en la playa, es temporada baja para el turismo, los mejores tiempos para una local solitaria como yo. Miro alrededor. Nos hemos escapado de mis escoltas, que juran que estamos en el extranjero. La agencia especializada en combatir la delincuencia organizada —responsable de asignarme a quienes deben proteger mi vida con la suya— les paga algunos viajes, otros no. Es normal, nuestro país no está para invertir en proteger la vida de nadie. De nadie que no sea millonario, de nadie que no sea político temeroso de ser secuestrado.

Me siento liberada, no hay armas en mi entorno. "Sólo quiero saber", escribo esa frase tres veces y recuerdo tus incesantes preguntas de madre-terapeuta: "Para saber qué vas a hacer con eso que sientes, primero tienes que descifrar por qué lo sientes y las raíces de los sentimientos que ello entraña. Revisa tus emociones". A veces me pregunto si éramos tus conejillas de laboratorio terapéutico o si eras una madre extraordinariamente sabia y exigente.

Perdona, pero debo confesarte lo que a él no le diré. Este hartazgo es un sentimiento tan personal que resulta incompatible con el diálogo de pareja. La maldita hartura de estar atrapada en un retazo inesperado de una vida de periodista que yo misma he elegido, cuyas consecuencias aborrezco por injustas y crueles. Elegí ser periodista, pero jamás ser perseguida por ello. La crueldad atraviesa mi piel como espina solar, ese ardor que causa quemaduras con ámpulas en pieles delicadas. La mía no lo es, llevo demasiados años ya curtida al sol, navegando en velero, subida en una lancha de pescadores para bucear con tiburones cerca de la isla Contoy, flotando silente en el mar entre inmensos elasmobranquios, ballenas que me miran como si fuera apenas un pez inocuo, un trozo de madera, algún despojo perdido entre el océano que compartimos a ratos. La mar me ayuda a recordar cuán pequeña e insignificante soy en el planeta. Buscaré la caja de cartas que me escribiste cuando adolescente, creo que en una de ellas me dices que jamás desestime el tamaño de mi fuerza... Vaya expectativas que me impusiste, madre, a veces me pregunto si sería más feliz siendo como Jorge, más superficial, negada a profundizar en las emociones, capaz de huir del conflicto; a ratos me gustaría ser un poco inconsciente, más egoísta. Creo que eso me gusta de él, yo aporto la intensidad en la pareja y él la ecuanimidad y la tibieza, no está mal huir de la ebullición.

Un mesero interrumpe mis divagaciones, me alebresto y de inmediato lo inspecciono con la mirada de quien ha aprendido a desconfiar, él sonríe como hace todo chico que se gana la propina fingiendo felicidad después de caminar en círculos fatigosos bajo el sol implacable en la playa. Cada cual recorre sus propios caminos para mantenerse en pie y alimentado; él lleva una toalla al cuello, suda y le avergüenza que su piel transpire, culpa inútil.

Ya con la mano en la botella de agua recién sacada de una hielera lo miro alejarse mientras doy un sorbo y el frío hiela mi lengua. Me paralizo, intento escribir lo que acaba de suceder en mi cuerpo entero. Miro al hombre que amo, todo le es absolutamente ajeno. Deslizo la mirada hacia mi pecho para retener las lágrimas detrás de estos viejos Ray-Ban que ocultan mis ojos desde hace más de una década. Escribo:

Mamá, tú no lo sabes porque estás muerta, pero debo decirte que los dos policías iban adelante, con el aire acondicionado encendido, debían ser aproximadamente las cinco de la tarde, lo ignoro. Desde Cancún me quitaron el Blackberry y no llevaba reloj. Recibieron una llamada, se detuvieron, el comandante Montaño se sentó atrás a mi lado. Pérez siguió conduciendo por la costa. Me ordenó que abriera la boca, quise resistirme, en cuanto vi el cañón de la pistola oprimiendo el corazón de mis labios la abrí, tal vez fuera mejor así, pensé en el momento, "un disparo al interior, no más suplicio...".

Te juro, madre, que nada en la voluntad del otro que tortura es como imaginamos; su anhelo es causar sufrimiento, el de la víctima es que éste sobrevenga de prisa para no vivirlo dos veces, una en los hechos y otra en el recuerdo. Otra en el recuerdo, otra más y más, hasta que mis seres amados están hartos de saber el detalle, hasta que yo misma aborrezco la verdad de las vicisitudes que he debido narrar con pormenores hasta la náusea frente a un perito en psicología, frente a los agentes ministeriales, frente a un juez y mis abogados, frente a un colega periodista, ante mi terapeuta... en un libro. De cara al espejo en que lloro a solas en el baño para no hacer sufrir a quienes me aman y han preguntado: "¿Cómo estás?". Por eso respondo siempre: "Bien, mucho mejor", sabiendo que he aprendido a mentir para salvarlos a ellos y ellas del dolor de mirarme dañada, fracturada. Su dolor con sabor a miedo por no soportar los hechos es mío también. He aprendido a mentir para no sentir que con cada sobresalto traumático les arrojo en el rostro una historia que quieren dejar en el pasado. A Jorge en especial le miento con más constancia. Desde la primera vez que quise contarle lo que en verdad me hicieron los policías hizo un gesto de asco, de desprecio, fue una especie de bofetada emocional; se levantó por un tequila y me dijo: "Ya, chiquita, no es sano que hables de esto". Entendí que para él no era sano escucharlo, como nunca fue sano escuchar el sufrimiento de nadie en su familia; lo sano para él es el silencio, la negación del dolor de los demás. Madre, si lo conocieras no sé lo que dirías, seguramente le harías terapia sin que se percatara. Y tú, la falta que me haces ahora, eres como mi hermana Myriam, las únicas que soportan escucharlo todo con el corazón y la mente abiertos como el cielo, capaces de reflexionar desde la compasión sin arrojar lástima, sin aleccionar sobre lo que se necesita sentir o decir. Te extraño desde mi soledad.

Ahora comprendo cosas que me dijiste cuando era joven, como que el personaje supera siempre a la persona ante los ojos de las otras personas. Te confieso, como no lo he hecho con nadie, que temo, con el despavoro parecido al de las pesadillas de mi niñez en que era abandonada desnuda en la cima de una montaña fría, en un bosque habitado por criaturas peligrosas, quedar yo expulsada en el camino, como daño colateral de nuestra historia de amor.

Sé que inevitablemente sucederá, que Jorge buscará una salida de nuestra vida familiar en cuanto él deje de ser el "príncipe valiente" que otros ven en la pareja de la periodista que fue secuestrada. Sin embargo, por ahora prefiero creer que no, que mi pareja estará aquí siempre, como yo he estado para él, sus hijas y su hijo, que no perderé más amistades que temen ser vistas en público a mi lado por no perder su trabajo, por no ser juzgadas por sus amistades que creen que los políticos criminales tienen la razón; o peor aún, por un pavor interno de extraviar la vida a mi lado en un atentado que no les pertenece. La valentía no es un valor compartido por todos, no vale para sentarse a la mesa con una mujer amenazada de muerte. Descubro que debo aprender a vivir como un riesgo ambulante, una curiosa y a la vez atractiva incomodidad para los otros. Tal vez sea cierto que me he convertido, como algún día me dijo Jorge, en una especie de personaje de circo que todos quieren ver, pero sólo por un instante. ¿Será agotador estar a mi lado? Tal vez lo es.

Mientras te escribo bebo agua helada. El primer trago congeló el eje de mi lengua y tiene sabor metálico como el cañón de la pistola que, ahora caigo en cuenta, seguramente estaba demasiado cerca del aire acondicionado del auto de mis captores. Escupo el buche de agua y sigo escribiendo. Jorge me pregunta qué sucede. "Nada —respondo mintiendo de nuevo—, demasiado fría". Madre, ahora estás aquí y no imagino qué haría sin tu presencia en mi vida, aun desde tu muerte.

Me levanto de la hamaca, acomodo el cuaderno en mi bolso plastificado para la playa, la pluma dentro de su funda; hace años que no cometo el error de principiante que implica desamparar bolígrafos al rayo de sol. Tú me enseñaste a escribir cartas y diarios, nadie se cree que tengo estas dos cajas enormes de cartas en papel escritas durante toda la vida. Hay un compromiso en el papel y la tinta que nos recuerda que no podemos borrar el pasado ni la verdad ni la vida de las y los otros.

Le dije algo que no recuerdo, me acerqué a él y lo besé. Extendió su mano para tocar mi pierna, "bonita", dijo por tierna costumbre; acaricié su rostro marcado por las arrugas que son familiares a mi tacto. La angustia me impide hablar, mi lengua sigue helada atada a su propio trauma; sé que es físicamente imposible, pero lo está, la memoria es una daga que rasga con su implacable filo un tajo de la vivencia que hemos intentado dar por olvidada. Caminé hacia el mar, él gritó algo que ignoro, me lancé al agua con el pecho abierto y los brazos preparados. Nadé sin parar entre las olas, entre una brazada y otra la sal marina invadió mi nariz, daba igual, abrí los ojos y mi cuerpo navegó como un velero en medio de la tormenta. Nado para salvarme de los recuerdos que en ese preciso instante están varados en la apacible playa de arena blanca y palmas de coco.

A veces hago eso, huyo de la quietud.

Accidentalmente tragué un poco de agua de mar. Era un pez, una piedra, un barco; mi cuerpo comenzó a resentir la prisa con la que pataleaba para avanzar lo más lejos posible. Me detuve, emergiendo como si estuviera parada en un montículo invisible, mis brazos libres, débilmente aleteando suave sobre el agua, miré mis manos haciendo semicírculos desde mi pecho hacia la espalda, me percaté de que estaba midiendo la distancia que había recorrido; aquieté la respiración a conciencia, estaba demasiado agitada para continuar. Miré la boya de castillete, nadé hacia ella sin pensarlo hasta poner ambas manos apañadas a las manijas metálicas. Sólo entonces comencé a sollozar, el mar estaba tranquilo tan lejos de la playa; yo era una tormenta mientras desde mi pecho entraban suspiros y arrojaba arrebatos de aire, el agua del mar se confundió con mis lágrimas que parecían ilimitadas e inútiles al mismo tiempo. Lloré como una niña abandonada, dejada en medio de la nada, una necia flotando en un planeta cuyos habitantes buscan sentido y lo encuentran en las cosas más banales o las más preciosas, como la otredad, el amor, el deseo, la protección. Hay trozos de vida que carecen de sentido; intentar encontrarlo es, en sí misma, una estúpida banalidad a la que me aferro.

¿Acaso me viste nadando en el mar, madre? ¿Existe una suerte de cielo, las almas nos miran, hay presencias energéticas de quienes han muerto? ¿Acaso tus padres te acompañan en una danza incorporal? Te pregunto y me pregunto, porque hay días en que siento que estás dentro de mí; otros, en cambio, mi padre me recuerda que tu cuerpo se ha pulverizado en una cripta en la iglesia de los Jardines del Recuerdo en Santa Teresa y no queda más que tu recuerdo.

No puedo decirle a nadie que a solas lloro como no pudieron llorar frente a sus captores las niñas que entrevisté para documentar la pornografía infantil, esta tarde lloré como no lo había hecho en años, tal vez jamás. Bajo la abrumadora sensación de expulsar los recuerdos por la boca, por la nariz y los ojos, escupir las imágenes de esas pequeñas de cinco años atrapadas entre dos cuerpos masculinos desnudos cuyos nombres están grabados en las paredes del Senado de la República. Intento gritar algo que carece de sentido, tartamudeo un lamento que parece lluvia, no tristeza. Sabe a rabia, el recuerdo del cañón de la pistola en mi boca, de las risas de los policías, se cruza por momentos con la clara sensación de tener las manos libres, sin los grilletes de muñeca que me tenían atrapada durante la tortura. Respiro, el llanto se transforma en un leve gemido, caí en cuenta de que debía volver a la playa. Me pregunto dónde está el límite entre el sufrimiento que debe abandonar el cuerpo y la conmiseración, me pregunto sin entender, atrapada en la duda que sentó sus reales en mi infancia, en la exigencia de no fallarle a nadie, ¿quién demonios me creo yo? ¿Por qué me educaste para creerme infatigable? ¿Por qué me he creído que puedo superar cualquier cosa?

Estaba demasiado lejos, ardían mis hombros, bajó la intensidad del sol; ignoro cuánto tiempo pasé allí arrojando al mar un dolor que no he sido capaz de entregarle a nadie más, por pudor, por culpa de haber sobrevivido para contarlo.

Miré a mi pareja. Lejano, estaba de pie al ras de las olas que mojaban sus pantorrillas, hacía señas desmedidas con los brazos en alto, como quien busca a un salvavidas. No es un hombre de mar, aunque nació en Mazatlán; eso fue un simple error geográfico. Él es de tierra adentro, de oficinas y empresas, un citadino de Guadalajara que teme al océano, a los perros, es un hombre que se marea arriba de un barco. Tiene miedo, envidio su cautela, él aborrece mi arrojo, ambos lo sabemos, aunque nunca lo hayamos dicho con tanta claridad; tal vez por pudor amoroso o debido al miedo a excavar un abismo infranqueable entre mi determinación y su deseo de una vida apacible, perdido en la literatura y el aburrimiento de sus desayunos con políticos para posicionar el medio de comunicación que dirige. Él tiene demasiados miedos como para irse a buscar una vida que contar a los otros. No amo su debilidad, siento que lo empequeñece, que le hace correr riesgo de intermitencias éticas que no soporto. Sé que es injusto, me importa poco porque prefiero reconocer el sentimiento auténtico al fingimiento romántico. Lo amo, destartalado como está, receloso, dulce, pragmático y con una capacidad de negación emocional brutal; tal vez eso es lo que permite que seamos pareja. Hace años que comprendí, gracias a ti, madre, que se debe amar con los ojos bien abiertos, mirando la sombra y la luz de quien amas; de otra manera no es amor, es una proyección de tu personaje amoroso a quien querrás desde tus carencias y no desde esa mutua y frágil humanidad que somos.

Hice una seña y regresé a tierra, a sus brazos. Me enternece saber que me quiere con esta terca locura que me habita, el pobre parece tener la ilusión de que me daré por vencida y utilizaré la fama para escribir textos lindos e inconsecuentes, que me retiraré con él a vivir en una finca en algún pueblecito europeo para leer y hacernos viejos en un parsimonioso aburrimiento burgués que él añora y yo detesto. Dice que escribirá ficción porque el periodismo no deja dinero. Dice también que escribirá un *best seller*; me gusta su confianza en la industria editorial. Seguramente en silencio se debate sobre el nosotros y rápidamente elige su versión normalizada de una vida que se acomoda a la realidad mientras yo nado hacia el lado contrario.

Ya te veo, madre, diciéndome que te preocupa que no vuelva a encontrar pareja, unos brazos de hombre bueno que reciban mi fuerza y mi amor. Seguramente no tengo remedio, llegará la edad en que los hombres me teman más de lo que me desean.

Volví a plantar los pies sobre la arena. Temblaron mis piernas. Ya no soy la misma, no quiero que él lo descubra todavía, conozco su historia amorosa, comprendo cómo huye dejando escombros, me niego a ser otro derrumbe de su pasado. Comprendo que sucederá, me aferro a un amor que me resulta indispensable.

"Tienes los ojos rojos, vamos a comer algo", dijo cobijándome con una enorme toalla de colores. Sequé mi rostro y caminé junto a él en silencio.

Unas horas después estábamos cenando, él me contaba la trama de su lectura y hablamos un poco sobre Auster. Esta noche escribí en mi diario que él leía una novela mientras yo escapaba de mis demonios lejos de su mirada, o al menos lo intentaba. Mientras escribí esta carta a puño y letra para ti, mi madre que ha dejado la vida.

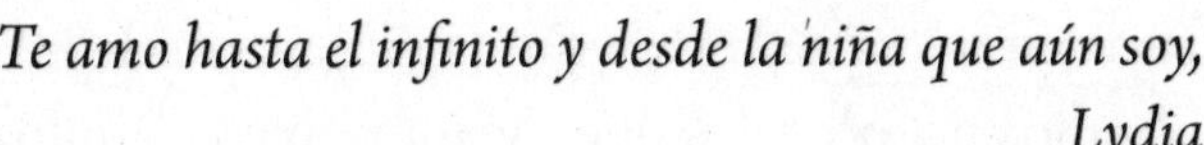

Te amo hasta el infinito y desde la niña que aún soy,
Lydia

17 de diciembre de 2010

Querida Cristina:

Sé que todo marcha bien por España, espero que comiences la nueva gira con tus conciertos y que sigas con *Ellas dan la nota,* ya quiero volver a Madrid. Espero que sea pronto. Como me lo pediste, aquí te escribo lo de nuestra querida Marisela Escobedo; aún no he parado de llorar por su asesinato. Siento que cada vez que voy a Ciudad Juárez un trozo de mi alma se queda allá con la pueril esperanza de proteger a alguna compañera de esta artera violencia mortal.

Con el rostro ovalado y la mirada firme tras los espejuelos, Marisela Escobedo me dijo que primero moriría que dejar de luchar por esclarecer el asesinato de su hija Rubí Marisol. "Es por ella, pero es por todas las hijas de las demás mujeres de México —me dijo con la voz entrecortada—, porque al Estado mexicano hace rato que la vida de las mujeres no le importa, entonces seremos nosotras las que digamos, hasta la muerte, que sí valemos, que nuestras hijas merecen un país seguro. Yo sé quién es el asesino y no voy a quedarme callada".

Éstas fueron las últimas palabras que escuché de Marisela hace unos meses. Ayer fue asesinada, emblemáticamente, frente a las puertas del Palacio de Gobierno de Chihuahua. Sus últimas palabras fueron consignas solitarias por la justicia y la no impunidad de los feminicidios.

Mientras se manifestaba ante el edificio que alberga a la autoridad, un hombre se acercó a hablarle, ella echó a correr y acto seguido él le disparó a quemarropa; uno de los balazos fue directamente a la cabeza. Según el médico forense, está claro que el asesino sabía lo que hacía. Existe un video del asesinato tomado de una cámara de seguridad.

Los paramédicos llegaron a Marisela cuando aún estaba con vida, pero unas horas más tarde supimos que había muerto. Fue el arma de un asesino la que ultimó la vida de esta joven mujer, pero sin duda son corresponsables los tres jueces que desestimaron las evidencias y restaron importancia a las amenazas de muerte que la familia Bocanegra había expresado contra Marisela. Y son cómplices también todos aquéllos que insisten en que la violencia en México no es grave, quienes insisten en que los feminicidios mexicanos no son importantes.

Sergio Rafael Barraza Bocanegra es el principal sospechoso de la muerte de Marisela, ya que él es el acusado de ultimar la vida de Rubí. En 2008 la hija de Marisela apareció muerta y desde entonces su madre se dedicó en cuerpo y alma a esclarecer el asesinato y llevarlo ante la justicia, acompañada de la reconocida abogada feminista Lucha Castro.

Barraza, quien fue pareja de Rubí, una adolescente de dieciséis años, enfrentó un juicio oral por homicidio en los nuevos juzgados de Chihuahua, y durante el procedimiento admitió haber asesinado a Rubí porque "le había sido infiel".

A pesar de la evidencia en su contra, en abril de 2010 fue dejado en libertad; sin embargo, inmediatamente después los jueces determinaron que se equivocaron, que existían suficientes elementos para ejecutar una sentencia de cincuenta años en prisión. Era demasiado tarde, el acusado estaba prófugo. Entonces Marisela se dio a la tarea de encontrarlo, nos aseguró a algunas periodistas que ya lo había localizado en Zacatecas y que ahora sólo faltaba que lo detuviera la autoridad. Por su mente pasó la idea de ir ella misma, acompañada de otras mujeres, a llevar a cabo un arresto ciudadano del asesino de su hija; un fiscal le aseguró que lo arrestarían pronto, que no se arriesgara. La autoridad ya había determinado ofrecer una recompensa de doscientos cincuenta mil pesos por Barraza Bocanegra.

Ahora que ella ha muerto, el gobernador de Chihuahua, César Duarte, afirmó que no tiene duda de que la ejecución de la activista Marisela Escobedo fue por venganza del criminal. Lamentó la muerte de la madre de Rubí, quien "siempre señaló al autor material de la muerte de su hija y que desgraciadamente fue liberado por tres jueces, que insolentemente lo pusieron en libertad".

El gobernador declaró que solicitó al Congreso de Chihuahua que estos jueces sean separados del cargo para que sean juzgados por las omisiones y el uso indebido de poder en el que liberaron a un sujeto peligroso, confeso de asesinato.

El gobierno de Chihuahua jamás ofreció medidas cautelares a Marisela, a pesar de la evidencia sobre las amenazas de muerte que recaían sobre ella y de que testificó en el juicio. Marisela intuía que podría perder la vida, me lo dijo, y hacía lo que estaba en sus manos para evitarlo; sin embargo, nunca estuvo dispuesta a darse por vencida, murió intentando salvar a otras adolescentes de una muerte como la de su hija, creyendo, hasta el último día, que las instituciones judiciales de su país la acompañarían en una batalla colectiva por la justicia y la vida de las mujeres.

Tres jueces tuvieron la posibilidad de hacer justicia en un feminicidio; su ineficacia dejó ahora dos crímenes y un asesino en plena libertad. Dejaron tras de sí una ola de sufrimiento, indignación y frustración. Con ella se murió un poco de todas nosotras, las activistas y amigas que la conocimos y supimos que su batalla era nuestra también.

Con amor,
Lydia

1 de agosto de 2011

Eduardo querido:

Hay días en que una amanece como el clima, lluviosa con pronósticos de sol al medio día y con probabilidades de tormenta y relámpagos de alegría por la noche. Y siguen importando todas las cosas y las personas que conmueven, las que lastiman y las que incitan a la alegría y al jolgorio. Y sí, a la distancia duele la muerte de una colega en Veracruz, inculpada por un procurador impresentable; y ella sin derecho a defenderse del infundio después de haber dado su último suspiro en manos del enemigo.

Sin embargo, la vida cuchichea al oído que la muerte se sufre y la vida importa y debe disfrutarse en tanto que es nuestra. No hay batalla que pueda librarse con fuerza y gozo si no va en ella el deseo de una vida mejor, la vida propia y la ajena, que juntas constituyen la gran vida humana. Y vamos por ella como testigos errantes de lo posible, buscando cada día razones para subsistir ante lo inexplicable para exhibir lo violento e incomprensible; para asimilar sin deglutir ese horror que escapa a nuestras manos, que no puede ser alcanzado por nuestras palabras, pero que es, en sí mismo, herramienta vital para quienes justifican la violencia como un medio de vida y control social.

Y nada, que por más que se niegue hemos de descansar de la tragedia; para rescatar la luz de las ideas hemos de detenernos frente al faro donde es posible escuchar otras voces, inspirarse en otras miradas, sonreír ante felicidades ajenas e inasequibles y celebrar su mera existencia. Si una lo recuerda, en verdad que el gozo de los otros puede ser compartido sin pedir permiso, porque es en realidad un bien común gratuito y sin derechos reservados.

Sólo así, al reconocer el aroma de la alegría, comprendemos por qué, al andar por la calle, arrebatamos para nosotros el gesto de un niño juguetón que arroja una carcajada al aire y nos mira como si fuera absolutamente natural desternillarse y saludar a extranjeras que caminan sin rumbo por el malecón. Y secretamente sonreímos al ver a la pareja de ancianos que caminan tomados de la mano y charlan como si la vida les hubiera dado, junto con las canas y las arrugas, un añorado tiempo extra para amarse.

Umberto Eco dijo que al ser miradas por los otros existimos, que cuando los demás entran en escena nace la ética, y ahora, caminando por las calles desconocidas, pienso que también al entrar en escena las y los demás cuyos nombres nunca conoceremos nace también el deseo de vivir, de seguir viva y de que esas otras y esos otros con sus néctares dichosos hallen la forma de encontrarle sentido a su existencia y al goce de ser y estar, sin importar si la enfermedad ha entrado en su vida, si la traición o la muerte de un ser querido les ha dejado la semilla del desconsuelo en el ventrículo izquierdo del corazón.

Y van por allí, caminando como yo, buscando el secreto en la mirada alegre de uno que fuma puro, en la sonrisa blanca de las jovencitas que se abrazan jugueteando camino hacia el futuro, en la anciana que bebe un jerez, sentada en la veranda como domando al mundo que es sólo suyo.

Caminar y observar. Sin iPod que nos cante al oído, sin palabras que nos distraigan del aquí y ahora. Caminar por la vida y con la vida, admirando la obra del gran Chillida cerca de un mar frío que no se parece al mío. Miro mi mano hecha puño y descubro que llevo a mi patria atrapada entre los dedos, y me detengo, abro el manojo de mis dedos y la dejo ir por un instante. Sé que mañana volverá. Y volveré yo a ella, con las manos abiertas y a ratos cerrando el puño para volver a la consigna contra la muerte, contra la ira, contra la ceguera que nos impide mirarnos unas a otros y sonreír, y rescatar lo bueno, lo que es digno, lo indispensable para renacer, para enterrar el dolor, pero sin cuerpos. Para desterrar los males sin destruir a nadie. Volveré a rescatar las calles de mi barrio para andar entre desconocidos, así de libre, así de llana, así de simple, para reconocer la humanidad de los otros y las otras y para ser reconocida entre las multitudes por ser una más que sonríe, que trabaja, que vive, que goza y que se duele del dolor ajeno, pero sigue andando.

Así nomás para vivir en un mundo donde todo importa, donde la felicidad sea un derecho y no un decreto político, donde la ética nazca con sólo mirarnos y compartir la tierra que pisamos. Así, me tomo unas vacaciones del dolor, me voy tras el goce, a tomarme de las manos con el amor, a columpiarme como cuando era niña, a carcajearme con un pequeño que corre en la playa, a brindar porque aquí estamos.

Y nada más por eso, por ser y estar.

Te abrazo,
Lydia

4 de febrero de 2013

Querida hija:

Me dio mucho gusto recibir tu información sobre la resolución a la demanda interpuesta en tu contra por Kamel Nacif en 2008. ¡Cinco años de lucha en los juzgados!

Tanta carga negativa sobre ti soportada durante largo tiempo y sus consecuencias en tu salud finalmente han pasado a un archivo. Estoy orgulloso de ti porque la solución favorable es resultado de tu esfuerzo y de que la razón está de tu lado.

Seguramente esta resolución aliviará el estrés emocional y psíquico que te estaba produciendo y por tanto reaparecerán la salud, la felicidad y el equilibrio energético en tu cuerpo y mente.

El poder de tu energía y fuerza personal fue esencial para vencer a ese individuo que equivocadamente pensó que triunfaría su poder económico y al final operó en su contra aplastándolo.

Te sugiero no volver a recordar el asunto para mantener relajada tu mente y así mejorar las consecuencias positivas de esta actitud sobre la salud de tu cuerpo, que ahora es lo más importante.

Te quiere tu papá,
Óscar

Puerto Morelos, Quintana Roo, 15 de julio de 2013

Querido Jorge:

Ésta es la última carta que te escribiré respecto a nosotros.

Durante mi proceso terapéutico he prometido hacer el doloroso ejercicio de expresarte cómo me siento, es necesario.

Entiendo plenamente que cada uno de nosotros tiene su propia versión de los hechos. Cada cual escribe desde sus emociones, percepción y vivencias, desde sus dolores y miedos, desde sus autoengaños y vicios emocionales. Resulta sorprendente que una pareja que durante más de diez años supo fluir con amor y comprensión, respetando sus diferencias y fortaleciéndose mutuamente con ellas, se escriba ahora estas cartas, este ir y venir inconexo, roto, desgraciado. La historia de un lento rompimiento.

Yo no te he escrito para que estés de acuerdo conmigo, sino para que sepas lo que me sucede, lo que siento. Sin entenderlo cabalmente seguí las instrucciones de mi terapeuta porque quería que entendieras que dentro de mí hay una niña aterrada, que se siente sola, que tiene miedo de enfermar y morir como su madre. Una niña que sabe cómo se vive y a qué huele el abandono de la pareja ante la enfermedad. Tú no eres el único que trae consigo fantasmas de la infancia (tu madre muriendo de cáncer y tu padre abandonándola en un hospital). Apenas descubro que todo esto tiene que ver con mi temor a ser abandonada, por eso era tan necesario decírtelo; al principio esperaba que dijeras: "Sí, vamos juntos, aunque tengamos miedo; te acompaño en tu enfermedad y ya sin ella saldremos adelante". No todos los días te dicen que te queda un año de vida.

Te escribí aquella carta inicial, madura y amorosa, porque quería cuidarte del sufrimiento de mi enfermedad; fue un acto de amor profundo. Pero también era —ahora lo sé— una carta para que supieras que te amaba incondicionalmente; la búsqueda de un pacto de lealtad que nunca se dio.

Desde mi temor y profunda depresión era una carta para pedirte que no te fueras, una cuerda tirada al mar para darte permiso de irte sin abandonarme. Una ilusión inconsciente de que unos días después reaccionaras (y dijeras: "No, mi lugar es al lado de Lydia, de nadie más; ella me necesita"). Y ahora entiendo que escribirte esa carta de esperanza no fue consciente, fue producto de mi confusión, de querer entender tu dolor por mi enfermedad para huir del mío.

No fuiste capaz de entender que estaba sumida en una depresión, aterrorizada de tu ofrecimiento de pasar un año viajando por el mundo. Esa propuesta tuya significaba darme por vencida, aceptar que en efecto tenía la enfermedad de mi madre, que me iba a morir pronto, que habría que sacar jugo de los últimos años de vida. Pero atrás de esa propuesta estaba también tu miedo. Yo descubrí en ese diciembre gris que ese viaje idílico que proponías no funcionaría porque nos iríamos a raíz de mi enfermedad, y estar enferma es una mierda; tú no podías manejar lo jodido de la enfermedad, ya no me miras a los ojos ni me tocas, no me desprecias porque parezca enferma sino porque lo estoy.

A mí no me queda más opción que mirarme al espejo, es mi cuerpo el que se convierte en fardo de vez en vez, es mi mente la que me hace la mala jugada de la depresión, la que cuando estoy baldada en cama como hoy me hace recordar entre sueños la decrepitud de la enfermedad; los médicos experimentando con ella, la discusión sobre quimioterapias, la imagen de mi madre convirtiéndose contra su fuerte voluntad y buen humor en un cuerpo enjuto, adolorido, intoxicado, cuya memoria falla, cuyos dolores ensordecen, una mujer-cuerpo que entra y sale del hospital como quien corre tras la esperanza de la curación a sabiendas de que no existe.

He visto a más de ocho médicos, he hecho lo indecible buscando la cura. No, no soy mártir, por eso no quiero someterme a ese trasplante que me dejará en la incertidumbre: buscaré otra salida. No puedo soportar más sufrimiento, más dolor. Cuatro cirugías son suficientes.

Vivo tu abandono como una experiencia que me acerca a la muerte, a la decadencia de mi memoria, de mi energía vital, de mi vida. No es lo mismo que pensar en esa muerte que nos rondó en los momentos difíciles con los mafiosos, la de un balazo mortal; esa noción es la de algo que sucede y termina en minutos.

Yo creí que volverías, que entenderías, porque cuando una está enferma así, también se enferma de incertidumbre, de inseguridad, de miedo al vacío, al desamor. Yo me enfermé de todo lo inasible, de eso que los análisis de sangre no detectan, de la ansiedad que la bioquímica no revela, que las pastillas no resuelven, que la lógica no explica. Me enfermé de vida y me aferré a esa enfermedad, quería tranquilidad, seguridad, amor. Quería que el hombre que amaba y al que siempre cuidé y fortalecí me acompañara a salvarme de ese dolor profundo, que no se conformara con la enfermedad, pero tampoco la negara, que se peleara con ella a mi lado, como quien se lanza a una batalla contra Eurínomos; quería que mi compañero volviera de su miedo, que me tomara de la mano y me dijera: "Al diablo con todo, con los miedos de la infancia y con la amante", porque juntos íbamos a enfrentarlo. Y no todo lo que queremos y necesitamos de nuestra pareja llega, a veces no acierta a llegar cuando es preciso.

He pasado todo este tiempo en casa, alejada de los amigos, porque han insistido en involucrarse en nuestro rompimiento, y este proceso es mío.

Entiendo tu argumento, lo tuyo con la chica duró muy poco, pero para mí fueron meses cruciales, cuando peor estuve; está claro por los correos que te envié que estaba enojada, quería que dijeras que persistir en el engaño fue un insulto, yo siempre te dije que tu cuerpo era tuyo al igual que tu sexualidad.

Tuve una epifanía durante terapia: la imagen de mi padre abandonando emocionalmente a mi madre enferma, dejándola a los cuidados de sus hijas e hijos. Liberado de que hubiera muerto, recomenzando su vida de inmediato con alguien más. Cuánto descubrimiento, cómo se sintoniza lo bello y lo bueno de la vida y también despierta lo silenciado, los recuerdos del dolor se replican, ante la confusión hay una guerra entre la razón y la emoción, una danza inexplicable entre la oscuridad y la luz.

Yo sé que estabas deprimido cuando te despidieron del periódico, y no hice sino cuidarte y levantarte de la cama para crear un medio propio del que nadie te pudiera despedir. Estabas asustado y te fuiste tras una joven depresiva, insegura, treinta y cinco años menor que tú, porque decías que te necesitaba; da igual si te hubieras ido a cuidar a un amigo, no es ésta una batalla entre mujeres, con quien yo tenía un pacto de amor era contigo. Pero no lo pudiste ver, yo apenas lo entiendo, apenas hoy lo veo. Porque cada vez que escribes que esto no es un asunto de faldas, sé que tienes la razón; no me enojaba la presencia de ella en nuestra vida, sino tus sesenta años persiguiendo una juventud inaccesible. Ahora lo entiendo.

Creíste, porque no soy celosa, que yo estaba tan bien como siempre, que cuando quisieras volver la puerta estaría abierta, y para cuando sutilmente lo intentaste yo ya estaba sumida en el duelo de la pérdida, porque mi enfermedad me había dado muchas lecciones en la soledad de mi hogar, sin ti. Porque tenía pavor de que otra vez te fueras frente a la responsabilidad, como siempre hiciste con todas las mujeres y con tus hijos.

El inconsciente nos hace jugadas incomprensibles, pero al final de la noche lo hace para protegernos. ¡Y mira la ironía de la vida!: encontraste a una chica depresiva casi hasta el suicidio. Suena ridículo cuando lo escribo, pero es cierto, no estoy orgullosa de este sentimiento tan jodido. Tuve que expresarte mis emociones, confusas en ese momento, porque así eran, no había claridad y era sano escribirlas sin editar, sin pulir nada.

Te equivocas cuando dices que me he quedado en el papel de la mujer abandonada. Es que crees que el abandono que viví es el de una pareja que termina, y te confundes; yo he sabido ser feliz sin pareja, no necesito a un hombre que me valide. Mis reclamos han sido un acto de honestidad, una petición de claridad, expresión de enojo que nunca antes me permití porque fui siempre tu escudo emocional; yo fui la que recogió todos los pedazos de tu pasado, te ayudé a reconstruir los vestigios del abandono a tus hijas, a tu hijo, a tu familia. Mis cartas han sido un acto de despedida de la vida que construimos, pero también de la Lydia que antepuso tu discapacidad emocional a sus necesidades.

Me dijiste alguna vez, cuando viajamos por primera vez juntos, que tú sales corriendo ante el caos, dejas todo: las relaciones y los proyectos antes de que se derrumben; te respondí que no serías un buen capitán de barco, dijiste que por eso te enamorabas de mí, que yo soy capitana.

Releyendo nuestros correos comprendo la batalla que cada uno estaba librando. Ese último intercambio deja claro que ambos buscamos la manera de sanar algo en nosotros mismos, a pesar del otro, de la otra. Tú quieres hablar conmigo, contarme sobre tus hijas, hablarme de tu libro, de *SinEmbargo*, de *El Universal*, quieres contarme tus problemas y que yo te dé soluciones y esperanza como siempre hice.

Dos cosas sucedieron ese día: fui a la tomografía, que muestra el avance de la enfermedad, y busqué los papeles de mi madre en el que fue nuestro hogar. No estaban, me dio un vuelco el corazón; había un símbolo (ahora lo sé): tú te llevaste esa prueba de vida de mi madre hasta la casa en la ciudad y me quedé muda, asustada, sin entenderlo, porque la claridad no llega cuando la queremos sino cuando puede.

No, querido Jorge, no me "cebo en tus perfidias", intento despedirme. No está en mis posibilidades sentarme a platicar como si la amistad se hubiera salvado en este naufragio que no entiendes, que no es el rompimiento entre nosotros sino el hundimiento de este lugar de amor que fuimos. Se queda el miedo de sufrir la decrepitud de la enfermedad. Intento aprender a vivir con ello y no sé cómo hacerlo. Toda la vida he enfrentado peligros y problemas, y he salido más fuerte, más capaz de ser feliz; he tenido la inteligencia emocional para aprender las lecciones, para ayudar a otros y otras, para ser más amorosa y fuerte. Ahora sólo necesito sentirme amada, protegida, acunada en unos brazos amorosos.

Mi terapeuta me dice que esto es volver a nacer, que debo nadar hacia la vida. No sé cómo hacerlo, parece que a golpe de tantos años de sufrimiento he perdido la brújula. Me alejo de los otros, de las miradas de lástima, de las preguntas necias sobre mi salud, sobre el futuro.

Tú eras mi vínculo amoroso con ese lugar que tú y yo inventamos, en el que podíamos atrincherarnos lejos del mundo. Me he enojado contigo porque no pudiste ver cuánto te necesitaba, cuán débil, asustada y triste estaba. Porque lo que para ti fueron unos cuantos meses experimentando otra vida, para mí fue el descubrimiento del abandono y la deslealtad al utilizar mi vida personal en tu ficción. Fue descubrir este innoble sentimiento de celos de que tenías una vida sana y feliz y yo no estaba en ella, ni sana ni feliz, ¿puedes entenderlo?, lo escribo y me avergüenzo.

Reivindico mi derecho a este sentir: nunca se sabe lo que es un derrumbe emocional hasta que se vive bajo sus escombros.

Dice Isa Fonnegra, la tanatóloga, que todos tenemos la legítima aspiración a no morir mal, a destiempo, con un sufrimiento desbordado, incontenible, en condiciones de deterioro que inspiran lástima. Dice que quien pasa por una enfermedad que le acerca a la muerte debe aprender a dirimir la diferencia entre la enfermedad y la muerte inminente, y que la única salida es aprender a aceptar la nueva realidad, sin negar la enfermedad pero sin sumirse en ella como un pozo oscuro. Estos últimos dos años he pasado por ese proceso; hay días en que creo que viviré muchos años, otros, cuando me pongo mal, me preparo para lo que parece inevitable. La enfermedad es un camino, o hacia la muerte o hacia una vida diferente; ahora lo puedo ver. También puedo reconocer que cada vez tengo menos ganas de recorrer ése o cualquier otro camino.

Gracias a la tanatóloga entendí que tengo derecho al duelo de nuestra relación, de mi vida sana, de las pérdidas acumuladas. Nunca me había permitido el duelo, siempre era la hermana fuerte, la que resolvía, la hija fuerte, la que lavó el cadáver de su madre como ella se lo pidió, la pareja fuerte, la activista fuerte, la periodista fuerte. Aprender a no serlo es una tarea dura.

No, Jorge, no me consideré nunca tu víctima; dadas las circunstancias he expresado mi dolor como he podido, empañada de confusión, enojo y tristeza. La única manera de mantenerme cerca de ti (aunque patológicamente comunicada) fueron esas cartas, porque es más fácil pelearse y discutir que decir adiós. Porque incluso en la rabia y el desconsuelo hay un vínculo, hay una búsqueda de emociones compartidas. Ahora entiendo que ese intercambio epistolar me permitía seguir expresándote mis miedos de una manera cifrada, porque no me atrevía a despedirme. No estaba preparada para escribirte esta carta que hoy escribo desde mi cama, en la selva, rodeada de mis perritas, en silencio. Convencida de que tras la deslealtad más cruel no hay cabida para la amistad y que deseo borrar tu recuerdo de mi memoria.

No, ya no más correos, ya no más reclamos, ya no más cartas.

Sólo un abrazo de despedida para siempre,
Lydia

22 de julio de 2013

Diario de terapia
Revelación

Otra vez trabajar la invisibilidad del sexismo y cómo atraviesa mi vida amorosa. Estoy harta de volver a cincelar la misma piedra, tengo la sensación de que una vez que llegue al final no se develará ningún secreto, simplemente me quedaré con las manos secas y bajo mis pies el polvo de esa roca inútil.

Sé que es difícil ser mi pareja, el tipo de vida que he elegido no simplifica la vida de nadie. Se lo dije hace unos meses a Ed Vulliamy mientras caminábamos por las calles de Cambridge camino a presentar mi libro. Con su preclara genialidad, Ed me preguntó si yo diría lo mismo si fuera hombre. Entonces me habló de Camus y Sartre, siguió con una lista de escritores de todo el mundo y luego mencionó a sus amigos, los más famosos reporteros de guerra. Todos ellos han tenido mujeres a su lado que han construido un hogar, que procuran el nido del amor y la familia, se responsabilizan por los cuidados y la alimentación. Me dijo que yo jamás tendré eso porque soy mujer, a menos que me decida por el lesbianismo, entonces será fácil tener una compañera que me ayude a crear una fortaleza emocional a mi alrededor. Ed es fanático de Camus, me contó la anécdota de cuando Albert escribía y su esposa Francine (la pianista que lo dejó todo por él) cuidaba a los niños y resolvía las crisis emocionales del autor causadas por los ataques de sus amigos de izquierda y el terrible pleito con Sartre. Camus tenía a su amante, la actriz María Casares, y a Catherine Sellers, la más joven de todas, que fue la última que lo acompañó (de entre veintenas). Lo mismo que muchos otros intelectuales, ellos podían dedicarse por completo a construir una carrera sin ocuparse del universo de lo cotidiano. Yo me reí porque me compara con esos grandes y Ed, como siempre, me rebate que nosotras las intelectuales sentimos un pudor ridículo frente a nuestro trabajo y prestigio, que parece candoroso pero resulta contraproducente porque ellos (de todos los que habló, incluyendo amigos periodistas con los que comeremos juntos en Londres) no tienen el menor pudor para caminar sobre su ego, no fueron educados para entregarse sino para recibir. Simone de Beauvoir escribió que Camus le dijo que no podrían ser amantes porque ella era una "sabelotodo", la escritora le respondió que él también; en el ámbito del amor, en un hombre la genialidad y la cultura demostrativa son virtud, en una mujer son defecto.

Estaba inquieta porque sabía que Ed tenía razón, pero soy incapaz de desarticular el mecanismo interior que provoca esa actitud. Ahora que lo pienso, sé que no está en mí, que tiene que ver con cómo nos crían, con los valores de la masculinidad y los de la femineidad, con la enseñanza del cuidado de las y los otros, pero también con cómo la sociedad acepta a los periodistas, intelectuales y artistas narcisistas, ególatras, egoístas y mujeriegos; en ellos es un valor que les aporta credibilidad y misterio, los hace fascinantes ante las mujeres y ante los otros hombres. En cambio una intelectual con las mismas características es una perra conflictiva, insoportable sabelotodo que se queda sola, a menos que imite a los hombres con tal perfección que se convierta en una más del club de los salvajes. O como la Francine de Camus, una artista que lo deja todo por alentar la carrera de su amado. Maldito romanticismo machista.

Pienso en mis mejores amigos reporteros de guerra como yo que trabajan para el *Washington Post, The Guardian, Corriere della Sera, France Press, Reuters*… todos ellos, sin excepción, tienen a una mujer que los espera y los procura, que les soporta excentricidades, ausencias, borracheras, infidelidades, crisis por estrés postraumático; los admiran por haber elegido una carrera llena de peligro. Uno de mis amigos documentalistas que estuvo en Afganistán y Siria vive con todo tipo de pastillas, es irascible e inestable, les dice a las mujeres que no es capaz de dar amor, que está roto, y ellas están allí para construir amor por los dos.

Nosotras, en cambio, tenemos vetado el egoísmo, como mis amigas reporteras de guerra, la afgana Aina y May la libanesa, hacemos el nido, cocinamos, encontramos tiempo para cuidar a quienes amamos, hacemos activismo además del periodismo y todas hemos recibido la frase: "Eres una mujer muy difícil", porque la dificultad radica en que ellos, por buenos que sean, pierden su lugar como eje del universo amoroso; como decía Simone: "Las mujeres sabias pueden ser sus amigas, pero nunca sus amores". Ellos tampoco están capacitados para verlo, entenderlo o hacer algo al respecto. Me lo confirma Ed, igual que otros amigos escritores a quienes amo. Éste no es un mundo para mujeres intelectuales libres, es jodido, dicen Emiliano y Arriaga, y es cierto, el egoísmo en este sentido tiene género y sexo, poder y aceptación. Y yo que he pasado cuarenta años trabajando para domar a mi ego, para no ser soberbia, para que la empatía guíe mi camino. Ed me dio una tarea que no he hecho: me pidió que busque a intelectuales masculinos que hayan tenido los mismos logros que yo en el periodismo, el activismo, la publicación de libros en registros diversos, y todo lo que conlleva mi trabajo como escritora y conferencista; luego de hacer la lista debo revisar en sus biografías cómo fue su vida amorosa, cómo trataron a sus familias y parejas.

No quiero ser otra, pero estoy harta, encabronada con la idea de que es difícil ser mi pareja.

Vaya puta ironía. No tiene remedio.

Cancún, Quintana Roo, marzo de 2014

Querido Alonso:

Hoy fuimos a comer a Xpu-Há, donde está la casa de Paco; la tristeza no encuentra eco en el mar, supongo que la arena extrañará para siempre las manos del amigo rasgando la guitarra en nuestro pueblo. Comimos pescado asado, su favorito, escuchamos su música durante horas y brindamos por él. Vacié una copa de tinto en la arena para que su recuerdo se beba el brindis, celebramos su vida, aunque aún nos cueste tanto aceptar su muerte.

El 25 de febrero de este año, con tinta negra se escribió en un documento hospitalario de Cancún, México, el nombre con el que había nacido Francisco Sánchez Gómez el 21 de diciembre de 1947 en Algeciras, España. Hace más de medio siglo, Lucía, su madre, lo besaba en la frente luego de que su padre pasara horas practicando la guitarra con un Francisco de diez años que después cambiaría su nombre artístico en honor a su madre. Nadie imaginó que décadas después Paco (el hijo) de Lucía constituiría su hogar aquí, en el Caribe mexicano.

Todo ese día de febrero de 2014, en su total desolación entre el mar y el cielo, frente a la muerte inesperada, las palabras y notas iban y venían, unas más certeras que otras. La verdad es que Paco de Lucía había muerto en el Caribe mexicano, su corazón se detuvo con un infarto masivo que no sintió ni en el pecho ni en el brazo; decía que le latía la garganta, tenía un dolor insoportable allí donde llevaba el corazón.

Sus amistades comenzamos a hablar, supimos entonces, mientras embalsamaban el cuerpo del amigo, que Gabriela, su mujer, y sus hijos habrían de llevarlo para ser enterrado al lado de sus padres en Algeciras; que no había vuelos y teníamos que esperar, en una suerte de limbo emocional, tres días para que llegara a su tierra natal. Fue entonces, en esa tarde calurosa y opaca, que pensamos que durante esos días en que parecía que el espíritu de Paco se resistía a partir de México, debíamos de reunir a todos sus amigos, a las bailaoras y los guitarristas, a los percusionistas, acordeonistas y los cajoneros, a sus alumnos y amigos, a sus colegas, comadres y compadres, y lo armamos ya. "Tocaremos tres días y sus noches hasta que se vaya en paz de la mano de su duende, y luego volveremos a cantarle al amigo que se fue", nos dijimos inundados de melancolía.

Las voces que querían estar presentes pidieron que tomáramos más tiempo para honrar al amigo como debía ser, entonces su compañero guitarrista y amigo de la vida, Juan D'Anyelica, trabajó de la mano del equipo de producción de nuestro Oasis Jazz U Festival para invitar a quienes debían acompañarnos en esta celebración de la vida de Paco. Gabriela, su viuda, ha participado emocionada en este proceso.

Cada pueblo encuentra la manera de despedir a sus muertos, algunos les lloran desgarrados, otros lanzan al mar el cuerpo en una balsa iluminada de fuego. Este pueblo mexicano en que vivo, terruño enclavado en la selva entre pirámides mayas y manglares, que era también el pueblo de nuestro Paco, canta, toca el caracol de mar, recita y habla con sus difuntos. Aquí todavía se respira su presencia. En esta aldea de marineros y buscadores de historias, de ciudadanos del mundo, le rendimos homenaje para acompañar su partida como él quería. Entre bromas, alguna vez me dijo que si moría aquí no quería velorio, quería concierto. Pues se lo daremos, y estoy organizándolo con mis amigos de la cadena Oasis, con quienes hacemos el festival de jazz cada año.

Escribió Fernando Pessoa que "el arte tiene valor porque nos saca de aquí". Así vivió Paco, intentando salir de un mundo difícil, de la política rapaz que le disgustaba tanto, del dolor de los otros que lo ponía a desgarrar la guitarra para espantar el horror de los abusos; de la muerte de los amigos que lo dejaba devastado. Paco, al salirse de ese mundo soez y superficial, caminaba descalzo por estas playas blancas, pasaba horas mirando el sol desplomarse en el piélago traslúcido y salado que une a México con Cuba, donde también tenía una casa esperando su visita ocasional.

Paco, el hijo de Lucía, buscaba el silencio donde sólo la música y la risa de sus amores tenía cabida, corría en la playa con su niña y su niño como si la vida fuera un juego. Era un hombre de mar e iba por aquí y por allá buscando paraísos perdidos donde la música navegara entre los seres buscando "cositas buenas".

Se reía con emoción de cuando Eric Clapton lo llamó "el titán de la guitarra flamenca". Vamos a celebrarlo y queremos que vengas a tocar a Cancún, vamos a invitar a todos sus amigos y ya veremos quiénes pueden. Le escribimos ya a Carlos Santana, Larry Coryell, Al Di Meola, Chick Corea, John McLaughlin y Óscar D'León, entre otros.

A este compadre, amigo, a Paco el marinero, el iconoclasta, estará dedicado el Oasis Jazz U Festival 2014. Sus amigos, sus colegas, los grandes de la música lo homenajearán frente al mar que lo vio crear, gozar, brindar y reinventarse... El mar frente al cual se despidió del mundo. Sus vecinas y amistades celebramos su vida, su música, su amistad el 23 y 24 de mayo de este año. Ojalá te animes, querido Alonso. Voy a escribirle a Alejandro Sanz a ver si puede venir; de cualquier forma, ojalá tú también le llames para invitarlo.

Un abrazo musical,
Lydia

13 de junio de 2014

Querido Emiliano:

Me preguntas cuál es mi recuerdo personal de Margo Glantz; no quieres que mencione sus libros, que han sido un faro de genialidad y lucidez, me pides una anécdota personal y te doy la que tengo escrita en mi diario de los aciagos días en que íbamos a la Suprema Corte a mendigar justicia como hacen miles de personas cada año.

Me acuerdo de Margo.

Había conocido a Margo en algún encuentro con amigas feministas, pero hablamos poco. Luego de salir de la cárcel y comenzar la batalla campal contra las mafias, nos encontramos en una mesa de El Cardenal. Yo estaba francamente abrumada ese día, pero recuerdo claramente a Margo vestida de negro con una mascada de seda de colores estridentes y dibujos mexicanos. Como una flor enorme se levantó y puso su mano en mi rostro con dulzura; quedé paralizada ante su presencia sólida y radiante. "Éste no es momento de desfallecer —me dijo como si viniéramos de una larga conversación íntima—, todas nosotras somos tu fuerza, ya no eres Lydia, eres un símbolo contra la barbarie, nuestro símbolo, y así te invocamos".

Esta extraordinaria escritora fue quien me recordó, con una frase y sin florituras, que debía dar la batalla por mis causas desde un lugar distinto al ego. Me hizo comprender, como nunca antes nadie lo había logrado, que el peso de esa larga querella contra el sistema era verdaderamente compartido, que mis convicciones me habían convertido en un instrumento para la libertad colectiva de las mujeres, niños y niñas. Esa tarde caminé más ligera hacia la Corte, gracias a la sabiduría de Margo me habitaron todas las mujeres dispuestas para enfrentar a los heraldos de la violencia.

Lydia Cacho

23 de junio de 2014

Querido papá:

Desde septiembre de 2010, fecha en que me hicieron la biopsia para asegurarse del diagnóstico que me habían dado seis meses atrás, muchas cosas han pasado por mi mente. Primero llegó el enojo: ¿por qué ahora, después de tantos desvelos, de años de trabajar en el refugio, de acompañar a cientos de mujeres, niñas y niños a cambiar su vida, de encontrar equilibrios en esa vida atribulada pero llena de satisfacciones por una labor bien hecha, cuando había decidido comenzar a cuidarme más, dejar el CIAM en manos de las compañeras que entrené y disponerme a disfrutar de una relación de pareja estable, amorosa y llena de alegría? "Ya me lo merezco", pensé un día, a pesar de sentirme muy mal con un diagnóstico errado de hepatitis cuando regresé de Tailandia... "en cuanto salga de este mes de cuidados voy a llevar una vida con más paz interior y menos drama por andar persiguiendo mafiosos". Y ya ves. Cuando me dieron los resultados de esa biopsia comencé un proceso muy difícil, que afortunadamente he superado gracias al cariño y apoyo de ustedes, mi familia, a mi terapia y al trabajo personal que he hecho durante tantos años para no perder mi capacidad de creer que todo va a mejorar.

Hay algo muy fuerte en la noticia, en descubrir que tienes la misma enfermedad de la que murió tu madre... la herencia, la genética. Te imaginarás la cantidad de fantasmas que me visitaban de día y de noche, los recuerdos de su sufrimiento, de su deterioro durante años, hasta las últimas horas de esa madrugada en que se fue. Me cuesta trabajo escribirte esto, pero quiero compartir contigo cómo ha sido el proceso que estoy viviendo. Desde el momento en que pasé del estado de shock al de la desesperación por actuar frente a la enfermedad, Jorge se dedicó a negar la gravedad del problema; los médicos insistían en el peligro, él en negarlo. Supongo que a partir de esos eventos comencé a ocultarte un poco la gravedad del problema, sobre todo porque me sentía culpable con ustedes, mi familia. Por otro lado, comencé a sentir que todo a mi alrededor se desmoronaba. Jorge argumenta que cuando él era niño hace cincuenta años su madre murió de cáncer, que su padre lo dejaba solo a cuidarla después de las radiaciones y que esos eventos lo marcaron de por vida. Me dice que no puede volver a pasar por algo semejante. Yo, ingenuamente, argumenté que si en cincuenta años no ha podido superar un trauma sembrado a los cinco años, tal vez sea el momento de madurar y acompañarme, que tal vez yo sí me salvaré. Le pedí que no me dé por muerta. Un par de días después me percaté de que no quiero estar con alguien a quien, después de más de diez años como pareja, tengo que suplicarle que luche a mi lado por la esperanza. Es devastador descubrir el egoísmo del hombre al que amas.

Estoy consciente, como me lo dijiste hace años, de que elegí un camino muy difícil para mi vida, en algunos aspectos muy diferente al común, pero siempre lleno de retos que me hicieron crecer y ser mejor persona, convertirme en una profesional, estudiar mucho sobre muchas cosas, compartir mis experiencias con miles de personas. Como diría mamá, mi vida se convirtió en una misión. Esa misión ha tenido un costo tremendo, estoy plenamente consciente de ello, de que los peligros y agresiones a los que he estado expuesta han tenido también un gran impacto en ustedes, mi familia. Nunca olvidaré tu reacción después de que salí de la cárcel; aún no superaba la ansiedad por la tortura, pero, como te lo dije en Lake Tahoe, me transmitiste una gran fortaleza, me hiciste saber que a pesar de que no estabas totalmente de acuerdo con mis decisiones, estabas dispuesto a apoyarme para salir adelante. Han sido muchos tus gestos de amor y solidaridad en estos años, no se me escapa ninguno; todos han sido importantes para mí.

Tal vez por eso, porque pensé en todo el dolor que mis decisiones les han causado a ti, a mis hermanas y hermanos durante casi quince años, quise evitar contarles cada vez que me he enfermado, cada ida a la sala de emergencias del hospital, cada recaída postrada en la cama.

Myriam me ha dicho muchas veces que no debería callar, pero también yo he querido cuidarlos, entiendo que no soy la única que piensa en el sufrimiento de mamá con esta enfermedad. Recuerdo esas idas y venidas al hospital con ella, tu cara de angustia y a veces, aunque quisieras ocultarlo, de desesperación, el dolor de todas y todos en casa. He querido no ser ya una fuente de preocupación para ustedes, en especial para ti. Pero comprendo ahora que eso no está en mis manos; la realidad es que tengo esta enfermedad y necesito ayuda. Necesito cerca a mis seres amados, a quienes no condicionarán el amor a que yo esté sana y atractiva, como ahora lo hace mi pareja.

Durante estos años he tenido la fortuna de tenerlos a ustedes, a mis amigas y amigos amorosos que también se han preocupado por mí. Gracias ellos y ellas he visto a los mejores médicos; fui a España a ver al más famoso médico catalán experto en enfermedades autoinmunes y congénitas, y me hicieron todos los estudios en el hospital de transplantología. Los resultados fueron los mismos que los de México y Estados Unidos: lo mejor es buscar todas las salidas posibles antes de recurrir a la cirugía de trasplante, sus consecuencias pueden ser muy negativas y mortales.

Por otro lado, todos los médicos coinciden en que soy una paciente atípica, tengo una gran capacidad de recuperación y sanación; mi organismo responde muy rápidamente a los tratamientos y no se evidencia en mí la enfermedad como sí sucede con la mayoría de los pacientes que han tratado. Afortunadamente la medicina ha avanzado muchísimo y estoy en las mejores manos médicas, entiendo que no me va a suceder lo mismo que a mamá hace quince años, y me cuido para estar lo mejor posible.

Pero ciertamente, como Myriam dice, no puedo vivir sumida en la angustia por resolver sola la carga que implica tener calidad de vida con esta enfermedad. Aunque desde hace años pago el seguro médico más caro, ellos no cubren mucho de lo relacionado con enfermedades congénitas; tampoco cubrirán la quimioterapia experimental. De no estar enferma, con mi trabajo normal puedo mantenerme perfectamente sin problemas, pero por desgracia estoy sumida en un círculo vicioso: necesito reposar lo más posible, evitar el estrés y el cansancio físico, pero como ahora sabes no puedo asumir los costos de los varios tratamientos, tanto alópatas como de otro tipo, sin viajar a dar conferencias por todas partes, lo cual me vuelve a enfermar.

Gracias a Myriam, durante su visita pude entender que tengo que clarificar qué necesito y cómo lo necesito. Aprender a pedir ayuda, a recibirla sin sentirme culpable, sin sentir que soy una carga para ustedes. Luego me llamaste por teléfono y me hiciste sentir muy conmovida, muy agradecida y bendecida por tu cariño y tu deseo de apoyarme para que esté mejor; nunca habíamos llorado juntos como ese día.

Lo agradezco en el alma, papá, de verdad; yo estoy haciendo todo lo que está en mis manos para sanar, entiendo que los médicos no lo saben todo y seguiré buscando la forma de salir adelante y cambiar el curso de la enfermedad. Si no es así, por lo menos estaré muy agradecida contigo y con mi familia por tener calidad de vida para seguir trabajando, sentirme útil, feliz y segura al mismo tiempo en lo que me quede de vida.

Gracias, papá, por estar cerca.

Te amo,
Lydia

Querido Roberto:

He vuelto de Oceanía con la novedad de que el ornitorrinco vive plácido y feliz (o al menos parece feliz como un pato excepcional). Las y los australianos sonríen por las calles, hablan como aventureros y cazadores de cocodrilos, incluso los filósofos lo hacen. Y las australianas te gustarían mucho... son inteligentes, bellas, interesantes y aptas para aprender unos pasitos de salsa que les impartió una servidora en sus ratos de ocio.

Melbourne es una ciudad bohemia llena de gente joven que te mira a los ojos mientras platica, que compra libros, lee en las calles y atiborra los teatros. Una ciudad para caminar, llena de sitios deliciosos para detenerse a comer y beber un buen vino australiano. Sídney, en cambio, tiene aires de gran capital, aunque no lo sea. El viento marino y sus calles amplias miran hacia el puente, hacia las islas; la Casa de la Ópera sopla sin descanso para recordarle a la gente que la siesta es aceptable y el amor también. Creo que las ciudades marinas son siempre más pasionales, no lo sé, el caso es que en ellas se vive con más soltura que en las montañas o en los valles. Eso me gusta, la ligereza es algo que valoro cada vez más conforme pasan los años.

¡Hace tiempo que no disfrutaba tanto un viaje de trabajo! Es curioso este momento de mi vida... nunca había estado tan segura del peso de mis palabras, tan convencida del encuentro de las ideas de otros con las propias, tan relajada debatiendo y fabricando provocaciones para salir de los discursos atávicos y acartonados, ni tan consciente de la buenaventura de estar viva y hacer justo lo que quiero con esta vida que tengo. Y, sin embargo, la soledad está más presente que nunca. La fama tiene esa curiosa cualidad de hacerte sentir muy cerca de miles de personas y muy lejos a la vez, sabes de qué hablo, ¿verdad? Pareciera que las personas te miran, te escuchan, quieren estar cerca, pero a la vez se convencen de que eres excepcional y eso les impide estar verdaderamente próximas.

Conforme pasan los años estoy más a gusto en mi propia piel, me sé más persona (como la define Carl Rogers) y sin embargo los otros, muchos otros, me ven más personaje. Lo paradójico es que esto sólo lo puedes hablar con otro personaje amigo, es decir contigo, con el gran escritor periodista, el intelectual, mi amante eventual, el que ilumina las ideas con la arquitectura de sus propias palabras (confieso que en ti veo y disfruto al hombre y al pensador, el personaje me importa poco). Al fin y al cabo, sólo somos desnudos, nosotros, los otros que lograron convertirse en sí mismos.

A veces eso quisiera, andar desnuda por el mundo. Lo estoy, aunque pocos pueden verlo en realidad.

Dice Oswald de Andrade que antes de que los portugueses descubrieran Brasil, Brasil había descubierto la felicidad. Mi abuelo, que era un marinero portugués que me enseñó su idioma leyéndome a Camões, a Irene Lisboa y a Pessoa, decía que sus antepasados se llevaron todo de Brasil menos la alegría, porque sin saudades no habría fados, y sin fados la melancolía no inspiraría a las almas buscadoras de poesía. Supongo que esto de vivir es así, al igual que esto de ser mitad portuguesa provoca que me acompañe más la saudade que la felicidad.

Como sea, estoy de vuelta en casa y te he pensado, mis brazos añoran tu piel, te siento cerca como el aliento de los besos que me darás pronto en Nueva York, ocultos de la mafia y de la fama.

Te abrazo desde la selva,
Lydia

9 de septiembre de 2014

Querido Cristóbal:

Me voy el 5 de octubre a Italia a presentar *Demonios del Edén* y *Memorias de una infamia*, y de allí volaré a Ginebra con los abogados de Article 19 a presentar mi caso en la nueva Comisión de las Naciones Unidas para los Derechos Humanos; esto va a suplir en gran medida lo que no pudimos hacer en la Corte Interamericana de Derechos Humanos, dado que cada vez está más conservadora y debilitada. Aunque eventualmente, como sabes, lo llevaremos a Costa Rica, comenzamos por Ginebra con el Alto Comisionado de los Derechos Humanos.

Ya nos dieron fecha para la sesión abierta, que seguramente será intensa porque llevamos todo mi caso e incluimos al gobernador Borge, familiar de Kamel Nacif, además de a los otros demonios de Veracruz y del PRI que ya conoces. Voy a ser la primera periodista que lleva un caso integrado por tortura de esta magnitud ante Ginebra; están acostumbrados a recibir casos similares de países africanos, pero no de México. El Alto Comisionado está más que puesto para llevarlo a buen puerto dada la evidencia que hemos entregado. Prometo que te contaré los detalles.

Sí, prometo que ya me pondré de acuerdo con tu gente de prensa para organizar Guadalajara y lo que sigue. En cuanto tengas mi libro *Sexo y amor en tiempos de crisis* (me gustó el nombre) necesitamos enviárselo a nuestros presentadores para que lo lean y nos confirmen su presencia.

Te mando un abrazo,
Lydia

Roma, Italia, septiembre de 2014

Mi querido Jesús:

Mi terapeuta consentido, siempre estás presente en mi mente y corazón. Estuve en Italia —en Ferrara y en Roma— para presentar mi nuevo libro y dar conferencia, rodeada de gente maravillosa y de energía luminosa. Te pensé mucho.

De allí viajé a Ginebra para presentar mi caso ante la ONU, después de casi diez años de una historia que parecía interminable. Yo no hubiera tenido la fortaleza para este momento si no hubiera sido por ti, mi terapeuta y amigo. Tu amistad primero y después siempre tu solidaridad y guía incondicional como aliado de nuestras causas me fortalecieron inmensamente, el amor y la bondad de Enriqueta a tu lado me han tenido siempre cobijada. Quién me hubiera dicho que iba a tener dos terapeutas en uno con ustedes; dice mi hermano que no es para menos, que yo trabajo como si fuera tres personas a la vez y necesito un equipo de salud mental para seguir adelante.

Estoy siempre agradecida de que uses tu poder para el bien, para iluminar el mundo y a las personas que te conocemos. Yo sé que esta tarea de sanador/iluminador es desgastante, a veces brutal, porque como bien dijo Nietzsche: "Cuando miras al abismo, el abismo mira dentro de ti". Ninguno de nosotros sale ileso de ese escrutinio del lado más oscuro de la humanidad.

Quiero decirte que, aunque te parezca una locura, siento que estuviste en Italia conmigo hace unos días. Estuve en la basílica de San Clemente, en Roma. Es un sitio que me parece un corazón energético. Un complejo de edificios centrado alrededor de una iglesia dedicada al papa Clemente XI. El lugar es notable por ser un registro arqueológico de la historia religiosa de Roma desde principios de la era cristiana hasta la Edad Media.

La casa fue en origen propiedad de un cónsul y mártir romano, Tito Flavio Clemente, uno de los primeros senadores romanos en convertirse al cristianismo. Él tenía una preocupación constante por encontrar el sentido del poder humano para hacer el bien en lugar de la guerra, descubrir si los guerreros pueden llevar su alma hacia la fuerza del bien o si, por el contrario, estar cerca de las revelaciones de la maldad humana los lleva irremediablemente hacia su lado más oscuro. Tito Flavio permitió que su casa se usara como lugar secreto de reunión para sus compañeros cristianos. Había que encontrarle un sentido místico a la vida, a la lucha por las libertades. Qué sabía Tito Flavio de cómo traicionarían sus causas humanistas.

No sé si conoces San Clemente, pero en la superficie está esta bella iglesia católica irlandesa y conforme bajas cada piso por escaleras de piedra ya pulida por tantos pies que la han andado, el frío rebota en las paredes como el eco de las voces. Los pasillos aún permanecen con la textura de las cuevas originales, es decir, nos acercamos al origen sin florituras eclesiásticas para llegar al corazón de la tierra.

Me sentí allí como en una mina de una búsqueda espiritual. Pensé que no todo es lo que parece; la fuerza de la pasión humana por salvar lo que otros quieren destruir es inagotable. Allí hay evidencia de un culto pagano. En el siglo II, miembros de un culto mitraísta construyeron un pequeño templo dedicado a Mitraen, una *ínsula,* en el lugar donde habitaban los monjes que querían hallar paz espiritual. Este templo, usado para rituales de iniciación, sobrevivió hasta alrededor de finales del siglo III.

Sobre una pared en el patio hay una placa que alaba a San Clemente, declara: "Esta antigua iglesia ha soportado los estragos de siglos".

Allí, querido Jesús, como no hacía desde hace años en una iglesia, me sentí impulsada a encender una vela en tu nombre. Creo que muchos de nosotros hemos soportado los estragos de los años en la defensa de los derechos humanos. A pesar del dolor aquí estamos: reconstruimos sobre nuestras propias ruinas y no siempre dejamos que otros vean estos vestigios que somos ahora.

Pasé casi tres horas allí, con Ed Vulliamy, un entrañable amigo irlandés, historiador y periodista.

Jesús, allí, frente al templo de Mitra, escuché tu voz. Te vi sentado en una esquina de la cueva junto a lo que aún es un pequeño manantial de agua que corre por debajo de las calles de Roma. Estabas mudo, agotado; tenías miedo y me acerqué a ti, tus ojos acuosos eran incapaces de contener las lágrimas. Te preguntaba: "¿Qué tienes?". Yo sabía que te invadía un gran cansancio físico y espiritual. Me quedé callada mientras mi amigo Ed hablaba sobre los mitraístas. Este sitio me hizo llevarte con la imaginación: "¿Estás bien?, ¿sufres?". Necesito saber cómo te encuentras. Nada desearía más que equivocarme.

Según el relato que ha podido reconstruirse a partir de las imágenes de los mitraístas y los testimonios escritos, el dios Mitra nació cerca de un manantial bajo un árbol sagrado sobre una roca (la *petra generatrix*; Mitra es llamado de *petra natus* o *petrogenitus*). En el momento de su nacimiento llevaba el gorro frigio, una antorcha y un cuchillo. Fue adorado por pastores poco después de su nacimiento. Bebió agua del manantial sagrado. Con su cuchillo, cortó el fruto del árbol sagrado y con las hojas de ese árbol confeccionó su ropa. Era un hombre solo, su propia génesis. Tú lo has sido siempre: a pesar de estar rodeado de amor, te has sentido como Mitra, ¡cuántas veces hablamos de ello en mi terapia! Del sobrevivir masticando en silencio nuestra sensación de haber nacido descarnados en un mundo de personas con piel como armadura.

Mitra, dice la leyenda, encontró al toro primordial cuando pastaba en las montañas. Lo agarró por los cuernos y lo montó, pero, en su galope salvaje, la bestia lo hizo desmontar. Él siguió aferrado a sus cuernos y el toro lo arrastró durante mucho tiempo hasta que el animal quedó exhausto. El dios lo agarró entonces por sus patas traseras y lo cargó sobre sus hombros. Lo llevó vivo hasta su cueva soportando muchos padecimientos. Este viaje de Mitra con el toro sobre sus hombros se denomina *transitus*. El tránsito de la vida y el descubrimiento. Cómo hemos hablado de cargar nuestras más duras batallas sobre los hombros, amigo mío.

Cuando Mitra llegó a la cueva, un cuervo enviado por el sol le avisó que debía realizar el sacrificio y el dios, sujetando al toro, le clavó el cuchillo en el flanco. De la columna vertebral del toro salió trigo, y de su sangre vino. Su semen recogido y purificado por la luna produjo animales útiles para el hombre. Llegaron entonces el perro, que se alimentó del grano; el escorpión, que aferró los testículos del toro con sus pinzas, y la serpiente.

El historiador David Ulansey asegura que esta imagen de Mitra Tauróctono está basada en el simbolismo astrológico. Según su teoría, la imagen del Tauróctono es la representación de Mitra como un dios tan poderoso que es capaz de transformar el orden mismo del Universo. Acaso somos tan soberbios a veces que creemos ser capaces de transformar el mundo, de erradicar las violencias más atroces y unirnos para dejar atrás tanta crueldad humana. ¿Acaso al intentar salvar a las y los más desprotegidos intentamos salvarnos y encontrarle sentido a una vida que en realidad carece de él?

Por alguna razón estabas en este viaje místico. Encendí esa vela pequeñita y medité pensando en tu poder transformador. Algo está sucediendo contigo, querido Jesús; no entiendo qué es, ni creo que sea importante si ese algo tiene una explicación intelectual. Lo que percibo es que, tal vez sin saberlo, has matado al toro. De tu inmenso trabajo por hacernos conscientes de la posibilidad de vivir armónicamente y con honestidad, de convivir de una forma diferente, más responsable, más amorosa y compasiva, rompiste una estructura y, como yo y muchas de nosotras, te enfrentaste a la ira desmesurada de quienes quieren que tu energía desaparezca.

Eso es imposible, amigo querido; tu energía ahora es intocable. Así lo siento, así lo sé.

Allá abajo, en la cueva de Mitra, hay una vela encendida para ti. En la oscuridad del fondo de la tierra está tu fuerza, querido Jesús, mi terapeuta, mi amigo. Creo que es momento de que mires todos los frutos de tu trabajo; allí están. Aquí estamos, yo entre las personas que, gracias a tu sabiduría para guiarnos y protegernos, nos hemos mantenido cuerdas bajo un entramado de locura. Gracias a ti he llegado a buen puerto. Tú también has llegado. Así te he visto.

Con todo mi cariño,
Lydia Cacho

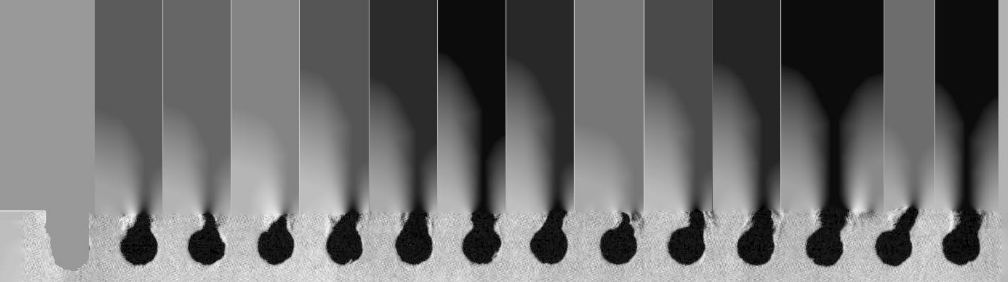

Roma, septiembre de 2014

Jesús, querido Jesús:

Te he enviado una carta desde el templo de San Clemente. La envié por correo aéreo y electrónico también. Enriqueta me dice que estás muriendo. Que una enfermedad rara ha tomado tu cuerpo, que se endurece y te queda poco tiempo de vida. Te he visto, Jesús. No te mueras, espera a que llegue para abrazarte, espera por favor.

Espera a que te mire.

Te abrazo,
Lydia

Cuernavaca, Morelos,
septiembre de 2014

Lydia querida:

Estoy atrapado en un cuerpo que me come como las ramas de un árbol de muerte. Espero ya partir, seguramente el Cielo me espera. A esta asfixia le llaman esclerosis y otras cosas más. Yo le llamo muerte y es bienvenida. Mi labor ha terminado.

Amorosamente,
Jesús Díaz Ibáñez

Puerto Morelos, Quintana Roo, 4 de octubre de 2014

Cristóbal querido:

Te escribo recién aterrizada en casa. Qué alegría ver a mis perritas y respirar el aire de mi hogar, las palmeras y los árboles frutales de mi jardín. Llegué, me serví un vino blanco y recorrí mi estudio en el último piso de casa; ya tienen que venir Beth y tú a conocerlo, las coronas de los árboles lo rodean todo y la luz del atardecer inspira a cualquiera para contar historias.

Miré la pintura que dejé a medias antes de irme para Australia. Me gusta lo que está sucediendo con mis nuevos cuadros, los dos últimos se los llevaron amigos muy queridos, me alegra que tengan en sus hogares un pedacito de esta yo que casi nadie conoce.

Te cuento, querido, que ya comencé lo que creo que puede ser mi nuevo libro. Me inspiré luego de la deliciosa charla que sostuve con Salman Rushdie en Australia, donde compartimos escenario y un par de botellas de champagne. Ese hombre a quien tú conoces bien tiene un sentido del humor más ácido que el mío, nos reímos de nuestras peripecias huyendo de los asesinos, su novia del momento nos observaba atónita mientras él me preguntaba cómo llevo yo eso de que la gente me mire con cara de velorio y no se atrevan a preguntar lo que en realidad quisieran saber, algo así como: "¿Cómo crees que te van a matar y dónde?". Soltamos la carcajada y tiramos varias frases de respuestas que nos gustaría dar a las preguntas estúpidas que nos hacen. No hay nada como poder reírse de las tragedias propias de vez en cuando, tomarse demasiado en serio todo el tiempo puede llevarnos a un crecimiento desmedido de un ego glorificado, a razón de vivir en un mundo en que el miedo le muerde el corazón a casi toda la gente casi todo el tiempo; por tanto, atreverse a enfrentarlo con flagrante sinceridad resulta ser un acto de valentía que asombra a muchos.

Un gran tipo Salman, cada vez que nos encontramos en algún festival literario nos acercamos y no hacemos más que reírnos, coincidimos siempre en el hartazgo de que toda la gente nos tome tan en serio; describimos esas miradas de angustia cuando nos piden un autógrafo preguntándose secretamente si el libro valdrá más después de nuestra muerte; la incertidumbre de los organizadores de festivales y ferias preguntando si los escoltas que nos han asignado están haciendo un buen trabajo. "A veces me gustaría decirles: mira, estos guardaespaldas no son tan buenos como los del Mossad ni tan valientes como los italianos acostumbrados a proteger jueces antimafias", nos reímos tan sólo de imaginar lo que responderían. Le dije que yo siempre he querido preguntarles a los policías nacionales de España que me asignan como escoltas si les hacen exámenes policiacos o *casting* de modelaje, porque están más guapos que nadie; Salman soltó una risa que exagera sus facciones de diablillo de estatua de templo balinés y soltó: "Lydia, deberías de echarte de amante a uno de esos policías secretos españoles y escribir una verdadera historia de *El guardaespaldas reloaded*".

Esta vez, al terminar mi conferencia en la Casa de la Ópera de Sídney, él estaba tras bambalinas con la coordinadora del festival, y mientras las australianas me felicitaban con gesto emocionado, Salman arrojó un: "¿No te agotas de ser tan interesante?". Los dos soltamos una carcajada y nadie más entendió la broma. No sé qué haría sin esos instantes de levedad que nos permiten seguir viviendo momentos de tranquilidad sin el drama en los labios.

He estado haciendo notas sobre cómo resultas ser interesante cuando cultivar un falso heroísmo es lo último que tienes en mente, y cómo la gente que va desesperadamente por allí intentando aparecer interesante y heroica no lo consigue. Me llama la atención cómo varios intelectuales que conocemos —esos que se han consagrado como insoportables líderes mesiánicos de la opinión nacional— quisieran unos minutos de la atención que a mí me sofoca, porque se sienten fascinados por el magnetismo de la fama que enfrenta a los poderosos (tal vez porque ellos serían incapaces de ser contrapoder auténtico), lo quieren todo: el prestigio, las becas, desayunar con presidentes y gobernadores, los premios y las preseas, pero sobre todo desean ser quienes dictan cátedra sobre libertad de expresión cuando ellos hace mucho ejercitan la autocensura para obtener más dinero y acceso al poder; en fin, que los temas de la valentía y el poder me dan vuelta por la cabeza.

Pero no te preocupes, mi editor querido, prometo que el libro no va de estas nimiedades contra los patriarcas que han monopolizado el ámbito intelectual de El Colegio Nacional.

Tengo en la cabeza la semilla de una historia sobre valentía y la poderosa fuerza de la regla de excepcionalidad.

Me pongo a escribir mi columna del periódico.

Te dejo con un abrazo,
Lydia

Ferrara, Italia, 7 de octubre de 2014

Querido Roberto:

En mi cuaderno de hojas amarillentas hay un breve texto que data de 1975; yo tenía doce años cuando lo escribí, no solamente garabateaba mi realidad como si importara, porque mi abuela me dijo que no existía la historia verdadera si no se documenta en el momento; además escribía las cosas que me parecían verdaderamente interesantes. Tenía doce años, debo insistir.

Bueno, en la entrada del diario en cuestión, confieso que otra vez estaba sentada en el tercer escalón que conducía al consultorio de mi madre cuando tenía reuniones con sus grupos de mujeres a las que no les llamaba feministas para que no se asustaran de sí mismas. Sólo durante esas tertulias a mi madre no le importaba que la puerta de su despacho estuviera abierta.

"Eso del amor libre es una barbaridad", dijo una de las señoras cuyo nombre ignoro. Las demás elaboraron lo que pensaban sobre los jóvenes barbudos y las chicas sin brasier que se daban placer sin muchas condiciones. Pero mi apunte no dice más sobre su debate; yo recuerdo muy poco de esa tarde. Me llaman la atención las líneas que escribí ya en mi habitación, a la que hui después de escuchar el principio de una conversación cuyo prólogo fue lo único interesante para mí.

"El amor no es libre, dicen las señoras que el amor libre es una tontería, una locura, ¿cómo que el amor no es libre? Porque el amor será una cárcel para ellas. Esta noche le preguntaré a papá qué piensa sobre el amor libre, si para él es esclavitud o libertad. Ya sé que no responderá, papá nunca responde a las preguntas que no sean sobre matemáticas, ingeniería, política o buenos modales".

No hay una palabra más en ese día, ni en los días subsiguientes; evitaré por tanto imaginar lo que sucedió en esas semanas de mi pubertad en que descubrí que el amor, para ser de verdad, había de estar esclavizado, encerrado, atrapado en algún rincón oscuro de la recámara nupcial.

Pasaron muchos años para llegar a esas cuarenta y ocho horas en Ferrara que me hicieron hurgar entre las transcripciones de mis cuadernos infantiles, como si quisiera reconstruir el pasado a partir de la experiencia futura. Tú me entiendes, hablo de esa niña que imaginaba un futuro que se reveló entre nosotros en esta feria literaria de Ferrara. Entonces escribo en mi diario de mujer adulta para responderle a la niña que se pregunta sobre el amor.

Te abrazo,
Lydia

23 de junio de 2015

Queridísima Lydia:

Otra vez me despierto, te encuentro aquí y me dejas mudo y avergonzado pero feliz a un nivel difícil de imaginar. La alegría que me da saber que te ha gustado la novela, la misma que a mí me tiene convencido, como te dije, de ser una novela fallida, injusta e incompleta ante la complejidad y el horror del tema que aborda, me hace un bien infinito y me da un montón de calma y de paz en estas fechas de prepublicación que, como platicamos, son muy parecidas al interior de un hoyo negro. ¡Estoy en la hora cumbre de la fiesta de la inseguridad y la autoinmolación y acabo de descubrir que soy el invitado principal, el DJ, el organizador y el barman! Gracias, de verdad, por la lectura y por la generosidad. Y gracias, sobre todo, por dejarme a mí también sentir que te tengo cerca, que esta amistad está amarrando nuestro futuro apretadito y chingón.

Yo volví ayer en la noche de Malinalco, donde me acordé mucho de ti y de tu geografía emocional de un país en guerra, pues en el mercado conocí a un campesino de Oaxaca que debió migrar, con toda su familia, por las amenazas de unos talamontes. Justo en el momento más cabrón de las amenazas, a través de un primo suyo, se enteró de un riquillo del DF que buscaba a alguien para cuidar su casa de fin de semana (un palacio de diez mil metros de jardín), con la promesa de dejar a ese alguien, además, producir en sus tierras y hacerse cargo de esa producción (por eso estaba vendiendo frutas en el mercado). El asunto, lo que me hizo acordarme de tu libro y de ti, fue que, en algún momento, mientras me contaba esta historia, le pregunté qué era lo que más extrañaba de Oaxaca, y su respuesta, que para muchos podría ser una tontería, para mí resume la pérdida emocional de la que tú y yo platicamos. "Extraño saber qué día salen las chicatanas", me dijo. Y me explicó: "Allá uno sabe que salen el 13 y el 27, puntuales, en la noche, pero aquí no sé todavía qué noche salen del hormiguero, y pues así no se pueden agarrar". ¡La salsa con chicatanas que había comido toda su vida y que su mujer preparaba después de que él cazara a las hormigas en la milpa resumía todo lo que extrañaba de su vida en Oaxaca (porque hacía, desde lo más diminuto, real y tangible su enorme pérdida, y porque era el único elemento que extrañaban por igual, sentados a la mesa, este hombre y su esposa y sus cuatro hijas)! No me parece una casualidad que, mientras hablaba de las hormigas, fuera el único momento en que él dejó de ser el narrador de la historia que me contaba y se convirtió en la víctima de esta misma historia.

En fin, que te mando besos a montones,
Emiliano

P. D. Gracias, de nuevo.

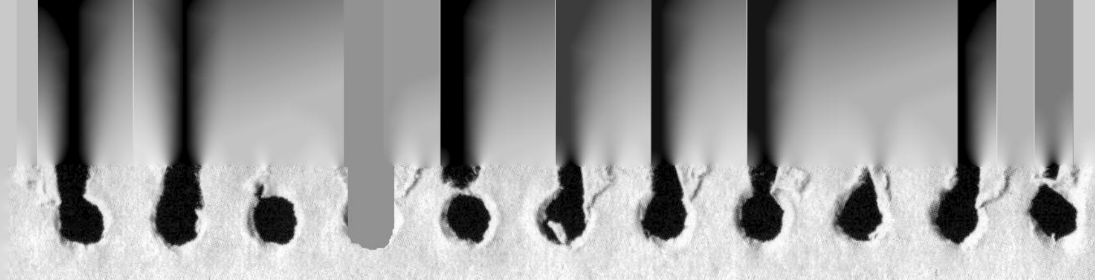

23 de junio de 2015

Mi querido Emiliano:

Un libro no es el mundo, imposible recrearlo todo en su esplendor o su profunda miseria y crueldad, pero tu libro sí es un trozo del mundo, un recuento imprescindible de corazones despedazados, zurcidos con desesperación. Hombres y mujeres mirándose unos a otros forzándose a otear el dolor y la crueldad a manera de venganza: "Si a mí me lo hicieron y no pude salir del infierno, tú te quedas a mi lado y te transformas en lo mismo que yo me he transformado"; así parecen decir tus personajes… "sigo siendo humano, sometido a las reglas de lo humano, aquí sólo hay vivos y muertos" (y mala señal telefónica como un símil de la incomunicación entre parejas).

De alguna manera sí es una novela inacabada, es una de sus virtudes: que no pretende decirlo todo, es profundamente honesta, nos pones los retazos de un todo frente a los ojos. El tejido fino, en cambio, el juego con los diferentes lenguajes y planos tiene tu sello inconfundible. Escritura de la buena, de la mejor, lo cual confronta a tus lectores con su propia y usual manera de ver el mundo: casi siempre plana y unilateral, y por lo tanto falseada.

Sé que no es fácil, pero sí, querido: celebra que lo lograste impecablemente, estoy segura de que no hay texto periodístico que haga honor a las voces de los migrantes ultimados y desaparecidos, de las abusadas y asesinadas como lo haces tú, con poesía en medio de la carroña. Esto me hace pensar, ¿tienes agente literario? Si no, pues debes estar con la mía, es una maravilla y esta novela deben venderla en toda América Latina cuando menos. Dime algo y te pongo en contacto de inmediato.

¡Qué historia la de Malinalco! Esos son los detalles de las vidas que voy rescatando, gracias por compartirla. Hacer este libro me emociona, a ratos siento que persiguiendo las pequeñas anécdotas que llevan a las personas a recordar los momentos claves de la pérdida, paradójicamente juntas encontramos los momentos que nos han hecho resilientes. Hay algo de sanador en este trabajo.

Te abrazo desde la selva,
Lydia

26 de junio de 2015

Emiliano querido:

Tengo varias formas de aproximarme a la vida y a lo que está vivo, justamente para huir del desamparo que en sus muy diversos disfraces rodea el mundo (o lo que yo percibo del mundo). Una de esas estrategias es meterme a la cocina para hacer comilonas, así que convoqué a mi banda para terminar la semana mañana en mi casa en la selva. Dicho lo anterior, tecleo y el olor a vino y ajo interrumpe mis ideas. Estoy marinando una pierna de cordero con ajo, romero y vino nebbiolo, la inyecto y la sazono durante dos horas para que se quede así toda la noche y mañana entre al horno bajo fuego lento cinco horas.

También limpié unos boquinetes para rellenarlos de hoja santa y salsa verde al mezcal, esos van al asador mañana. Terminé la primera fase de los preparativos intentando decidir si hago también pasta al perejil o cuscús y ensalada, me decidí por hacer de todo y me reí sola recordando la película aquella de Marcello Mastroianni: *La gran comilona (La Grande Bouffe)*. Tal vez me dio un ataque de angustia existencial enmarcado en el "a comer, a beber, amar y follar que el mundo se va a acabar". Aunque lo más probable es que con la cantidad de vino que traen mis amigos (músicos, bailarinas y poetas) solamente se cumplan las tres primeras metas, ya con eso el mundo sigue girando.

Volviendo a nuestro tema: tengo al lado de mi computadora una frase de Beckett "*I can not go on, I go on*", una especie de mantra contra el desquicio.

Supongo que eso hacemos, cada quién a su manera. Al escribir asumimos esos disfraces, o acaso, como diría C. G. Jung, los arquetipos se despiertan en nosotros: a ratos la maga o el destructor, la abuela sabia, el héroe, el bufón o la niña interior, por momentos el huérfano que pide, o la madre nutricia que toca todo lo que esté a su alcance. Una y otra vez se pasean entre nosotros esos arquetipos que compartimos, que se convierten en estructuras psíquicas que abrazan y dan forma a toda experiencia humana.

Más que un disfraz, me gusta pensar que cuando intervenimos —desde la ficción o el periodismo— en las vidas de las y los otros accedemos a sus experiencias sensoriales y emocionales y aunque los entrevistemos acaso podemos tocar un ápice de su verdadera vivencia sentimental (la interpretación de las emociones que pasa por el tamiz de su cultura e ideología), allí donde se entretejen las imágenes primordiales de las y los otros y de quien escribe, un miedo diminuto se instala.

Con cada libro adoptamos un miedo, pequeñito y delicado como un gusano de seda. El miedo a no hacer justicia a las palabras del otro, a no ser capaz de crear una metáfora digna del momento, un símbolo propio de esa voz o de aquella mirada, el temor de habernos traicionado y escribir desde el ego y no desde el alma. Tampoco creo que sea una insatisfacción gratuita ni simplona, es una forma de angustia vital, de no haber sido capaces de conectarnos con honestidad brutal a la historia, que representa muchas vidas y muertes. Tal vez escribimos para encontrarle sentido a esto que tenemos a nuestro alrededor. Esa angustia probablemente yace en lo que J. Burckhardt llamaba las "imágenes primordiales" y a las que Jung más tarde bautizó con el nombre de "dominantes del inconsciente colectivo".

Cuando leo a escritores como tú, que logran explorar el lenguaje y narrar desde la locura y no desde el ego, pienso en eso que dijo Pauli refiriéndose a la unificación de ideas entre Jung y el astrónomo Kepler: que los arquetipos que ordenan las percepciones y las ideas son por sí mismos el producto de un orden objetivo que trasciende la mente humana y el mundo externo.

Me parece que es justo el logro de esa interconexión lo que nos hace leer un libro y sentir que habitamos el mundo otra vez, que alguien, en este caso tú, ha capturado la verdadera esencia de lo que amerita ser narrado para ser visto de nueva cuenta, pero por primera vez desde el incómodo asiento del conductor y no desde la butaca simplona del espectador huevón y superficial.

¡Bueno, qué carta tan larga! Hasta parece que me bebí el vino en lugar de inyectarlo al cordero. Es tu culpa por hacerme pensar en estas cosas que navegan en la cabeza como barco a la deriva.

Aquí corto, te mando besos y abrazos selváticos,
Lydia

26 de julio de 2015

Querida Lydia:

Muchísimas gracias por permitirme usar la frase que escribiste sobre *Tierras arrasadas*. En serio que te lo agradezco muchísimo, sobre todo por el orgullo y la emoción que me dará ver tu nombre junto al mío en la portada.

Cambiando de tema abruptamente, te cuento que me he acordado mucho de ti, de nuestras dos últimas conversaciones que siempre se hacen cortas, caray. Apenas terminé de leer un libro sorprendente que creo que te encantaría, por todo lo que hemos platicado. Se llama *El molino de Hamlet* y trata de cómo los mitos, de todas las culturas, no son más que derivaciones de lo que el cielo (las estrellas, los planetas y las galaxias) les muestran a los seres humanos. Por lo tanto, trata también de cómo la imaginación, que pensamos inagotable, sencillamente no lo es. No sabes la elegancia, inteligencia y sutileza, por ejemplo, con la que el libro va emparentado a los distintos Prometeo-Tezcaltipoca-Vishnu-Pramantha o a los distintos Sansón-Zipacna-Wakahtu-Kami o a los distintos Hamlet-Amleto-Kulervo-Krishna-Kaikoshro. O la forma maravillosa en cómo ejemplifica una misma constelación (la de Orión, por ejemplo) que explica las similitudes existentes entre los remolinos que separan el mundo de los vivos del mundo de los muertos, tanto para las antiguas culturas finesas como para los babilónicos, los chinos, los griegos, los hindúes, los mayas o los maoríes.

El libro, en serio, demuestra la fuerza y la terquedad del relato que el cielo nocturno (que en tu selva debe ser alucinante) nos ha contado. Y, curiosamente, tras leer este libro me sumergí en *La barca silenciosa*, de Quignard, donde encontré este otro párrafo fabuloso: "Hércules, Admete, Vishna, Tiresias bajaron al infierno y volvieron. A su regreso contaron lo que habían visto.

Contaron como pudieron, con palabras, los rostros conmocionantes con los que se habían cruzado, la vieja 'luz negra', toda la antigua ternura. Jesús ha descendido a los infiernos como el resto de los héroes. Pero nada se sabe de los infiernos de boca de Jesús. Es el único héroe que no tiene la fuerza o el coraje de contar a los vivos su visita a la Nocturna".

Y luego, ayer fui a los jardines de Versalles a ver una exposición de Anish Kapoor, que entre otras esculturas increíbles colocó, entre dos fuentes que representan: *1)* la caída de los Titanes, y *2)* el nacimiento de Afrodita, la pieza que te mando en la foto del archivo adjunto. Se llama "Descenso-ascenso", es enorme y (esto se pierde en la foto, por obvias razones) estaba acompañada por un ruido ensordecedor.

Te mando hartos besos,
Emiliano Monge

Puerto Morelos, Quintana Roo, septiembre de 2015

Bapak, el hombre que hace música:

Recién te has ido de mi casa y todo conserva tu inmensa presencia. En las bocinas de la sala canta la voz de Esperanza Spalding, el cenicero sobre mi mesa de Guatemala contiene las delgadas colillas de los cigarrillos que forjaste a mano mientras hablamos sin parar durante tres días y sus noches. Las copas de tequila y vino aún acompañan el paisaje de esta tarde. El eco de tu voz cantando a Cerati en la cama todavía retumba en mi piel desnuda. Sonrío sin control.

Justo en el instante en que creía que estaba blindada para el sufrimiento y el amor te vi esa noche de jueves tocando con tu grupo en un bar, y en cuanto cruzamos miradas supimos que la diferencia de edad carecía de importancia ante el implacable deseo de mirarnos, escucharnos y entregarnos en carne y música a este deseo llamado nosotros.

Te dije que sería inolvidable y breve como un buen poema, tú me aseguraste que no tengo derecho a ponerle fecha de caducidad a este viaje. No me atrevería si no fuera porque tengo algunas certezas que no podrás rebatir… Tienes treinta y seis años y yo cincuenta, aunque insistas en que tu madurez se asemeja a la mía y esté segura de que llevas razón en ello; añoras tener una familia, una pareja con la cual criar hijos o hijas, alguien con quien construir un mundo de azoro y amor que precisa de igualdad de circunstancias. Las nuestras no podían ser más desiguales. La madurez no es un problema, la verdadera distancia está en los sueños, los tuyos y los míos van hacia dos sitios diferentes, no me gusta mentirme, ya lo hice en la juventud y quedé desgarrada por mi ceguera voluntaria. Miremos juntos lo que venga y preparémonos para decir adiós.

Mientras tanto, en este nosotros sin futuro sabemos que nos encontramos para sanar nuestras heridas juntos, que cada cual tiene las propias y necesita un refugio para explorarlas bajo la mirada amorosa de quien ha aprendido que del abismo es más fácil salir acompañados y mirar el mundo con ojos renacidos, sin nostalgia, por el sufrimiento que debemos dejar tras de nosotros como el mar que arroja maderos que nunca más serán balsa para navegar. Hagamos un trato y digamos la verdad siempre, aunque duela, porque será la única forma en que nos amaremos para el resto de nuestra vida incluso luego de que nos digamos adiós y cada cual cante una nueva canción frente a la selva.

Amémonos así, con la furia del desafío y las vocales de la despedida en los labios, ya llegarán las palabras para que las coloquemos juntos cuando sea preciso.

Te entrego la semilla de un amor breve siempre nuestro,
Lydia

Ciudad de México, 14 de septiembre de 2016

Cristina, amiga querida:

Me alegra que la Plataforma de Artistas contra la Violencia siga tan fuerte como siempre, espero poder volver pronto a España para ir juntas a Palestina. Añoro visitar a nuestra querida Rim Banna y subirme al escenario con todas ustedes, aunque no haya cantos de sirenas nunca más.

Nosotras seguimos enfrentando la pavorosa violencia que no da tregua. Ahora que hemos colgado el teléfono pienso en tus reflexiones y es cierto, resulta difícil comprender a México desde fuera, aunque no debemos engañarnos: la mayoría de personas en mi país tampoco comprenden la simiente de esta crisis de derechos humanos, la misoginia brutal y la inutilidad de nuestros gobernantes. ¿Cómo narrar un país que se mira a sí mismo de la misma manera que se valora frente al espejo un asesino, un padre violador de sus hijas, un hombre que le rompe la piel a bofetadas a la mujer que dice amar?

La justificación que normaliza la violencia y la corrupción se renormaliza a sí misma de tal forma que el discurso popular se convierte en una telaraña verbal de justificaciones absurdas que no abordaré porque es como describir una imbecilidad masiva, una ceguera frente al caos, porque nos han enseñado a aprender a vivir en ese caos y creer que si lo explicamos con mentiras y argumentos biologicistas todo caerá en su sitio, aunque ese sitio en que cae es la vuelta a la vergonzante prehistoria de lo humano, homínidos matando a homínidos, millones de personas rindiéndose sin más ante una suerte de destino manifiesto de la fatalidad. Somos más que eso y resulta difícil narrar la historia completa cuando se está como estamos ahora mis compañeras y yo: abrumadas frente a la impotencia, agotadas en esta trinchera por defender la dignidad de las mujeres y niñas y la propia.

Construimos la paz con la acción congruente, no con el discurso a futuro, y ahora caigo en cuenta de aquello que mencionaste sobre las mujeres saharauis con las que tanto has trabajado con tu música; me has dicho que ellas están conscientes de que la desesperación es veneno contra su libertad, de que no hay cabida para la rendición ante la expulsión a la que su pueblo fue sometido por el gobierno marroquí. Tienen razón tus compañeras desplazadas: no podemos, pero sobre todo nosotras no estamos dispuestas a rendirnos, a dejarnos ganar por los poderosos y cobardes patriarcas.

Ahora que te escribo recuerdo una epifanía que estalló ante mis ojos mientras estaba conectada al suero de la quimioterapia al lado de una niña de trece años. Ambas teníamos nuestros audífonos y cada una escuchaba música. De pronto comenzamos a platicar, me preguntó por qué cada vez que estaba en tratamiento me tomaba una fotografía sonriendo. Respondí que es mi forma de mandarle un mensaje a las personas que amo, una imagen que no necesita explicación: aquí estoy, en tratamiento para tener calidad de vida, aceptando esta circunstancia día a día. Ella entonces se tomó una foto sonriendo, hicimos nuestra lista musical para sesiones de quimio. Ambas, a pesar de la gran diferencia de edad, sabemos que vamos a morir algún día (como toda la gente, pero nuestros médicos han puesto fecha de caducidad específica) y hemos perdido el miedo a esa idea. Ambas entendemos que todas las personas sufrimos en diferentes etapas de nuestras vidas (algunas más que otras, sin duda).

Los diálogos que encontramos en las áreas de tratamiento oncológico muestran la diversidad con que las personas enfrentamos los problemas y retos. Hay quienes lloran todas las horas de tratamiento, quienes leen, quienes platican, quienes se muerden las uñas mientras se quejan sin parar porque están llenas de rabia por lo que consideran injusto, quienes duermen para olvidar o ven películas o series en sus tablets; hay quienes leen las noticias y trabajan en su computadora. Hay quienes se ven consumidas por el miedo, la ira y el dolor; en su rostro se ven la muerte y la rendición ante lo inevitable, yo no imagino lo duro que debe ser vivir así, dejando que la rabia te arrastre hacia la muerte y te despoje de cualquier vestigio de esperanza. En esos espacios el futuro no existe, y al mismo tiempo ese futuro imposible representa la mayor fuente de angustia. Esta desazón se parece mucho a la que viven millones que tienen salud, la congoja del caos que nos rodea que a ratos parece insostenible, infinito, devastador incluso, ¿por qué algunas personas logramos enfrentar el dolor desde la resistencia luminosa y otras, aunque lo intenten, no pueden sino hundirse en sus miedos? Lo ignoro, amiga mía.

Buscamos certezas, pero sobre todo buscamos paz donde es difícil encontrarla. Cómo culparnos por descansar un día de leer o escuchar noticias, cómo fustigar a alguien por expresar que necesita espacios de alegría y silencio, de simple gozo y disfrute de la vida. Cómo negarnos el derecho de reírnos un poco con los memes que sacan humor de la tragedia como estrategia de supervivencia frente a la impunidad o la estupidez, y a la vez reírnos de nosotras mismas y reír juntas siempre. Cómo olvidar, en medio del caos, que mientras estamos vivas tenemos la posibilidad de hacer lo que está en nuestras manos, sólo por hoy, y creer que gracias a ello otras personas en el futuro vivirán mejor.

No lo sé, querida Cristina, sólo te pido que sigamos buscando respuestas en este camino que recorremos juntas hace años, que entre tanta injusticia logremos siempre acompañar a las personas a encontrar esperanza con un poco de música o poesía, que jamás dejes de cantar *Africanos en Madrid* y "Somos una y cada una todas las demás…", porque sin esta red amorosa no tendríamos la fuerza para seguir.

Te abrazo con la esperanza de volver a España,
Lydia

Puerto Morelos, Quintana Roo, 1 de enero de 2017

Querido Miguel:

Cae la noche en la selva, desde mi estudio puedo ver las ramas de los árboles que bailan con el viento fresco del invierno caribeño. Un frío que, comparado con el de España, te arrebataría una sonrisa cálida. He leído tu carta hasta ahora, para hacerlo con la calma requerida para escuchar a un amigo que, desde tan lejos, derrama su vida en papel para luego trasladarla al correo electrónico. También porque me gusta que nos dividan tantas horas y sólo leas mis cartas al amanecer.

Decidí pasar la noche vieja en casa. Sola. Me preparé una cena suculenta, me senté rodeada de mis perritas con la vista de las palmeras del jardín y leyendo de nuevo a Herta Müller; con una buena copa de prosecco en mano. La autora de *Hambre y seda* se preguntaba siempre si son los países o las personas quienes se marchitan primero. Estuve tentada a preguntarme si 2016 se marchitó en nuestras manos, si acaso un trozo de cada una, uno de nosotros, perdió un pétalo de esperanza, ésa de la que tanto hablamos cada inicio de año.

Comprendo que no es tu ánimo el que se agota, me parece que es el tiempo el que nos va robando con la edad, y a punta de impunidad flagrante, la tolerancia al sufrimiento ajeno mientras nutre casi paralelamente nuestra intolerancia a la estupidez humana. Tantos años llevas en el ostracismo masculino por haber elegido sumarte a la causa feminista que es comprensible tu hartazgo frente a ese monstruo rancio que grita y pisa fuerte con su poder cultural.

El machismo nos deja a veces sin palabras, Miguel. Justamente pensaba en ello antes de ayer mientras hurgaba entre mis libros, y caí en cuenta de la cantidad de autores masculinos que llenan mi biblioteca. Como quien encuentra un secreto, dentro de un disimulo, oculto en el fondo de un eufemismo, de esos que los hombres intelectuales se cuentan tan bien desde hace siglos, hallé respuestas en un ensayo de mi amigo Juan Villoro que se titula *Un contrato en la sombra.* Habla sobre Bioy Casares y Borges, sus biografías repletas de egocentrismo, rasgos racistas y misóginos; dos hombres que, como tantos dueños del poder de la palabra, se admiraban mutuamente no tanto por sus virtudes sino por la fascinación con sus defectos y el atrevimiento de mostrarlos con el descaro del que se reconoce sin ambages como un sabio reconocido. Cuando estos escritores fantasean libremente más allá de toda corrección —como dice Villloro—, me recuerdan la batalla cultural que estamos dando. A ellos los leemos quienes escribimos; aunque leamos a muchas brillantes escritoras también (que muchas tienen lo suyo de machismo), en el poder de la literatura llevan la batuta ellos. Ya Edgardo Cozarinsky había anotado que en Bioy y Borges estaba permitida "la misoginia más agresiva, el racismo [...] el más rancio sentimiento de superioridad". Hay quienes olvidan que fue Borges quien escribió: "Nada más concreto, más burgués, más limitado, que una mujer". Entre la ficción y el ensayo siempre se asoma ese machismo que hace coro en el Ágora.

Acaso ellos son intermediarios de lo que Villoro llama dislates y la mayoría de nuestros amigos intelectuales señalan como honestidad brutal, admirable. Como si descartar mujeres desde la filosofía y la literatura fuera un dislate y no un acto de poder intelectual. Comparándolos con Herta Müller y su narrativa de la destrucción que la guerra machista deja tras de sí como bandera desgarrada, esto queda más claro. Unos las descartan con la libertad de la metáfora, otros las matan en la calle por desobedecerlos; los primeros son sabios complejos, los segundos, rústicos machos. Aunque nos cuesta señalar que en realidad unos son los formadores del carácter ideal masculino y los otros, simples ejecutores de a pie.

No creo, querido Miguel, que con cada año nuevo ocultemos el pasado, me parece que el pasado vive permanentemente en el presente a través de cosas tan esenciales como la lectura acrítica, como la trampa romántica de enamorarnos los unos a las otras o las otras a las unas; en nuestro lenguaje, la cultura, la educación. Todas ellas permanecen bajo la conquista del poder del machismo. Por eso a ratos parecemos niñas y niños jugando a generales en una guerra en que en realidad gente como tú y yo nunca ganaremos, porque lo que queremos en verdad es una transformación pacífica, no entablar una batalla de poder a poder, ésa que como tú has dicho tantas veces es el arma más poderosa de los patriarcas. La ambición por acumular poder a pesar de destruir la paz ajena.

Supongo que comenzaremos este nuevo año imaginando nuevas estrategias para quitarle razones y sinrazones al machismo que está destruyendo la vida de las mujeres, las niñas y los niños. Ya se nos irá ocurriendo algo.

Mientras tanto sigo trabajando en mi libro nuevo; a ratos duele tanto que debo apagar la computadora, como si fuera la responsable del sufrimiento de estos chicos de la guerra. Veo en tu blog que el conteo de la barbarie no se detendrá, ni tú tampoco jamás; eso espero, mira que las feministas tenemos pocos cómplices activos en esta tarea para cambiar al mundo.

Te abrazo desde mi selva, que venga el año nuevo que aquí lo iremos desmenuzando.

Lydia

P. D. Tendrás que responder a la pregunta que te hice hace tiempo: ¿cómo has logrado educar a tus hijos varones lejos del machismo? Abrazos para la familia también.

Jaén, Andalucía, 5 de enero de 2017

Querida Lydia:

Dejé el mar atrás, y como un río arrepentido o más bien perdido por su curso, emprendí viaje de vuelta al interior, donde he encontrado el sosiego de tu última carta.

Las palabras que en ella escribes me han devuelto a la senda de los días, a esa continuidad fragmentada que representan y a la firme determinación de llenar sus horas y minutos de acciones para impedir que sea el tiempo argumento y razón, como tanto gusta a las posiciones conservadoras que se adueñan de la historia para luego invadir el futuro.

Los tuyos y los míos son días que son y no son, jornadas con seis horas menos o con seis horas más que les dan una vida propia, como si fueran un corazón que late con su sístole de dieciocho horas y su diástole de treinta. De alguna manera, ese desfase horario aporta la pausa que quizá diferencia una carta de un correo, como si ese tiempo que viven nuestras palabras a solas pudiera reordenarlas para que cobren aún más sentido.

No conocía el libro de Juan Villoro *Un contrato en la sombra*, pero lo que dices de él refleja muy bien la clave de la masculinidad que el machismo sitúa como esencia de la identidad de los hombres. En realidad son dos los pilares sobre los que asienta esa identidad masculina, el primero es la idea de "identidad por contraste", ese ser en el no ser que lleva a entender que "ser hombre es no ser mujer". Un día hablaremos más despacio sobre esta "negación de lo femenino" y, en consecuencia, de las mujeres; pero hoy, a raíz de tus anotaciones sobre los rasgos compartidos por Borges y Casares, ese egocentrismo, racismo y misoginia, quiero detenerme en la otra idea.

Me refiero al otro elemento clave en la identidad masculina, aquel que hace entender que ser hombre es "ser reconocido como tal por otros hombres", circunstancia que lleva a que el autorreconocimiento como hombre, ese sentirse como tal, se base en la conciencia de ser reconocido por los hombres que resultan importantes para cada hombre que busca ser considerado como tal y aceptado por sus iguales. Puede parecer un juego de palabras, pero de juego tiene poco. De hecho, ese reconocimiento *inter pares* se convierte en una de las claves de la masculinidad, y conlleva dos consecuencias inmediatas:

La primera de ellas es que al tratarse de hombres de su entorno y de importancia mutua (todos se necesitan), los elementos que comparten se potencian de manera intensa, casi exponencial, y aquellas otras cosas que no se comparten, en lugar de ser rechazadas o cuestionadas, se incorporan a la identidad como algo complementario, como un aspecto original que siempre suma para el grupo. Así es como se forman la camaradería y la fratría de las que habla Amelia Valcárcel.

La segunda consecuencia es que desde ese entorno de proximidad no se perciben ni se toman como tales los defectos que puedan existir, sino que de nuevo se sitúan como parte de lo individual, de la originalidad, pero con una visión positiva en la necesidad de reconocerse mutuamente sobre lo común a todos los hombres, y no tanto de detenerse en cuestiones particulares de cada uno de los miembros.

¿Recuerdas el refrán que dice que "los escarabajos llaman soles a sus hijos"? Pues, salvando las distancias, sería algo similar, o la situación que recoge la anécdota de Roosevelt que seguro recuerdas, cuando se refirió al dictador Tacho Somoza y dijo: "Sí, es un hijo de puta, pero es nuestro hijo de puta". Como puedes observar, se trata de una dinámica muy sólida porque en el fondo todo parte de una actitud interesada, algo así como: "Tú me aceptas con mis defectos y yo te acepto con los tuyos", pero ambos como hombres legitimados en el poder y en el uso de privilegios.

Estas referencias son las que llevan a los hombres a comentar entre ellos y sin pudor alguno comportamientos que claramente son delictivos o reprobables, como cuando Donald Trump presumió de conductas de abuso sexual ante otros hombres en el vestuario de un gimnasio. Y todo ello sin coste alguno, más bien lo contrario: pasan a ser valorados como "más hombres" por ser "más machos".

El machismo hace de la necesidad virtud para perpetuarse, aunque sea a costa de la injusticia social y de todo el daño que ocasiona a las mujeres.

Por eso me sorprende que no adviertan la estrecha relación entre la estupidez humana y la razón, y cómo se puede llegar a justificar la una con la otra, como si ser capaz de generar razonamientos profundos y de crear grandes obras fuera incompatible con la estupidez a la hora de aplicarlos y darles significado. Muy pocos de los grandes autores pasarían una prueba de inteligencia si el objetivo de las preguntas fuera la convivencia en paz y la igualdad; sin embargo, son referentes y admirados en la cultura machista.

En el fondo, es otro ejemplo más de lo que el machismo impone como parte de su estrategia para mantener lo propio como universal y abrigar a toda la sociedad. Encumbra a hombres capaces de trascender al resto en algunas facetas, y luego les permite decir las simplezas necesarias para que el resto de la sociedad machista, hombres con la doble referencia (individual y social), y mujeres sólo con la social, los admiren por sus palabras y por el mensaje que lanzan como profesionales (escritores, políticos, empresarios, deportistas, periodistas...), pero también como hombres que actúan de modelo para otros y para definir los criterios que llevan a "identificar y reconocer" lo que es ser hombre en esa sociedad. Es el doble vínculo que tú apuntas, por un lado, entre la identidad y la cultura, y por otro, entre el hombre y los hombres... por eso es tan difícil de romper. Al final unos golpean con las metáforas, otros con las imágenes, algunos con las palabras, muchos con los puños y casi todos con el silencio, pero el resultado siempre es el mismo: las mujeres son golpeadas.

Y todo ello con una doble sensación, por una parte, de impunidad, la seguridad de que actuar de ese modo no tiene consecuencia alguna, y por otra, de reconocimiento, de saberse más hombre por haber actuado "como se espera que lo haga un hombre", incluso los asesinos machistas son conscientes de ese reconocimiento en su hombría. La crítica se lleva a cabo sobre el resultado de su conducta, pero no sobre su identidad, nadie los considera "menos hombres" por haber asesinado a una mujer, ni ellos tampoco. Recuerdo lo que decía uno de estos asesinos, condenado y en prisión, al hablar con él: "No se confunda usted conmigo: yo he matado a mi mujer, pero no soy ningún delincuente".

Si no hubiera metáforas que alimentaran la imaginación y el deseo en ese sentido, no se podrían producir estos hechos ni esos relatos. No son un acto de honestidad, sino de interés, y la demostración de que la estupidez no está reñida con la razón, al contrario, es parte necesaria en el bucle del machismo.

El resultado final es muy eficaz, pues de ese modo la cultura se refuerza a diario a través de los hechos, no sólo de las ideas, valores, creencias, mitos... que permanecen estancados en el ambiente, y permite crear el espejismo de que el machismo sólo son los actos violentos o de otro tipo que adquieren una especial intensidad, cuando en realidad lo es todo.

No quiero ocupar tu diástole con mis palabras, el corazón debe latir libre y los días también. Y te contaré lo de mis hijos y la amenaza del machismo que los acompaña como buitres en espera de que desfallezcan en su travesía hacia el feminismo y la igualdad.

Ahora, Lydia, quien vuela soy yo, y lo hago para dejarte un abrazo cerca de tu selva y lejos de mi jungla...

Con cariño,
Miguel Lorente

Jaén, Andalucía, 10 de enero de 2017

Querida Lydia:

Hoy podría acercarme hasta ti caminando por el empedrado que levantaron las palabras de anoche y dejar mi carta junto a tu puerta. Esta mañana temprano me he asomado a la ventana y, aunque la oscuridad aún protegía al día, me he dado cuenta de que entre las nubes abandonadas todavía permanecían esas palabras adoquinadas capaces de hacer camino siguiendo la estela del cariño.

Ayer estuve en una lectura de dos de mis poetas favoritos, Luis García Montero y Joan Margarit. Luis es un buen amigo, aunque creo que lo admiro más que lo quiero, sobre todo cuando lo escucho recitar sus poemas, y Joan fue, años atrás, un descubrimiento tardío en los anaqueles de una librería tan auténtica y ajena a esta vida de dispositivos y virtualidad que terminaron por cerrarla. Al poco tiempo alguien abrió en su lugar una franquicia de ropa interior, lo cual no deja de ser una metáfora de nuestro tiempo: intentar cubrir con lencería el interior desnudo sin poesía. Me temo que el resultado terminará por ahogar también al deseo.

La poesía de ambos es diferente, pero los dos buscan en la intimidad y recorren el tiempo sin más límites que la verdad y la belleza. Leyendo y escuchando sus poemas sientes que hay un momento original aún no expugnado, un tiempo que permanece agarrado a los márgenes de la deriva como si quisiera dar nuevas oportunidades para que lo descubramos. Joan Margarit nos dice en su poema "Nuestro tiempo":

Pero una herida
es también un lugar donde vivir.

Y Luis García Montero escribe en "La recompensa":

> Para encontrarme a mí
> he aprendido a seguirte.
>
> Salgo por la memoria y no llego a un recuerdo,
> sino a este modo de vivir despacio
> las cosas que me das.

Todo se reduce al lugar común de donde mana la poesía, donde quizá reside la esencia de la humanidad y al que por ello se teme tanto. La poesía no inventa nuevos territorios, sólo se atreve a adentrarse por las grietas que permanecen abiertas tras las sucesivas avalanchas del tiempo y los acontecimientos. Y a pesar de salir a la luz después de cada aventura poética con partes del tesoro perdido, genera inquietud enfrentarse a esa realidad, quizá porque es lo único que en verdad somos al margen de las circunstancias.

Es la mirada original tantas veces traicionada, en tantas ocasiones abandonada para terminar siendo lo que nos decía que no íbamos a ser.

Nos han enseñado antes a negar que a reconocer, a huir que a resistir, por eso la humildad llega marcada por la falsedad del momento que la utiliza como moneda de cambio del reconocimiento. Pero no hay sinceridad en quien es incapaz de reconocerse a sí mismo. El reconocimiento ajeno sólo es parte del accidente.

Y creo que en todo este proceso el machismo también tiene mucho que ver. La identidad de los hombres es el pilar donde descansa el templo de culto a lo masculino, esa cultura hecha a su imagen y semejanza, por eso la necesita sólida y dispuesta a soportar todos los envites de los acontecimientos. El machismo ha enseñado a los hombres a reinterpretar sus sentimientos bajo el argumento de que hacerlo nos lleva a ser más hombres. Dice que el dolor y el sufrimiento nos hace fuertes, y luego afirma que ser "hombre de verdad" significa negar las emociones. El machismo no necesita hombres, lo que busca es el héroe de la estatua trasladado a la vida para hacernos de mármol o de bronce. Quiere hombres insensibles, rígidos, inflexibles, fríos... pero admirados por lo que están dispuestos a hacer, no sólo por lo que hacen.

Tener por identidad una coraza de metal o piedra no ayuda a la humanidad, pero sí al relato. Y el machismo es puro relato, es cierto que llevado a la práctica como un guion que dibuja cada día, pero consciente de su falacia y temeroso de ser descubierto, por eso necesita la violencia como instrumento de control, como forma de amenaza y como castigo ejemplarizante sobre quienes considera "malas mujeres" y "malos hombres".

Los poetas nunca han sido de fiar, siempre han estado en el terreno de la sospecha a pesar de que la mayoría de las voces autorizadas de la poesía han sido hombres. El mismo Platón concluyó, como recoge Ben Lerner en su libro *El odio a la poesía,* que no había lugar para la poesía en la República porque los poetas son retóricos que colocan proyecciones imaginadas en el lugar de la verdad. Quizá por eso los veían como traidores al entender que su felonía se levantaba sobre el doble agravio de no cumplir con su identidad y de sacar a la luz la verdad y la belleza a través de los poemas, y así demostrar que los sentimientos y las emociones no son incompatibles con la identidad masculina, pero sí con la falacia de una cultura androcéntrica. Sin duda, otra revolución pendiente.

Otro día hablaremos de esa voz masculina hecha poesía, y por qué a pesar de identificar a los hombres con la negación de las emociones, su voz alcanza más reconocimiento que las voces femeninas que han hecho de los sentimientos hábitat y nos han transmitido el amor a lo largo de la historia, como hicieron con el fuego que mantenían vivo en la caverna. Creo que es parte del utilitarismo del machismo para instrumentalizarlo todo y no dejar espacio de reconocimiento a las mujeres, pero también de reconocer la autoridad de la palabra a quien previamente se la han entregado.

De momento seguiré entre la poesía y la distancia, aunque ya he encontrado el camino para dejar las cartas a los pies de tu puerta.

Un abrazo,
Miguel

Puerto Morelos, Quintana Roo,
11 de enero de 2017

Miguel:

Amigo querido, espero que tu visita a Jaén traiga consigo esa paz necesaria para que no abandones tu poesía en medio de la crisis de violencia y corrupción que vive España; la de México la conoces de sobra. Imagino ya tu estancia en esos "cuatro reinos de Andalucía", las cuestas empinadas a las que desde hace ya tantos años no he vuelto y que guardo en la memoria casi como un cuento narrado en la infancia, cuando mi abuelo portugués me leía la historia de Al-Ándalus, de la septimita bajo el poder musulmán de la Edad Media.

Me encanta que tú, que entre lo tanto que eres y las actividades que llevas a cabo, como la poesía y el activismo, la política de igualdad, la paternidad, la educación y la ciencia médica, salgas de un encuentro de poesía con el corazón rebosante y la cabeza hilando nuevas ideas sobre el cómo y cuándo los hombres de la literatura construyeron esos espacios de creatividad para concebir y mostrar esos sentires sin el temor de ser sojuzgados por su falta de virilidad frente a la manifestación de las emociones. Me guardo tu frase y la escribo en letra de molde en mi cuaderno: "Tener por identidad una coraza de metal o piedra no ayuda a la humanidad, pero sí al relato. Y el machismo es puro relato, es cierto que llevado a la práctica como un guion que dibuja cada día, pero consciente de su falacia y temeroso de ser descubierto".

Querido amigo, me pregunto a diario cómo vamos construyendo ese relato y si acaso seremos capaces de crear una narrativa nueva, no sólo en el ámbito literario o periodístico, sino una narrativa vital que nos lleve de la congruencia de la acción a la palabra, del sentimiento al encuentro, lo más lejos posible del machismo.

¡En esto nos parecemos tanto! Creo que, entre otras razones, por ello somos amigos desde tan lejos. Porque la poesía nos une y nos pierde, nos ayuda a encontrar razones y a reflexionar sobre el mundo de las y los poetas, de la lírica y sus infiernos ocultos. Al criticar la literatura de lo Masculino Universal con la acidez necesaria y lejos de toda visión moralina superflua, vamos juntos por la vida con estas tribus feministas en busca de un paraíso perdido en que todas y todos tengamos un lugar para el amor, la ternura, la palabra poética; ante todo, para la libertad de ser y hacer.

Estos días espero la visita de mi hermano Óscar, el mayor de tres varones. Es un hombre dulce, un científico melancólico y lleno de esperanza que desde hace más de tres décadas fue expulsado de México por los patriarcas de la ciencia que se negaron a reconocer la posibilidad de crear "algoritmos ecológicos" para rescatar los ecosistemas destruidos por la ambición y la sandez empresarial del hombre moderno, que persiste en promover una minería irresponsable y el uso insensato, masivo, de combustibles y químicos que lo destruyen todo, profundizando con ello la pobreza que en mi país es ya inmensa y a ratos desoladora. Mi hermano Óscar es experto en esos temas, me ilusiona escuchar sobre sus batallas y logros en la pedagogía de la protección del medio ambiente. Celina, mi sobrina, está estudiando biología marina, me llena de alegría saber que el ejemplo paterno es en verdad potente y valioso cuando está en el lugar correcto. Ella siempre termina preguntándome sobre el amor, discurre durante horas sobre la búsqueda de hombres igualitarios y amorosos, que no le teman a las mujeres independientes y fuertes. Ella vive en Australia, eso nos dice que la crisis de la construcción amorosa no es propia de nuestros países, sino un rompimiento paradigmático entre lo masculino y lo femenino tradicional atravesado por la angustia de no hallar nunca amores honestos. Me envía un meme que dice:

Cenicienta nunca pidió un príncipe,
Ella pidió una noche libre y un vestido.
Los narradores decidieron por ella.
Nadie escribirá mi historia de amor.

Mi hermano es un amoroso compañero del alma que me tomaba de la mano cuando niña y me hacía sentir segura de que el mundo estaba plagado de hombres buenos y sonrientes, un poco locos y hambrientos de libertad. Cuando era pequeña creía, a ratos, que el país estaba lleno sobre todo de hombres que, como él, son amorosos y alegres, capaces de compartir tardes enteras con una niña mucho menor que ellos, tomar su mano y hacerla sentir que todo estaría bien, que las niñas tenían, al igual que los niños, un lugar merecido en el mundo. A falta de la presencia de mi padre ausente, educado para ser hombre cartera, proveedor sólido como un muro infranqueable que oculta emociones tan inmensas como pueblos y ciudades, yo tuve la fortuna de contar con hombres buenos como mis hermanos

Te apuntaba que viene mi hermano con su hija Celina, esa chica independiente, con ojos enormes color azul caribeño, feminista, con un arrojo muy mexicano y poseedora de una ternura infinita de veintitrés años. Estoy feliz en espera de que en unos días llegarán para colmar mi hogar de alegrías y nuevas historias para disfrutar con él y ella; fragmentos entrañables de esa tribu de mis amores lejanos.

He dejado esta misiva a medias. Caminé entre los árboles frutales de mi jardín, agradecida siempre de sus frutos jugosos que nos nutren en casa, ésos que sembré hace más de una década, como jugando a reinventar un rincón en que la naturaleza se sintiera en paz con mi presencia y viceversa, porque sé que mi estancia invasora en un lugar que fue durante siglos la selva inhóspita del Caribe mexicano es un regalo que no cualquiera puede tener. Opté por este oasis de silencio para poder sobrevivir a las batallas que he elegido en mi profesión; aquí la vida pasa lenta y el aire es puro, recupero la paz que perdemos constantemente quienes vivimos perseguidas por la violencia vengativa en este país en que a las y los periodistas y defensores de los derechos humanos nos torturan o asesinan.

Camino. Respiro. Los limoneros perfuman la mañana entre las palmeras. He decidido que una mata de papaya o fruta bomba sea territorio de los periquillos salvajes, de los coa cabeza negra, de los pequeños murciélagos que cada noche sobrevuelan mi casa, del pájaro toh y de las chachalacas que parece que discuten como políticos necios que no van a terminar nunca de explicar nada. Parecería que lo hemos acordado con palabras, pues las aves no se comen todas las frutas, han tomado unos cuantos árboles y me reservan los otros con un respeto que me azora cuando lo refrendo al cosechar casi a diario.

Trajino bajo el sol ardiente junto a mis cuatro perritas, que juguetean y me siguen a todas partes, incluso al gallinero, expectantes de que esas plumíferas criaturas que nos obsequian huevos frescos cada mañana salgan a jugar con las perritas a la travesura de la persecución y la muerte. He logrado entrenarlas para que, en lugar de desear engullirlas en un pantagruélico festín de salvajes, las cuiden de otros depredadores de la selva en que vivimos. Ojalá fuera tan fácil hacer lo mismo con los seres humanos.

Si mis caninas compañeras son capaces de comprender que en este ecosistema, en esta casa, se puede convivir con animales diversos sin que el instinto mortífero tome la plaza, ¿por qué abro el diario de hoy y descubro, de nuevo, a columnistas y políticos de mediana inteligencia culpabilizar a las víctimas de violación, ya sea por su vestimenta, ya porque estaban solas? Como si las mujeres solas no fueran libres de andar por su patria como cualquier varón. Como si la "soledad femenina" implicara una discapacidad, la ausencia de una libertad y un derecho, y como si los hombres pudieran evitar los ataques salvajes de los violadores armados.

Junto a esta misiva te envié la fotografía de mi hogar. Aquí soy yo y no el personaje que otros inventan para justificar una suerte de excepcionalidad falsa. Aquí cocino pescado fresco, ceviches y asados, pozole de langosta y moles de todos los colores, que son como el curry hindú con un saborcito mexicano incomparable. Desde mi estudio, ahora, te escribo con unas ramas del limonero que he colocado en una botella vacía de vino de Bodegas de Alvear (así se juntan nuestros mundos y los aromas de la amistad cómplice). La fragancia de los cítricos me produce un recuerdo de felicidad inexplicable. He olvidado la historia, sólo sé que cuando entre mis manos froto esas hojas de limón recién cortadas, el aroma me arrebata una sonrisa que me permite seguir escribiendo este libro infantil que debo entregar muy pronto.

Me han invitado hace poco a dar una charla sobre temas de género y el nuevo sistema de justicia penal en México, en una especie de club de los líderes del machismo cultural. He pensado cuánta razón tenías cuando dijiste que desde la niñez aprendemos los códigos del poder entre hombres y mujeres. Yo no siento la mínima necesidad de pertenecer a ningún grupo, mucho menos de acceder al club de las élites culturales de mi país; ésas donde los hombres son dioses y las mujeres sus secretarias, bibliotecarias y *grupies* que los siguen en espera de que algún día ellos, mantenidos por el gobierno desde una institución llamada El Colegio Nacional, reciben el pago mensual equivalente al de un gran empresario, sólo por sentarse a pensar entre hombres y llevar a cabo disquisiciones sobre escritores y poetas (todos hombres, ¡vaya casualidad!). Me invitan para demostrar que de vez en vez encuentran mujeres inteligentes. Iré porque vale la pena aparecer en esos foros públicos para incitar a debates indispensables sobre el papel de millones de brillantes mujeres activistas en el abatimiento de la impunidad y la búsqueda de la justicia colmada de empatía.

Más allá del trabajo me emociona la visita de ese grupo de mi familia que me aterriza en los aspectos simples de la vida.

Mi hermano es un extraordinario cocinero, su esposa, por el contrario, aborrece el arte de alimentar, es una científica que ha elegido el rol que desea jugar en su familia, me alegra saber que eso es posible en relaciones igualitarias. He pensado tanto en nuestra última conversación sobre el condicionamiento del romanticismo clásico y el daño que éste nos ha hecho a hombres y mujeres; creo que le obsequiaré a mi hermano uno de tus libros, porque seguramente encontraremos razones para brindar por la rebelión de las ideas en una de las interminables tardes bohemias que nos inventamos bajo la luz de la luna en mi rincón de la selva.

Recibí tu carta como si la hubieras traído tú mismo a la puerta de casa, bajo las buganvilias salvajes. La distancia no impide sentir que somos capaces de conspirar allende las fronteras con los mismos sueños. Sí, la violencia incrementa en mi país y el número de muertes se acumula como una estadística que muchas nos resistimos a dejar pasar con cifras intangibles, nombramos las sonrisas y las vidas de nuestras colegas asesinadas, de nuestros amigos ultimados en esta absurda guerra de impunidad flagrante. Tal vez por ello este espacio de luz, estas cartas entre nosotros resulten tan importantes. Le dan vida al pasado, al presente y al futuro. Me alegra que te encuentre en esos tres lugares del tiempo infinito donde no me siento tan sola, ni tan perdida en mi loca búsqueda de la esperanza.

Te dejo con una frase de la psicóloga y maestra de meditación Tara Brach: "Hay diferentes calidades y cualidades en la esperanza. La esperanza madura es aquélla que contiene aspiración a nuestro potencial mayor, confianza de la posibilidad de su existencia, energía para creer. La esperanza es, pues, una dimensión del alma, un fragmento de poesía".

Por la esperanza siempre, amigo querido,
Lydia

Diario de terapia
Quemar el mal

Hoy fue un día complicado. Me levanté, hice yoga y medité casi una hora junto a la fuente. Luna, Kali, Petra y Matilda estuvieron conmigo en yoga, cercanas y relajadas, supongo que intuían lo que estaba por suceder. En 2006 comencé a llevar una bitácora de los ataques que recibo por mi trabajo. Me resistí porque me agota concentrar mi memoria en ello, es como si permitiera que suceda una y otra vez. Mis abogados me pidieron que lo hiciera, era importante para los juicios penales y civiles que enfrentamos contra la red criminal de Kamel Nacif.

Hoy encendimos la fogata que siempre utilizo para nuestros rituales de amigas y para la fiesta de fin de año en que quemamos algo que deseamos dejar ir. Ahora le puse un poco de copal porque no es fácil hacer esto, siento que me deshago de una prueba más de la verdad. Estaba hojeándolo y pensé que no cabe en tantas páginas la ansiedad que me ha causado la venganza estratégica de los tratantes de niñas. En terapia acordé que es momento de dejarlo ir, pero esta mañana no estaba tan segura. Nadie se imagina cómo se vive en un país en que las autoridades se coluden con los criminales y juntos niegan los hechos con tal fuerza y poder que las víctimas desarrollan una inseguridad emocional profunda. Negarte tu propia realidad te empuja a sentir que el sufrimiento no es válido, que el dolor no es real; ellos saben que hay víctimas que enloquecen de miedo, que escinden su personalidad porque les dicen que todo el daño causado no es real. Quienes lo dicen son los secuestradores, los violadores, los torturadores: ellos inventan una realidad que normaliza la violencia hasta el desquiciamiento.

Veintenas de anotaciones, fechas, lugar en que se publicó y algunos recortes... Edith Encalada, la mujer a la que salvamos de la red de trata, salía cada vez que dábamos un paso contra la mafia a desmentirlo todo, a atacarme, a mentir como los que ahora le pagan para vivir como cantante en un bar libanés de Cancún. El recuento de las amenazas telefónicas, de los mensajes de muerte por redes sociales, de los recados en la puerta de mi casa y de mi oficina. El día en que una diputada del PRI que comenzó su carrera como acarreadora de votantes de las zonas más pobres de Cancún publicó un libro sobre mí, poniendo mi foto y mi nombre en la portada como si yo fuera la autora, me inventa una vida personal y profesional. Es tan tonta que el día de la presentación declaró ufana que el gobernador Roberto Borge le había financiado el libro: el gobernador vinculado a la delincuencia organizada, el prófugo lavador de dinero y ladrón de recursos públicos. Borge, el sobrino de Kamel Nacif. La mafia extendida en la política. Gastaron millones de pesos intentando que su libro echara por tierra toda mi carrera. Lo sacaron justo cuando Succar Kuri, el productor de pornografía infantil encarcelado, estaba solicitando su liberación de la cárcel. Durante once años han intentado destruirme para librarse de las sentencias.

Arrancaba las páginas y las iba lanzando al fuego, primero con calma; poco a poco descubrí lo liberador que es echar al fuego la mentira, el escarnio, la venganza.

Me deshice de miedos y noches insomnes, de rabia y desesperación, quemé sentimientos que, guardados en esa libreta en mi estudio, cargaban toda la energía del mal. El humo del copal acompañó al olor del papel quemado, mis ojos siguieron su ruta hacia el cielo, rodeada de mi pequeño bosque de bambús me sentí protegida... Quemar la mentira y el odio. Algo salió de mí, respiré profundamente, no lloré una sola lágrima, sonreí porque no lo lograron, porque he defendido mi salud mental con toda la fuerza y disciplina de la que soy capaz. Porque no me entregué a la locura. Algo extraño sucedió cuando tiré las últimas hojas y el cartón que las unía: cerré los ojos y vino a mi mente la idea de que no moriré pronto, de que también la enfermedad pasará como pasó el miedo. No quiero decírselo a nadie, no soporto que la gente me eche rollo de que estoy enferma porque me cargué de energías negativas; los predicadores de la autoayuda simplona me parecen insoportables, ya no tengo paciencia para la imbecilidad. Hay algo en la energía del planeta que nos une, pero ciertamente no se reduce a una fórmula de pacotilla.

Ya está, también gané esta batalla; ellos, ellas, son casi cincuenta personas dedicadas a intentar destruirme. No lo lograron ni lo lograrán. Yo soy sólo una, pero también soy miles de mexicanas defendiéndose juntas. Gané, gané, gané y abracé a mis perritas. Matilda se echó a la fuente y comenzó a bailotear con el agua, yo la seguí y las otras atrás. Bailé con ellas de pura felicidad. Estoy viva, gané.

Puerto Morelos, Quintana Roo, México, marzo de 2017

Querido Miguel:

Por fin estoy de vuelta de mi viaje de trabajo, la noche de ayer llegué a mi casa en la selva. Nada más bajar del auto las perritas corrieron a alcanzarme como si temieran que me hubiera ido para no volver. Siempre que lo hacen pienso en las sorprendentes diferencias que cada ser vivo tiene sobre la percepción del paso del tiempo en su vida, y la forma en que extrañamos a las personas, los lugares, las voces conocidas, los tonos de la palabra de quien nos quiere, no importa de qué manera.

Subí a mi habitación para comenzar los rituales del regreso a casa, entre ellas mis manías casi automáticas de no desarmar la primera noche el equipaje y dejarlo en la habitación contigua como exorcizando cualquier cosa mala que pudiera haber traído conmigo, en este caso de Washington.

Ya instalada en mi habitación después de darme un baño de tina con un poco de esencia de lavanda, me quedé viendo a la pequeña ventana frente al lavamanos. Entre el espejo y el muro dejé, al construir mi hogar, un recuadro de vidrio que me permite ver dos troncos inmensos que sostienen la construcción; detrás de ellos, frondosos árboles y palmeras que se menean suavemente día y noche, formando un sonido parecido al de las olas del mar. Todas las noches, mientras me lavo los dientes y afuera está oscuro, sale de su escondite en el pasillo frente a esa ventana un pequeño murciélago que come frutas y me visita exactamente de la misma manera. Sale de entre los dos troncos de madera, ese nido que desde hace años lo resguarda como una cueva privada, vuela hacia la ventana y pasea frente a mis ojos mientras lavo mis dientes y lo saludo sonriente. Entiendo que a él mi presencia le da igual, sin embargo, ese revuelo en danza que da en mi balcón antes de lanzarse a merendar hacia los árboles frutales que sembré hace más de una década me hace sonreír con una alegría de niña de campo. Ambos reconocemos nuestra existencia y cohabitamos en medio de la selva sin representar peligro el uno para la otra.

A estas alturas sabes, porque tú lo haces a tu manera, que en cada instante busco destellos de esperanza que permitan que mi trabajo no vaya desgajando mi alma como le sucede a tanta gente que tú y yo conocemos. El dolor se puede convertir en muchas cosas, entre ellas en una implacable furia que transforma la vida de quienes trabajamos contra la violencia, ya sea documentándola y educando, o rescatando a víctimas y argumentando en juzgados o frente a políticos y jueces que tienen en sus manos los designios de la ley. Porque la violencia sin luz en el camino engendra pequeños rencores que se tejen silenciosos en el espíritu de quienes la sufren o la documentan.

Y ya, mientras escribo sonrío, he caído en cuenta de que seguro estarás leyendo esta carta y como buen forense que eres te preguntarás sobre el equipaje enviado a la habitación contigua. Obviamente no creo haber traído conmigo el maleficio de las mentiras políticas de la gente de Trump, ni un extraño virus. Esta manía en realidad nació al volver de mi segundo viaje a Ciudad Juárez, en los años noventa, en que documenté durante días los feminicidios de niñas cuyos cuerpos terminaron arrojados en el desierto que más tarde se hizo tristemente famoso por sus cruces rosas. Las madres y padres de las chicas me regalaron toda suerte de recuerdos, abalorios, rosarios, una medalla de San Benito, un pañuelo de la chica desaparecida, un pequeño canasto de dulces y una carta de agradecimiento, todo ello por el simple hecho de haber ido a escuchar sus voces y entrar en las habitaciones de las mujeres para entender cómo vivían. No había confesado esto jamás, pero aquella vez al volver del viaje y nada más llegar al piso en que vivía en Cancún, comencé a desarmar la maleta, y al dividir la ropa de los obsequios me invadió un sentimiento de soledad tan inmenso que me quedé allí, hincada en el piso al lado de bolsa de viaje azul, llorando como una mujer vencida por el dolor de las otras y los otros. Mi pareja no estaba en casa, todo era silencio menos mi llanto.

Fue tal vez un rito de iniciación hacia la soledad de este largo peregrinaje en busca de verdades y esperanzas, un rito que jamás olvidaré.

Aquella noche de hace veinte años guardé las pequeñas recordaciones en una bolsa y luego en un cajón en mi habitación. Toda la noche la pasé en vela pensando en qué secretos traerían esos objetos a mi vida. Como sabes, no soy religiosa, sin embargo, a donde quiera que voy siempre alguien me regala santos y vírgenes para que me cuiden, como si sólo un milagro pudiera salvarnos de la cultura de la crueldad y la opresión.

Tal vez fue entonces que comprendí a cabalidad la inmensa responsabilidad de contar las vidas despojadas de una forma tal que nadie pudiera siquiera dudar de la importancia y singularidad de cada una de las chicas arrebatadas de sus hogares por hombres violentos cuya crueldad parecía inusitada, al menos para quienes comenzábamos a descubrir lo que con los años supimos que era una masacre intencional a cuentagotas, una venganza contra la liberación de las mujeres, contra la reivindicación de la fuerza femenina no sumisa.

Hoy, esta mañana de marzo, me levanté temprano con el parloteo de unas chachalacas (ellas a lo suyo) y otras cuatro o cinco aves de distintas especies y coloridos plumajes que hacen sus rituales matutinos en el estanque al lado de la palapa en que hago yoga y medito por las mañanas; cantan como si la estulticia humana no las tocara en absoluto. Disfruto esa cercanía con la naturaleza. Una vez preparada para ir a presentar mi libro infantil a un pequeño colegio del puerto en que vivo, me percaté del inmenso esfuerzo que estaba haciendo por no volver a acurrucarme en cama, dejar pasar el día, tal vez llorar un poco y dejar salir el cansancio emocional que tantas tenemos por los inmensos retrocesos que imponen los políticos conservadores frente a los avances tan grandes que hemos hecho en busca de la libertad y contra el machismo. Deseché la idea y con un café en mano me alisté para caminar hacia el colegio del pueblo.

Impedí al director y a las profesoras que estuvieran dentro del salón (eso jamás les cae bien a las autoridades escolares, como bien sabes). Se mantuvieron entre la puerta y una ventana lateral, lejos de la mirada directa de los chicos y chicas de entre nueve y doce años. Después de unos minutos de contarles mis aventuras por el mundo como reportera, comencé a preguntarles sobre sus vidas y sueños, sobre quién ejercía violencia sobre los otros y por qué. A partir de la confesión del *bully* del salón de clase, que más bien se ufanaba del abuso de su fuerza, logré que nos dijera qué haría si tuviera un superpoder para ayudar a niños o niñas desaparecidos. El ambiente cambió de inmediato, de reojo pude ver a maestras y al director literalmente boquiabiertos. Y no fue sino hasta que una chica comenzó a hablar de su miedo a que los "robachicas" o "el viejo del costal" se la lleven que el niño más pequeño de todos, evidentemente tímido, sentado en la primera fila, comenzó a hablar del día en que él se sintió con miedo. No eran los peligros del narcotráfico o los robachicos, ni el de los monstruos o animales salvajes que otros señalaron. Narró con una voz dulce y suave cómo sus padres se divorciaron y pelean frente a él a diario.

Hubo un instante en que el niño de nueve años remontó en su propia fuerza, al notar que las y los demás lo escuchaban respetuosamente, incluso asintiendo con la cabeza como si la historia fuera la propia. Estaba parada, me recargué sobre el escritorio para relajarme, que supiera que en verdad estaba allí, presente, escuchándolo. Entonces soltó una frase que me dejó muda: "Los papás creen que somos sordos, o como un perrito que se puede llevar con correa de una casa a otra. Yo tengo miedo, tengo enojo de que me use para hacerle daño a mi mamá. Es como si quisiera que ella se divorcie de mí también". Otro niño, con una claridad infalible, narró cómo su padre lo golpea porque no le gustan los deportes, y eso a él le parece que es injusto. Otra vez el grupo lo trató con compasión.

Entonces les narré, casi como una aventura, que existe un español que se llama Miguel Lorente que se dedica a educar a los papás para que sepan que ser hombre de verdad es ser amoroso y compasivo. Les dije que vas por el mundo como una especie de Harry Potter haciendo magia con nuevas ideas, como esa de que uno debe renunciar al poder que te da imponerte a las personas; que la magia radica en que hay un poder luminoso que se obtiene al renunciar a ese otro que es tan evidente como un auto de carreras o un arma de fuego. Me preguntaron si hay más como tú.

Hablamos de la valentía. Un muchacho fuerte que hacía del payaso de la clase y es mucho más grande que el pequeño le puso la mano en el hombro y le dijo que así eran los papás, que no saben escuchar. Una niña sentada atrás de él dijo que ella estaba viviendo la misma situación, que podrían hablarlo cuando quisiera. Les pregunté si de verdad tenían que ser superhéroes o superheroínas para escucharse y cuidarse entre ellos y ellas. Dijeron que no, claramente con azoro ante su propia respuesta. Les regalamos mis libros e hicieron fila; cada una, cada uno me pedía que le firmara recordándoles que son valientes, que algún día hallarán su lugar en el mundo. Hicimos selfies juntas hasta que se cansaron de pedirlas. Me acompañaron hasta el portón del colegio dejando atrás a las profesoras, a quienes dije adiós muy de prisa, llevada en volandas por las niñas y niños emocionados.

Ahora estoy en casa, escribiendo esta carta para ti, Miguel. Sé que estás en algún lugar de Sudamérica instruyendo a especialistas sobre cómo combatir la violencia que los machos y el machismo con su compañera hembrista van dejando por las calles del mundo con sus guerras masivas y particulares. Estoy segura de que habrás tocado varias vidas y conciencias. Que habrás vuelto a tu solitaria habitación del hotel a cenar, que te habrán querido exprimir el cerebro las organizadoras, que seguro son mujeres en su mayoría. También sé que tal vez, mientras haces tus abluciones nocturnas y te lavas los dientes antes de ir a dormir, te preguntarás, con ese corazón de poeta que te desvela, si valdrá la pena tanto esfuerzo o si estarás cambiando algo. Pues si lees esta carta antes de dormir, te recuerdo que sí, que estos niños ya se rebelan como no se rebelaron los niños de hace veinte o treinta años, que muestran empatía sin burlarse, que hablan de sus sentimientos de forma más abierta, que al escuchar lo que tú haces ya saben que pueden seguir tus pasos, que las niñas no sólo imaginan, sino están seguras, de que pueden viajar por el mundo trabajando como yo y muchas de nosotras.

Te imaginé así, de niño, intentando descifrar el mundo a tu manera. Qué lindo fue vislumbrar que muchos de esos chicos podrán ser algún día hombres como tú, que no sólo se resistan a reproducir los patrones del machismo, sino que se preparen para ser congruentes en la vida cotidiana, para explicarle al mundo que sí hay otra forma de ser hombre, ésa que jamás se atrevería a llevar a su hijo "como un perro con correa" para silenciar sus emociones.

Sigue, Miguel querido, porque hace falta que los niños escuchen estas historias de valentía también. Ya tienen, en su corta vida, demasiadas anécdotas de dolor, prohijadas por la cultura de la violencia.

Te abrazo desde la selva,
Lydia

Puerto Morelos, Quintana Roo,
22 de febrero de 2018

Paulette, no soy ésa que imaginas:

Madre, leo tus cartas, una tras otra, y lloro. Seguramente es porque sin darme cuenta he encontrado una de ellas en el tomo de *Las memorias de Adriano*, de Yourcenar. Ese libro que tú me obsequiaste cuando era joven y que he releído ya no sé cuántas veces. Es absurdo que te escriba una carta ahora que estás muerta. Lo hago porque no había caído en cuenta de que hace días arrastro los pies con una tristeza que no reconoce fechas y sin saberlo recuerda que por un 22 de febrero de hace unos años moriste en mis brazos en tu casa, arrojaste el último ardiente aliento en la que fue mi cama de adolescente.

Voy a tus cartas, una tras otra, llenas de amor y de exigencia. Algunas reclaman mi locura del momento, como haberme ido tan joven a trabajar en cine, o no responder a las cartas de mis hermanos cuando decidí que quería vivir en París y ser poeta. En otra, como si viviéramos a miles de kilómetros de distancia, reconoces que fue un acto de valentía dejar a ese primer novio violento a punto de la boda. Ese hombre que bebía de más y yo era incapaz de entender la magnitud de su alcoholismo.

Estaba con él porque era demasiado joven, porque estaba absorta en satisfacer los deseos de mi padre para ser una buena hija y casarme con un hombre normal; ingenuo él que creyó que alguien habría de normalizarme algún día.

Ignoro por qué coloqué esta carta en la página 87 del libro de Margerite, seguramente como quien toma lo que tiene a mano para separar la página en que ha detenido la lectura. No puede ser otra cosa…

Pues en ella me recuerdas que hice bien en admitir ante ustedes, papá y tú, que el hombre que amaba me había arrojado a un sofá unos meses antes de la boda que en realidad yo jamás anhelé. Porque él quería que yo me vistiera de blanco, que fuera en una iglesia, que jugara un juego que no era mío. Dije que no y terminé aterrada mirándolo mientras daba vueltas a la llave en el cerrojo de su casa en el Desierto de los Leones. Yo postrada tal y como me había lanzado él al sillón, en un pasmoso azoro de estar allí mirando esa trasmutación de hombre a fiera herida. Yo, la hija de la feminista que entiende que la violencia se puede leer a tiempo, estaba allí, aterida, sola, temiendo por mi vida y regalándole palabras dulces de amor para que no se lanzara a golpes sobre mi cuerpo. Entendí, asumí por primera vez en mi propia piel, cuán importante es la sumisión ante el victimario, el miedo a la violencia, el desencanto y la furia, la ausencia de amor que se revela como la conquista y apropiación de un cuerpo con su voluntad y sus deseos. "Desaparecí ante sus ojos", te dije esa noche que llegué, temblando, llorando a tu casa, madre. Esa noche en que descubrí una violencia que me había sido ajena hasta entonces, tú me dijiste que las personas que se entregan a los ataques de ira necesitan minimizar la humanidad de su víctima para perderse en el gozo de la destrucción y con el cuerpo helado ante la realidad, me prometí nunca más estar con un hombre que bebe alcohol para soportar su propia medianía.

No era yo, fui por unos meses el objeto del deseo del hombre que había pedido mi mano y quería mi cuerpo, mi voluntad, mi todo, a cambio de su nombre. Un nombre insulso y sin importancia. Una palabra-hombre hueca, insustancial.

Salí de su casa para jamás volver. Me persiguió y llevó flores a todas partes. Nunca volví a responderle, corté de tajo su locura, lo desaparecí de mi vida junto a todo lo que creí que habíamos construido. Me libré, dijo mi padre, de aquello que millones de mujeres nunca se libran: del miedo a vivir con un cobarde. En 1984 me atreví a enfrentar mis propios miedos, mis carencias emocionales, y con ello tuve la fuerza para huir de un tipo tres veces más fuerte que yo y salir ilesa, al menos físicamente. Ahora tu carta me lleva a ese instante, como si al querer volver a las memorias de Adriano aparecieran mis propias memorias.

Tu carta me recuerda mi inteligencia, el valor de la congruencia, cuán dulce —según tu versión de la realidad— era yo cuando niña. Me exiges que todos los días sea la mejor persona, que no ceda ante el peligro de un ego desmedido por mi supuesta belleza, ésa que tus ojos de madre ven de forma exagerada. Voy hacia la caja de las otras cartas tuyas.

Semana Santa, 1985

Querida Lydia:

Deseaba que este domingo de Pascua fuera algo especial y pensé que lo mejor sería escribirles a todos ustedes lo que siento y lo que pienso.

Creo que tú por ese carácter apasionado y rebelde te has llevado muchas decepciones, te han herido más de lo que mucha gente resistiría, pero gracias a tu fortaleza has salido adelante y tu alma es cada vez más bella, tu corazón más noble y tu mente más clara.

Siempre le he dado las gracias a Dios de todo lo que me ha dado. Entre las cosas que más agradezco es que me haya permitido tener unos hijos e hijas a quienes no sólo amo como eso, además me alegro de admirarlos y amarlos como personas, y qué suerte he tenido de que entre los millones de gente que existe en el mundo, me hubiera tocado tener una hija como tú.

Te ama,
Paulette

Semana Santa 1985

Querida Sylvia

Quería que este Domingo de Ramos fuera
algo especial y pensé que lo mejor sería
escribirles a todos Ustedes lo que siento
y lo que pienso [illegible]
~~Creo que tu~~ [illegible] has llevado muchas decepciones,
y Rebelde te has [illegible] de lo que mucha gente
te han herido mas de lo que a tu fortaleza
[illegible], pero tu, gracias a tu fortaleza
has salido adelante, y tu alma es cada
vez mas bella, tu imagen mas noble
y tu mente mas clara
Siempre le he dado gracias a Dios de todo
lo que me ha dado, pero entre las cosas
que mas le agradezco es que me haya
[illegible] a los que no
~~permitido tener una~~ hija [illegible] que me alegra
solo amo como eso; [illegible]
de admirarlos y amarlos como personas;
y que suerte he tenido que entre los
millones de gente que existe en el mundo
me hubiera tocado tener una hija como
tu

te ama Paulette

Esta carta me la escribiste cuando yo tenía veintidós años y tú cincuenta. Desde aquel momento reconociste que me había convertido en una sobreviviente y yo no lo sabía, no quise saberlo hasta hace muy pocos años. Qué bueno que no viviste para verme así, como estoy ahora, sobreviviendo la tortura policiaca, con una vida destartalada por mi terca obsesión de perseguir a quienes ejercen violencia contra niñas, niños y mujeres. Ya te imagino preguntándome: "¿Qué estás intentando sanar con esto que haces, hija mía?". Y me veo respondiéndote para luego enfrascarnos en una discusión sobre el altruismo y el egoísmo. Yo recordándote cómo desde niña me repetías con una persistencia obsesiva que las personas son esencialmente buenas y que el mal es una elección y no condición humana como algunos aseguran, y tú alegando que si bien es cierto que nos educaste así, yo tenía que hacer mi propia búsqueda existencial y en ella está mi elección; luchar contra los violentos implicaría recibir un castigo del tamaño de la crueldad de mis contrincantes. No conozco a otra madre capaz de hablar así con su hija adolescente. Vaya que me diste herramientas para sobrevivir, parece que hubieras adivinado que no había nacido para darme por vencida. Seguramente por esa dosis de orgullo que aprendí de mi padre, por considerar que no puedo ni debo equivocarme, por esa severidad que tanto aborrezco en papá y que es tan mía también.

Qué ganas de pedirte un abrazo y decirte que elegí la bondad para enfrentar lo peor de la humanidad y que hay días en que me pregunto si valió la pena saber que el ejercicio de la violencia es una elección y no el resultado de una acción instintiva incontenible. Qué ganas de dejarme llevar por esa rabia de miles de personas que me ofrecen ir en turba tras los pedófilos que robaron y violaron a cuarenta niñas de ocho añitos, qué ganas tengo a veces de ser más bestia y menos responsable de mis actos.

Extraño esas conversaciones que sólo contigo he tenido:

¿cómo hiciste para no temer por nosotras? Cómo para ser tan fuerte, exigente, honesta y amorosa a la vez, qué atrevimiento el tuyo de mostrarte falible, tú, la diosa que parió a sus niñas y niños y eligió nunca subir a ese Olimpo en que vivió mi padre, quien siempre ha vivido insatisfecho porque nunca lo respetamos como él esperaba, como se respeta a un patriarca en la tierra de la sumisión. La maternidad es un accidente; nos dijiste alguna vez que una vida sin hijos también habría sido magnífica, que la maternidad no es el camino a ninguna parte sino la biología y la cultura haciendo lo suyo. Tal vez por eso fuiste capaz de tanta honestidad, de ser tan buena madre y de pedir perdón siempre que te equivocaste.

Tomo una de estas largas misivas, escrita a mano con tinta azul en las hojas de papel cebolla que tanto te gustaban. Decías que podías escribir cinco o seis páginas y al final el sobre no pesaba nada, por tanto el cartero la haría llegar pronto a su destino. Ignoro de dónde surge tu lógica entre el peso de la misiva y la voluntad del cartero, aunque es cierto que donde quiera que estuviera siempre tus misivas llegaron a mis manos, en especial en México donde el correo, como la justicia, casi nunca llega a su destinatario.

Desde que era muy niña me escribías correspondencia. Atesoré cada carta y postal siempre, incluso aquéllas en que me hacías críticas feroces. Reflexionabas sobre todos los temas posibles. A los doce años me pedías que no fuera egoísta, a los trece me ofrecías disculpas y decías que debía aprender a recibir y nutrir mi alma y el ego de forma sana. Me confesabas secretos sobre la extraña relación que tenías con mi padre, sobre el amor y los pactos amorosos, sobre las lealtades y la virtud de no apropiarse de la voluntad y el cuerpo de tu pareja.

Coloco esta carta en mi bolso, llamémosle "la carta Yourcenar". La llevo conmigo a terapia y mientras hablo con mi psicóloga sin pensar la extraigo y se la muestro. Me pide que la lea en voz alta. Lo hago con un tono que imita tu dulzura y precisión. Además de ser psicóloga siempre quisiste ser escritora, en tus textos se nota la fineza, el uso del lenguaje, la belleza de cada letra manuscrita, el respeto por la palabra escrita y la emoción que conlleva. Sumida en tu recuerdo leo emocionada. Una especie de sopor amoroso me invade, ésa eras tú, la madre que todo lo hacía: trabajar, estudiar una carrera, criar tres hijas y tres hijos, cuidar a un esposo (a veces hasta de sí mismo), cultivar amistades, dar cursos a cientos de alumnas, cocinar comilonas y reírte, sonreír mucho ante la vida…

La terapeuta rompe mi perorata, creo que tú hubieras hecho lo mismo con una paciente en circunstancias similares. Sus palabras son una bofetada ardiente en mi rostro: "Lydia, ¿no te agota cumplir siempre las expectativas de tu madre, incluso ahora que ya ha muerto?".

Me quedo sin palabras. Ni siquiera el llanto tiene ganas de salir al desquite. Siento que he sido descubierta en algo que no comprendo todavía.

"¿Por qué hace esto? —pregunté aún alucinada—, ¿a qué se refiere?". ¿Qué hago leyendo en terapia una carta que mi madre me escribió en 1987? ¿Quiero complacerla o alguna vez intenté hacerlo? Sí, siempre quise que se sintiera orgullosa de mí.

Has logrado que odie la terapia. Por fin, madre, con una sola carta lograste que me rebelara contra ti de nuevo como lo hice en la adolescencia. Tal vez me rebelo contra mí, contra las manías que me obsesionan para que me amen por quien soy y no por esa que imaginan que soy. Como mi hermana mayor, la perfecta, estudiosa, inteligente, perfecta dos veces. Como mi hermano multifacético, artista, respetuoso de mi padre como yo nunca he sido: diplomático y capaz de enfrentarlo todo con una sonrisa de *aquínopasanada*.

Y sí, todas nos comparamos con el rasero con que nos miden quienes nos educaron. No ser sumisa tiene un costo: el de ser valiente y autosuficiente de tiempo completo, ello conlleva un precio y es abrumador su peso. Y esta carta tuya del 8 de noviembre de 1978:

Lydia, hija mía:

Hace siete meses cumpliste quince años, te acercas con rapidez a la vida de una joven adulta, parece que quisieras volar, irte de casa de nuevo como hiciste a los cuatro años cuando huiste con mi neceser lleno de pantaletas y terminaste en la casa de la cultura dibujando, ¿te acuerdas?

Si supieras… cuando naciste con esos ojos tan vivarachos que parecía que querías comerte al mundo. Después creciste siempre alegre y dispuesta a ayudar a todos, a compartir con todos. Pero ahora has tomado una actitud de falta de interés. No estás cultivando tu espíritu e inteligencia, ya no cultivas el cooperar con las demás y cada vez te alejas más espiritualmente de quienes te amamos, ¿por qué? Porque sabes bien que cuando huimos de la realidad nos engañamos. Eres lo suficientemente madura para saber que tienes ante la vida dos caminos: uno sin dificultades, sin esfuerzos, lleno de banalidad y de ignorancia, tal vez con mucha diversión y carcajadas. El otro tiene piedras en el camino que deberás mover cada día, con algunas lágrimas derramadas por el dolor de quienes sufren, con algunas personas que se esfuerzan por proteger las maravillas de la naturaleza, allí habrá sonrisas llenas de alegría por el deber cumplido, por una vida con sentido e integridad. ¿Cuál de los dos caminos escogerás, Lydia?

En un par de años tendrás diecisiete años y estarás viviendo la cuarta parte de una vida normal; es momento de preguntarte qué has hecho, ¿qué de tu inteligencia?, ¿qué de tu bondad?, ¿qué de tus extraordinarias habilidades?, ¿qué has hecho por mejorar el mundo en que vives? Es momento de que te hagas responsable y vayas en busca de la respuesta al valor de tu existencia: ¿qué has hecho con los privilegios de tu educación, inteligencia y virtudes?

Regálate la verdad, hija querida, la mentira no te servirá de nada, una vida vulgar y banal te dejará vacía y lo sabes, eres una mujer inteligente y sabes que sufrirás mucho si te niegas a vivir una vida plena con el riesgo que conlleva atreverse.

Te ama,
Paulette

Recuerdo esta carta que tengo en las manos. Tenía quince años, quería ser una poeta confesional como Sylvia Plath y me sentí con el peso del Universo sobre mis hombros de adolescente. Me arrebataste el permiso de rebelarme de una manera fútil y desde entonces he dedicado mi vida a rebelarme contra los adultos feroces para no fallarte, para no fallarle a la hija a la que le escribiste esta carta.

Me llevo una pregunta para el resto de mi vida: ¿qué pasaría conmigo si lo abandono todo y me dedico a la poesía?

Seguramente, madre, tendría más sexo y muchos menos problemas, pero eso lo guardaré para mi próxima sesión de terapia.

Te amo hasta la muerte,
Lydia

P. D. Tu carta estaba en la página 204 de *Memorias de Adriano*, no creo que sea casualidad que me tope con la frase subrayada: "He empleado lo mejor posible mis virtudes, he sacado partido de mis vicios, pero no tengo especial interés en legarme a alguien".

Querido Roberto:

Me has hecho reír con tu historia del elevador, no había conocido a nadie que se acordara con tanta nitidez de sus sueños (yo casi siempre que los encuentro así de significativos los escribo). Me conmueve además que me pienses y te preocupes por mí.

Luego de la risa me arrancaste las lágrimas por tu cariño y por buscar una solución a este asunto que creo que en realidad no la tiene. Ayer pasé todo el día en reposo, ya me hacía mucha falta para cuidar la salud. Escribí unos textos de encargo y a lo largo del día de manera intermitente surgió el tema en el silencio de mi habitación de hotel que carece de elevador.

Creo entender mejor que mis sentimientos al respecto se dividen claramente en dos partes: la primera tiene que ver con mi ego, con la ridícula pero dolorosa sensación de que durante más de una década amé profundamente a un hombre que resultó ser de una estatura moral dudosa, un oportunista incapaz de conectarse emocionalmente con su pareja y su familia. Esto irremediablemente me llevó a recordar la manera tan burda y cruel con que salió de mi vida a partir del diagnóstico de mi enfermedad, como si yo fuera desechable, poco útil ya a su vida perfecta de pareja a la que él retrataba siempre un poco en broma y un poco en serio como la pareja atómica del periodismo nacional (siempre me daba vergüenza que lo dijera, a solas o en público).

En ese momento yo estaba muy asustada por la enfermedad, después de todo cuidé y vi morir a mi madre en mis brazos; imaginarme ese final me dejó devastada, encima perder a mi pareja en esas condiciones me parecía insuperable en el momento. Creo que este hecho reciente me despertó la sensación de que él puede utilizar mi inteligencia y prevaricar impunemente de mi trabajo de tantos años a pesar de considerarme "desechable". Sé que entiendes perfectamente esto que digo. Aquí entra el enojo, la nueva decepción de alguien a quien por salud mental había desalojado como quien desaloja a un inquilino del corazón de la manera más sana posible dadas las circunstancias.

Y también están las hijas a quienes jamás metí en la separación e intento mantener al margen de todo. Me siento preocupada y a la vez herida, cuando creía que él no podía herirme más. Además de estar molesta por su indigna actitud. Aquí habla mi ego y se pregunta: ¿de verdad estuve con este hombrecito? Y como bien recomiendan los terapeutas junguianos, al ego hay que dejarlo hablar, pero luego transitar al alma para no revolcarse en la tentadora manía obsesiva de encontrar todo lo malo del otro que alguna vez fue tan importante en nuestra vida. Y sí, nuestras parejas hablan de las elecciones que hacemos, es decir, hablan de cada persona que compone el par, entonces al decir que estuve con un hombrecito pequeño reconozco a esa mujer pequeña que hay en mí, la que necesitaba la mediocridad para sentirse a gusto; reconozco, no sin un poco de vergüenza, que me hacía falta y yo fui parte de la ecuación de esa medianía.

La vida es muy corta para enlodarme en eso, de allí que elija no hacerlo.

Por otra parte, todo lo que he vivido, ya acumulado con los años, me ha dado una suerte de sabiduría que sólo la madurez lleva consigo, la estoy disfrutando enormemente. Curiosamente soy muy feliz y a la vez he aprendido a vivir más sola que nunca, me preparo para vivir con la enfermedad y cuidando mi corazón tanto como me es posible.

Cuando era niña mi madre me decía que yo le preocupaba porque siempre llevaba mi corazón entre las manos, como una niña que va mostrando un ave hermosa que ha descubierto en el jardín. Hasta hace muy poco tiempo volví a soñar con esa niña que soy, la que va con el corazón en las manos sin miedo a decir lo que siente. No me gustó guardarla, me gusta afuera, juguetona y libre.

Como sabes, soy bastante pragmática, de allí que tengo claro que efectivamente él usó partes completas de mi propio trabajo que son nodales para la historia de su novela. La primera en que vampirizó mi vida fue incómoda, una especie de traición a la intimidad, la segunda ya muestra una dinámica diferente, el rostro de un empresario del *best seller* que estratégicamente planea el robo y orquesta todo con una impostura inaceptable.

Él quería fama, añoraba la sobrevaluada fama, allí la tiene a su manera. No le regalaré un minuto más de preocupación, no la merece, y yo tengo esta vida para estar cerca de quien me ama y a quien amo, no para pleitos personales.

En este momento de mi vida importa lo que está en este mapa personal de mi felicidad, de mis amores y amistades del alma. Yo soy quien soy porque siempre he sabido lo que quiero, hago locuras pero pocas tonterías. Pelearme con él sería una inversión emocional absurda.

De todo esto lo más importante para mí es este reencuentro afortunado y hermoso. Este cariño que me regalas, tu elevador que se convierte en nave para buscar el camino adecuado. Tus abrazos amorosos y dulces, tu inteligencia y bondad. Tus caricias y tus palabras me hacen sentir así, querida y cuidada. Aquí me quedo, entre estos brazos amorosos de amigo, me quedo en una tarde lluviosa en saber que te tengo cerca siempre.

Esto es lo que verdaderamente importa en esta vida que a veces parece llegar a cuentagotas.

Te quiero,
Lydia

Puerto Morelos, Quintana Roo

6 de enero de 2019

Maruan, querido:

Salí a caminar en el puerto. El muelle es muy pequeño, apenas creado para yates de lujo que una vez al año asisten a un torneo de pesca supuestamente dedicado a una incumplida promesa de atracción turística. El verdadero puerto, el de los barcos de carga, está a un kilómetro de este pintoresco rincón del Caribe cuyo símbolo es un pequeño y antiguo faro, inclinado sobre la arena por la fuerza de un huracán que hace décadas barrió con media aldea.

Camino por el muelle; entre los tablones de madera oscura, personas de todas las edades intentan pescar. Una mujer rechoncha que probablemente rasa los treinta años, vestida con unos shorts pequeños y una playera pintada al cuerpo, maneja el cáñamo de pescar como una experta. No utiliza caña, sus manos se mueven a toda velocidad fungiendo como carretes, intuyo a una niña que creció bajo el sol con su padre o abuelo pescador. A su lado, una cubeta de pintura bien lavada y decorada con una red de la que penden pequeñas conchuelas de mar delata las habilidades de la pescadora: tres escamados plateados de buen tamaño evidencian que viene de pescar en otro sitio, aquí busca escribanos (esos pececillos de cabeza puntiaguda usados como carnada). Más adelante un hombre muy equipado para la misma tarea carece de suerte, intenta inspirar a dos chiquillos que lo ignoran mientras saltan hacia las menudas olas desde el muelle, molestando a quienes pretenden que no huyan los menguados pececillos de la orilla de la playa.

Oteo una veintena de personas con diferentes anzuelos, unos de potera, con anillo, triples o dobles… claramente la mayoría ignora que el material con el que pretende atrapar un pez, en ese sitio, es inadecuado. Algunos traen anzuelos para pesca de fondo, otros improvisan con hilo de costura, unos con trozos de redes que fueron desechadas por grandes barcos y ellos hallaron escupidos por el mar en algún sitio de la playa donde lo mismo aparecen botellas de plástico de refrescos del Senegal, que cantidades ingentes de odorífero sargazo enredado en plástico añejo.

Un niño afanoso, parado en la orilla del muelle más lejana a la playa, estrena una caña enchufable con un buen carrete de spinning. Probablemente sea su regalo navideño. El anzuelo carece de carnada, el chico está impaciente, lanza con persistencia y poco resultado haciendo arcos laterales. Sabe mover la vara, pero es imposible que pesque porque no tiene todos los elementos para que funcione su sueño. Le pregunto si trae consigo carnada y señuelos, asegura soberbio que no le hace falta. Lo observo en silencio mientras falla, es claro que acumula enfado.

Me acuerdo entonces de la pregunta que hiciste sobre cómo es nuestra relación con las imposibilidades. Para entender hacia dónde vamos con esta conversación, el paisaje humano del muelle se convierte en el principio de una revelación que escribo en el cuaderno de pasta negra. Los personajes del muelle bien podrían representar a la sociedad: familias que juegan a saber hacer algo que en realidad desconocen, personas solitarias, niños y niñas que imitan a sus mayores o los ignoran, necios que descartan toda idea ajena por obvia que sea. Una sola cosa los une: la visible profundidad del mar bajo el pequeño pasillo flotante de madera de zapote por cuyas rejillas trasluce arena blanca y mínimas escuelas de pececillos, apenas del tamaño del pulgar de la mano de un recién nacido. Esta gente *quiere* pescar, algunos para comer una pequeña barracuda distraída, otros porque han dado por cierto que allí se pesca. Se los confirma el aroma del mar, tiene un tufillo de animales marinos muertos, lo que implicaría que los hubo vivos antes. No importa si hay familias enteras que rodean el muelle y pasan el fin de semana en esta pequeña playa pública, traen consigo pescado frito comprado tres calles tierra adentro, o una variedad de ceviches de la fonda del pueblo; tiraron los restos de la comida que, mezclada con el sargazo y los despojos de animales engullidos por pelícanos y gaviotas, crean la falsa sensación de que éste es un puerto de pescadores. Las barcazas tiburoneras atadas sobre la arena ratifican lo imaginado. Las personas del muelle eligen ignorar los grandes motores fuera de borda que indican que hay que salir millas mar adentro para ir por los peces que mañana serán el deleite en las pescaderías locales.

¿Qué papel juega nuestra imaginación en la construcción de los sueños? En la idealización de lo que queremos ver, aquéllos que somos capaces de percibir, lo que decidimos ignorar a fin de ratificar nuestra idea de lo que está por suceder, eso que anhelamos acontezca. No es lo mismo, claro está, intentar pescar con el equipo incorrecto y sin un colorido señuelo, que imaginar el tipo de sociedad o comunidad en el que deseamos vivir; construir una democracia funcional en la que la gente con ideas diferentes sea capaz de convivir y dialogar partiendo de un mínimo de percepción/comprensión de realidad.

Permíteme, querido amigo, jugar con la imagen para argumentar que lo cierto es que habría que diferenciar entre la inocencia y la estupidez, la ignorancia y la necedad, la soberbia idiota y la arrogancia de quienes entienden, saben, pueden, tienen los medios para lograrlo y deciden hacer lo incorrecto por simple necedad, por la obcecación de su poder.

Cuestionarse en qué invertimos nuestra energía psíquica me resulta fundamental para seguir escudriñando cómo identificamos lo que somos capaces de conseguir para transformar una realidad y lo que resulta imposible, debido a tantos factores internos y externos, incluso de temporalidad, es decir, aquello que no sucederá en nuestros tiempos sino después de muerta mi generación y la tuya.

¿Quiénes estarán dispuestos a esforzarse por construir un futuro imposible que no les pertenezca? Pienso en tus reflexiones sobre la muerte en *Reserva del vacío*.

Sentada en una banca en el muelle, justo al lado de la pequeña edificación del cuartel militar, reflexiono sobre la imposibilidad, por ejemplo, de abatir la violencia que aqueja a la sociedad con la elevación del uso de la fuerza militar. Su defensa a ultranza es resultado de la ausencia de pruebas científicas que demuestren qué estrategias serán utilizadas para erradicar el extendido poder de la delincuencia organizada y su brazo deshonesto, ya insertado en el poder político y judicial. Al mismo tiempo, las pruebas científicas sí existen, es decir, están allí, pero si quien manda es como el niño con la caña más costosa que entiende la forma, pero no el fondo, la necesidad y el método, la estrategia profundizará la violencia y el autoritarismo de quienes creen en ella. Hará que defiendan su posición porque es privilegiada. Después de todo, llegaron antes que otros a esa orilla que han conquistado, desde ella son incapaces de escuchar el sonido juguetón de las olas que indica que están parados en el sitio equivocado, con el equipo inadecuado, mientras unos metros atrás de su maravilloso muelle, con una vista espectacular al horizonte luminoso, no hay más que materia muerta, que se pudre y les hace creer que han llegado al lugar correcto con el equipo necesario para conquistar lo posible. Que es, en realidad, lo imposible.

Ya seguiremos la conversación, mientras tanto te dejo un abrazo y mi cariño,

Lydia

Ciudad de México
21 de enero de 2019

Lydia, aquí voy yo de vuelta a ti.

Pasamos la mayor parte de nuestra vida buscando coincidencias, queriendo acercarnos a quienes piensan como nosotros, sienten como nosotros o tienen gustos similares a aquéllos que conforman las identidades que, en las equivalencias, nos permitirán evitar la soledad. Es una condición natural, somos individuos y tribu. Detesto las tribus.

Su estructura es fácil, poseen un orden jerárquico en el que no es necesario negociar cada aspecto de la vida. El disenso se resuelve con caminos simples, ya sea por medio de la alienación o a través del orden vertical. A veces con el silencio. Ese silencio es particular y también lo detesto. No es musical y tampoco íntimo. No es el que cuando hay suerte algo de por medio ayuda a pensar.

El silencio que quiere hablar es espantoso. Me recuerda a mis dos tierras, a una que se ha esfumado en los últimos casi diez años y a otra que sobrevive en la disfuncionalidad. El murmuro de Siria, ese país que ya no existe como lo viví, me recuerda el silencio de México escondiendo tanto de lo que hace daño.

Quizá tardé un poco más de lo que me habría gustado y la tardanza sólo la adjudico al estado de la realidad. No me gusta lo que veo y por eso busco con quién no estar de acuerdo. Me doy cuenta de que es mucho más complicado que el ejercicio de toda la vida aquél de las coincidencias, porque además guarda una intención inmersa en la soberbia. Quiero que mis desacuerdos tengan, aunque sea, un mínimo de utilidad.

A lo largo de los últimos años entendí que para discutir son necesarios varios elementos que frecuentemente damos por descontados. Ya alguna vez escribí en un libro una serie de comendaciones para tener un debate bajo la tradición más rescatable para el intercambio de palabras: el cambio de opinión. Pese a ello, personalmente me cuesta reconocer lo siguiente: hay un paso previo para cualquier encuentro que intente reflexionar sobre lo político, lo social, lo individual, lo filosófico, lo cultural, lo privado y lo público. Ese ingrediente se está esfumando o disfrazando.

Para discutir la realidad hay que ver y acercarse a ella, no crear una realidad alterna. El siglo XXI en sus albores se ha encaminado hasta perderse en sus propios mundos paralelos y en ocasiones inexistente, con todo y lo verosímiles que parezcan. Hoy se ha dado que le llamen "posverdad". Descubro en estas líneas que mis antipatías son varias. Una especie de advertencia a mí mismo para establecer uno de los múltiples códigos de las siguientes páginas. También me molesta la palabra *posverdad*. Esconde la falta de matices del adjetivo regular y evita desarrollar ideas de manera profunda. En este siglo, también, basta con decir "posverdad" para asumir que se está expresando algo cuando es probable que al ampliar tanto la palabra llegamos a decir nada. Ahora, ¿qué es lo que no me gusta y lleva a la breve introducción?

Es natural que no todos los temas permitan una discusión general con toda suerte de personas. En mi caso, una probablemente malsana costumbre a los intereses políticos me obliga a dudar constantemente acerca de nuestra relación con lo individual sobre lo comunal, sobre las libertades con los límites, sobre las pasiones, sobre la racionalidad.

Quizá todo se pueda sintetizar en lo más elemental: los humanos sólo buscamos ser medianamente felices, y algunos encontramos cierta felicidad en la insatisfacción intelectual. Su condición más pura. Con ella se alimenta la inconformidad con lo elástico y lo perfectible, con lo que no depende de una conquista porque de las más importantes sabemos que sería ingenuo creer que son finitas. La inconformidad intelectual admite el tránsito y rechaza el término. Tal vez por esto me di cuenta de que las personas con quienes detecto posibilidades para discutir —salvo una que otra excepción muy personal— son las que han desarrollado su vida dentro del periodismo. Los traductores públicos de la realidad, desde lo real. Como autor de ficción y ensayos, pero sobre todo lo primero, que se ocupa de la realidad desde la realidad análoga, el intercambio sólo puede alimentar la serie de inquietudes que me pone frente a una página.

Como si fuera una matrioshka invertida, resulta que cuando creo encontrar una condición mayor para entablar cierto diálogo, aparece una presencia aún mayor. Si se quiere hablar de un tema es claro que hay que conocerlo, si se quiere conocer el tema hay que equilibrar lo emocional con lo reflexivo, pero para que el diálogo sea equilibrado y equitativo ayuda enormemente que las experiencias de los dialogantes permitan entrecruzarse con un solo objetivo: compartirse con quienes no hayan pasado por nada similar. Es decir, que inviten a la conciencia de un otro.

La política en su acepción más general está siendo discutida muchas veces en las claves equivocadas, la presencia de lo intelectual se percibe como altanería vertical en un mundo de falsa horizontalidad, la esperanza sustituye a lo real hasta hacerse verdad falsa, la venganza se cree justicia. ¿Cómo nos la hemos arreglado para que hablar de valores esté sólo relacionado con lo religioso?, ¿en qué momento destruimos lo moral y lo ético como para creerlo accesorio?, ¿es cierto que lo vemos así?

Perdimos tanto los matices que me da la impresión de que nos hemos convencido por la necesidad de un mundo aséptico que de serlo perdería sentido.

¿Cómo revisamos minuciosamente lo que nos rodea? En el simple desacuerdo que parte de un lugar compartido. La duda y la aceptación en la razón del otro.

Por mera fortuna, hay personas que terminan formando parte de nuestra vida, y viceversa.

Maruan Soto Antaki

Londres, Inglaterra, 2 de agosto de 2019

Mi amada Lydia:

Es mío el honor de que lleves contigo este cariño y admiración por mí, pero ahora se trata de hablar de ti y sólo de ti. Mis ojos se humedecen y mi corazón pierde algunos latidos al leer tu correo y el texto que se publicó en *El País* sobre el artero atentado en tu contra.[1] Te suplico que veas que este dolor que nos provoca la violencia en tu contra a quienes te amamos es el reconocimiento de nuestra vulnerabilidad y la fortaleza de quienes nos reconocemos en la fragilidad frente a los malditos que no conocen el dolor de los demás.

Éstos son tiempos terriblemente difíciles para decir la verdad, pero ése es otro asunto para discutir más tarde. Nosotros sabemos que después de haber perdido a tantos colegas en Arabia Saudita, Estambul, Rusia, Malta, Eslovaquia —y sobre todo en México— debemos tomar muy en serio las amenazas de muerte y por eso debemos hablar sobre ti.

Nosotros —el mundo, tus admiradores, tus lectores y sobre todo quienes te amamos— tenemos la suerte y la bendición de tenerte con nosotros, de poder escribirte, de leerte, de escuchar tu voz, de sentir tu aliento al escucharte hablar con la pasión que entregas al narrar historias que abren nuestro corazón. No tengo la menor duda de que aciertas con la conclusión que has alcanzado sobre las autoridades mexicanas (esos malnacidos que seguramente dieron apoyo a los atacantes que esta vez te han perseguido), y que la horrible violación en tu hogar, el asesinato de tus perritas y robo del material profesional que elaboras de forma tan única y extraordinaria fueron planeados para

---

1 N. del E.: Georgina Zerega, "La reportera Lydia Cacho sufre un robo de información sobre casos de pederastia en México", *El País*, 23 de julio de 2019. Consultado el 20 de octubre de 2021. Disponible en <https://elpais.com/internacional/2019/07/23/mexico/1563841029_206545.html>.

derrumbarte. Pero también sé que esa basura humana, esos parásitos de la violencia no merecen ni un solo toque en el teclado de tu computadora, tampoco han tocado ni una burbuja de tu efervescencia vital; ellos no merecen ni una onza del oxígeno que respiran.

Lo primero y más importante, en mi humilde opinión, es tu estado de ánimo y mental.

Tú estás entre amigos ahora (por favor busca a David Rieff, con quien estuve hasta un día antes de leer tu correo; ¡ah!, qué frustración no estar a tu lado). Qué importante que no hayas abusado de tu notable valentía y hayas decidido salir de México durante este último ataque directo en tu contra. Te suplico que, por ahora, en este momento en que de nuevo has librado a la muerte, hagas acopio de tu capacidad para disfrutar y dejarte querer, no busques más fortaleza por ahora, busca la belleza, la música, el arte para mantenerte tranquila. Si necesitas algo, cualquier cosa material o de otro tipo, no dudes en llamarme porque allí estaré para ayudarte. Ahora estoy volando a París para hacer la mudanza de mi lindo apartamento en Montparnasse, por desgracia el Brexit me ha arrebatado ese hogar y la posibilidad de ofrecértelo para que "mi casa sea tu casa". Ahora no puedes ni debes volver a México, lo sabes bien, y estamos aquí para ayudarte a decidir encontrar el mejor sitio que sea tu hogar seguro lejos del hogar inseguro que es México. ¿Recuerdas esa tarde en que formamos el Club Schifanoia en Ferrara? ¡Qué días aquéllos al lado de Pato, John Lee Anderson y los escritores italianos! Nosotros los reporteros de guerra sabemos que el exilio es siempre una posibilidad. Qué bien definiste esa tribu locuaz que somos, nos comprendemos porque dentro de la locura se halla el dolor y al otro lado de la moneda de la valentía está la fragilidad.

Mi querida Lydia, siente y protege ese corazón bueno y frágil, cuídalo, porque lo necesitas fuerte para sobrevivir este atentado.

miedo y la valentía son gemelos, Cástor y Pólux, ese Yin y Yang que te hace ser la mujer maravillosa que amamos. Como ese balance perfecto entre tu risa contagiosa y tu misteriosa sonrisa, tu pasión, tu honestidad mortal; tú sabes que la valentía no puede ser irresponsable, pues entonces el miedo dicta nuestros movimientos. Pero deben hablarse entre sí en tu interior, amada Lydia, por favor escúchalos a todos, a tu miedo y tu fragilidad, a tu fuerza y tu dolor. Ya has hecho más que suficiente, has dado más de lo que ninguno de nosotros daría en una vida entera, y has sufrido más que ninguno de nosotros periodistas... al menos de los que seguimos vivos. Lo ha dicho nuestro querido David Rhode, quien fue secuestrado por los serbios bosnios y por los talibanes: "Al menos no fui torturado"; él tiene buena salud y tú no. Tú eres la verdadera sobreviviente de entre nosotros.

Ahora es momento de cuidarte, de dejar el trabajo rudo, de enfocarte en tu bienestar, en tu paz interior, en tu salud; ahora te toca a ti.

Mi problema como reportero es que cuando he escrito las historias que me cuenta la gente (las mujeres victimadas por violadores seriales en la guerra en Omarska, los padres únicos sobrevivientes de las masacres en Irak, las madres de las niñas asesinadas en Ciudad Juárez) yo cierro los ojos y entro en "modo zen" para intentar adentrarme en su dolor. Aunque intento imaginarlo me es imposible sentirlo, como me es imposible mirar ese dolor que ocultas detrás de tus párpados; te miro y te escucho y no puedo sino llorar desconsolado, pero no lo haré, sólo creeré en ti, en tu fortaleza, te enviaré todo el amor del que soy capaz y desearé con el alma que estuviéramos hablándolo en aquel jardín botánico de Roma, sentados al lado de la fuente, escuchando tu voz que dice la verdad y mirando tus ojos humedecidos por la tristeza.

Hoy terminé mi libro sobre la música y la guerra, lo llamé *When Words Fail*; así me siento ahora contigo, incapaz de consolarte en este instante, tal lejos de ti. Lydia, no encuentro palabras, te pido que escuches a Coltrane, las sonatas de Schubert que tanto te gustan, a B. B. King y a Billie Holliday —ellos lo cantarán por mí—. Te amo, amiga mía, cómo quisiera ser capaz de abrigar tu corazón en este instante de angustia.

Como George Jackson solía firmar sus cartas desde la prisión de Soledad:

Cuídate y mantente fuerte,
Ed Vulliamy

Ciudad de México, septiembre de 2019

Amada Lydia:

Sé que los años a tu lado han sido los más importantes de mi vida. Vivimos, creamos y sentimos profundamente un amor que sólo era nuestro, que no necesitaba otra combustión más que el deseo, el cariño y el cuidado. Así, como si tejiéramos un nido, creamos nuestro mundo.

No sólo reímos, viajamos y nos gozamos como adolescentes, también nos protegimos de un mundo brutal y de los dolores de vivir. Y lo hicimos con nuestra presencia, con nuestra escucha, con nuestros abrazos y miradas amorosas. Y también con las hermosas compañías: esas angelitas con patas y cola.

Estar a tu lado me hizo una mejor persona: abrí los ojos, la mente y el corazón a realidades que no conocía, que no entendía y que ahora son parte de mí; quizá la más importante, la lucha feminista. ¡Muchas gracias!

A veces uno quisiera congelar el tiempo, pero irremediablemente ese témpano de horas y segundos se derrite y el agua corre intempestivamente. Y así, la vida sigue, en su misterioso, doloroso, pero también maravilloso caudal de nuevas experiencias y retos. Queda seguir avanzando con la mirada en el horizonte.

Así que éste es el momento. Necesitaba escribirlo. Y duele, mucho, pero ya es mayor en mi corazón, en mi mente, el agradecimiento de tu presencia en mi vida y la persistencia de tus enseñanzas en mi forma de mirar el mundo. Sé que nos amaremos siempre, que estaremos siempre para cualquier cosa que necesitemos. Es necesario que sea así. Sabes que en mí tienes a un cómplice y a un amigo del alma que haría todo por ti.

Con mucho amor y ternura,
Bapak

Madrid, España,
septiembre de 2019

Mi amado Bapak:

Llevo varios días pensando en ti, deseando que estés en un buen lugar y que encuentres la felicidad que te mereces. Extrañándote.

Tu presencia en mi vida no se parece ni se parecerá a ninguna. Llegaste en un momento en que todo lo que mi alma necesitaba era música y honestidad, amor y verdad. Cada día fuiste capaz de entregarte sin pedir nada a cambio. Contigo descubrí una forma nueva de felicidad que nace del gozo, de la amistad verdadera, de los debates y de la simple presencia en una hamaca, de un libro de poesía, rodeados de mis perritas amorosas; de ir juntos, machete en mano, en busca de nuestro propio rincón de selva en la que hay una vida bella.

Jamás un hombre me hizo sentir segura del amor de esta singular manera, contigo me sentí aceptada y cuidada en los peores momentos de mi vida. El rompimiento con Jorge me dejó destartalada, temerosa de amar de nuevo, lo sabes, hasta que llegaste tú con esa sonrisa dulce, los abrazos interminables, con tu ternura amorosa y una madurez para amar que he visto en pocos seres humanos. Tus gestos alegres cuando la enfermedad me estaba cobrando facturas son mi fortaleza cuando estoy sola y vulnerable entre médicos y exilio. ¡Qué felicidad haberte tenido en mi vida!

"Aprendamos a extrañarnos", te dije un día al despedirnos después de tu primer fin de semana en mi casa, estaba llena de certeza porque sabía que te quedarías de por vida en mi corazón y en la memoria de mi piel —que es también la memoria de mi alma—. Lo hicimos, y después recorrimos juntos mundos que se convirtieron en nuestros paraísos secretos.

Siempre te dije, con todo el amor del que soy capaz, que deseaba que encontraras un amor como el que imaginas para formar esa familia con la que has soñado. Cada vez que lo dije algo en mí me hacía comprender la inmensidad de ese amor especial que inspiras.

Quererte conmigo y a la vez saber que lo más bello para ti estaba por venir, segura de que alguien más te mirará con los ojos con los que yo te he visto: ese ser maravilloso, dulce y creativo, empático y feminista, un maestro, un músico escritor que desde niño buscaba ese camino.

Sabes que desde donde esté celebraré tu felicidad y sentiré tu melancolía. Eso sólo puedo decirlo porque has sido uno de los hombres que más he amado.

Ambos sabemos que esto que es inolvidable era el camino para que tú empezaras una nueva vida y para que yo reinventara la mía.

Te quiero y deseo lo mejor para ti, siempre.

Mi corazón celebra tu nuevo amor,
Lydia

21 de noviembre de 2019

Salvador:

Es de noche en Madrid, tiemblan mis manos al escribirte esta carta. Hace una semana que me enviaste las fotografías de nuestros viajes en velero por el Caribe te llamé para darte las gracias, te percibí melancólico y dijiste que tal vez lo estabas, que sentías que habías vivido ya todo lo que añoraste durante tu juventud. Hablamos del paso de los años, del amor que nos tuvimos, pudimos reírnos un poco de aquella tarde en que saliendo de firmar el divorcio nos fuimos juntos a comer a nuestro restaurante favorito de siempre. Paolo fue a saludarnos y le dijimos que celebrábamos el habernos amado durante trece años, que acabábamos de firmar, y él, sabio que es, nos llevó unas copas de prosecco para brindar por el pasado. Fue una tarde extraña; creo que ambos nos amábamos profundamente, pero nuestra vida juntos era ya imposible. Tú me dijiste que hubiera sido mucho más fácil si peleáramos y nos insultáramos como tanta gente, pero en el fondo no lo creímos. Jamás nos gritamos, ni nos insultamos u ofendimos intencionalmente, y no era porque fuéramos unos santos, ciertamente no lo somos, fue porque ambos sabíamos fluir en nuestras diferencias, como si estuviésemos destinados a revelar lo mejor de cada cual al navegar unidos. Desde el principio en que nos enamoramos, en un mes ya vivíamos juntos, supimos que éramos muy diferentes, que el hecho de que tú tuvieras diecisiete años más que yo eventualmente nos separaría. Vaya que nos prometimos que haríamos todo por reinventar nuestra relación si llegaba el momento, y cuando estuvo frente a nosotros fuimos incapaces de superar nuestras diferencias porque eran vitales, esenciales. En esta llamada de hace unos días me dijiste que hicimos bien en dejarlo en un momento de amor, que fue bueno no haber sucumbido al anhelo de forzar lo imposible.

Ya tú no podías con lo mío y yo estaba cansada de intentar negociar mis aspiraciones. Supongo que ambos aprendimos a amar en las diferencias y a desamar en los imposibles. Me dijiste que yo soy el amor de tu vida, que nunca pudiste tener una relación duradera y auténtica después, yo te dije que tú fuiste el amor fundacional de mi existencia y lo sigues siendo, a tu lado aprendí a gozar cada segundo de la vida, tu equilibrio interior me ayudó a descubrir que debía elegir las batallas, que se vale gozar sin culpa social, que merecía que me pagaran igual que a cualquier hombre, que es muy bueno disfrutar tanto el erotismo. Tú siempre pudiste ver mi fuerza interior cuando yo aún no tenía conciencia de ella. Me agradeciste cómo te acompañé cuando murió tu hijo Marco Antonio, te dije que creo que en ese hospital aprendimos que en verdad nos amábamos con el alma.

Luego nos reímos tanto recordando cómo me asusté el día que me pediste matrimonio con champaña y un anillo de diamante que casi nunca usé, del susto que me diste al decirme que querías casarte y de mi negativa durante una semana. Tenía miedo de que todo cambiara, de perder nuestra libertad juntos. No sucedió, y me tardé más de un año en superar esa ansiedad.

En nuestra última llamada te recordé cómo nos alejamos el primer año después del divorcio, porque necesitábamos distancia emocional; era preciso romper el vínculo, crear nuevos, aceptar todos los defectos del otro para superar el vacío. Yo magnifiqué el dolor de tu negación sobre la violación, y no fue intencional, mi terapeuta me decía que era necesario para sacarte de mi corazón. Tú magnificaste lo que considerabas egoísmo y locura por querer entregar mi vida al periodismo y al activismo. No teníamos opción, porque el amor era omnipresente igual que el deseo. Luego, cuando años después fuimos a comer una pizza en Rolandi, hablamos como si nuestro corazón hubiera guardado la mejor versión de cada cual. Cómo aprendí contigo a fluir, a soltar amarras, a navegar por aguas difíciles, a respetar tus silencios y descubrir que se puede vivir y amar como tú lo hacías: sin aspavientos ni exabruptos.

Hoy, 19 de noviembre, estoy en el exilio en España viviendo en la casa de mi amigo Iván. Te dije hace semanas que no puedo volver, me dijiste que ojalá pueda algún día para despedirnos. No entendí. Hoy me llamó Alberto Frisicione para avisarme que acabas de morir, que te encontró tu hijo en tu departamento —ese en que vivimos juntos—; dicen que te dio un infarto, que se te veía plácido, e ignoro si lo dicen para tranquilizarnos o si es verdad. Hace horas sentí que me ahogaba en llanto, me invadió la rabia de estar lejos, de no poder ir a despedirte cuando bajaran tus cenizas en una caja metálica para depositarlas en el barco hundido, como siempre dijimos que haríamos juntos.

Hablé con tu hijo Salvador, esperará un par de semanas para que toda tu familia pueda estar presente. Qué rabia más grande que la violencia de mi país me arrebate a mi familia y a este último adiós en el mar.

Ignoro si el cáncer de piel que te causó tantos estragos había avanzado, nunca fuiste bueno para hablar de tu dolor o tus miedos. Un día en Puerto Rico me dijiste que sentías que si hablabas de tus miedos, éstos se harían más reales; supongo que por eso poca gente comprendía por qué en los últimos años salías a correr a las cinco de la mañana y a dar la vuelta en la lancha a las 5:30, antes de que el sol remontara en el cielo. Con lo que nos gustaba salir en la bici para ver salir el sol y caminar por Playa Delfines, o cruzar desde Cancún hasta Isla Mujeres en windsurf y luego volver con unas cervezas encima en el barco de algún amigo. Moriste tal como deseabas, viviste tal como imaginaste, tú tampoco negociaste con nadie tus sueños, ni el futuro que anhelabas, ése sin preocupaciones, sin noticieros, sin angustias, sin pleitos. Sólo el océano, un par de amistades, algún amor ocasional y navegar por el mar, tu verdadero compañero vital.

Me invade una tristeza sin nombre y sin voz, mis brazos quieren estrecharte por última vez, ir al que fue nuestro hogar por esos pequeños recuerdos que te dejé al irme, como el autorretrato desnudo al pastel que me hice y que me pediste como regalo de despedida, las fotos en papel que imprimí cuando yo misma las revelaba, los libros que te dejé al despedirnos. No, no es lo material lo que busco, es un pedazo del pasado que ya no volverá, ni con tu voz, ni con tu sonrisa inconfundible, ni con tu frase de siempre: "Todo saldrá bien, lo prometo. Preocuparse es para desconfiados"...

Beto me ha preguntado si quiero enviar algo para la ceremonia del adiós, le enviaré el poema que te regalé el día que nos casamos, lo tengo en mi diario, escrito a mano, aunque sé que está en tu casa, enmarcado como te lo entregué, escrito con mi Olivetti de entonces.

Le he dicho a Beto que si no pueden leerlo, porque éste será un momento para tu hijo, para Adriana y tus nietos que adorabas como a nadie, entonces que lo tiren a tu lado en el crematorio, o que lo amarre a la caja de las cenizas para que el mar lo diluya con el tiempo, para que te rodee ese amor que fue, para sentir que estuve en ese último instante haciendo honor a lo que fuimos, a ese amor que me ayudó a descubrir mi fortaleza y mi libertad.

Te amo siempre,
Lydia

Madrid, España, 13 de diciembre 2019

Salvador:

Finalmente, el 23 de noviembre tu hijo te llevó al crematorio y esta mañana se subieron al barco tu hijo, Adriana, tus nietos y Carlos Austin junto con Beto y un par de amigos más. Tus hermanas no estuvieron. Salvador Jr. se hizo cargo de todo, tan parecido a ti que me hace recordarte en esa época, serio, puesto a resolver, huyendo del dramatismo, pensando en el futuro, respetando tus deseos.

Me enviaron un video hermoso que grabaron durante la ceremonia, veo a tus nietos ponerse el traje de buzos, a Beto sosteniendo a tu nieto bajo el mar, al lado del barco. Y todos aplaudiendo tu vida, celebrando al marinero, al padre, al amigo, al hombre que supo construir su vida desde la nada. Lloro y las lágrimas me saben a mar, te extraño, extraño esa otra vida que tuve, agradezco haberla tenido porque sin esos años de aprendizaje, de gozo, de convertirme en capitana de velero, en buza, años de descubrir el mundo a tu lado, yo no hubiera aprendido a apaciguar el alma, a meditar, a hacer yoga, a encontrar alivio en el mar y el sol; no hubiera descubierto que se valía ser activista y poeta, pintora, periodista y marinera, que somos mucho, y en esa diversidad interior siempre caben la felicidad y el autocuidado.

Contigo construí una felicidad interna que perdura y me ha permitido enfrentar toda la dureza de la violencia, la soledad, los miedos y la angustia a los que tanto miedo les tenías.

Miro nuevamente este video y te quiero otra vez, pienso que justamente así es como querías partir de este mundo, celebrando, sin aspavientos, sin florituras, con quienes quisieran estar de verdad, en un barco en el fondo del mar. Espero que cuando yo muera respeten así mi partida, con la sobriedad, hecha cenizas, en el mar, sin palabras.

Hasta siempre, navegante, nos vemos en nuestro mar algún día,
Lydia

Madrid, España, 6 de enero de 2020

Tú, funambulista:

Bastó escuchar tus pasos sin ver siquiera que venías hacia mí, bastó mirarte sonreír por un instante. Pronunciaste mi nombre como si fuera tuyo, mordí el sonido de tu voz entre mis labios, quise besarte allí mismo en plena calle. Acercaste tu boca a mi oído para decir: "Podría besarte aquí mismo" (lo que querías decir era que podrías perderte en mi cuerpo en la esquina de este bar entre mascarillas, tabaco y vino).

Cómplice involuntario de la vida, hemos visto el abismo y tú lo sabes. Logramos escapar de ser normales, sé que mi locura por fin halló a la tuya, inesperado vuelco entre dos cuerpos rabiosos de deseo.

Bastó escuchar tus pasos para saber que en esta cuerda floja que es la vida tú y yo aprendimos a flotar sin derrumbarnos, a caminar hacia el destino que parece incierto.

Bastó sentirte cerca para que mi cuerpo desatara el río del deseo cómplice involuntario de la vida, y aquí mismo tu piel ha hablado con la mía frente a un mundo que no mira.

Una sola noche lograste escapar del personaje de tu jaula encantada, de tu mentira ilusa, para llegar a mí sin máscara.

Y sin saberlo, mientras duermo mi cuerpo espera tu presencia de carne y arrebato en esta locura de nosotros sin reglas ni ataduras. Todo terminó antes de comenzar siquiera. Dices que extrañas los besos futuros que jamás llegarán; yo guardo en mi lengua una carta de amor que jamás te entregaré, una añoranza leve, amorosa e impropia. Ya nunca más volverá el deseo que tú y yo esta noche nos hemos pronunciado, tu locura por fin halló a la mía cómplice involuntario de la vida.

Sé que no volveremos a encontrarnos, deseo que te atrevas a vivir sin la máscara de loco que tanto daño te ha hecho; que dejes renacer al poeta y al narrador genial al que has enjaulado en un delirio de miedo y drogas.

Lydia

Madrid, España, 7 de noviembre de 2020

Querido papá:

Ayer domingo que hablamos me partió el corazón escuchar tu voz atragantada por las lágrimas. Sé lo difícil que es para ti expresar tus emociones y me conmociona saber que te estoy causando sufrimiento. No pude seguir hablando, yo también tengo miedo de romperme; siento que si comienzo a llorar contigo, con alguno de mis hermanos o con Myriam romperé un dique y quedaré ahogada en una catástrofe emocional de la que no podría salir por falta de fuerza. Así que recurro a una carta, como me enseñó mamá, para no dejar nada en el olvido.

Tú y yo hemos tenido una vida complicada, desde las diferencias que en mi adolescencia me parecían irreconciliables hasta los reencuentros en momentos dolorosos para la familia; hemos salido victoriosos de ese impulso vital, tuyo y mío, por alejarnos uno de la otra como si habláramos idiomas de diferentes planetas, como si nada nos uniera más que la sangre que es líquida mensajera de un génesis ininteligible. Te he reclamado, seguramente de forma injusta, a veces egoísta y necia, que no te atrevieras a amar como yo esperaba, como con mis hermanos esperábamos que nos amaras. Me has reclamado que no obedeciera tus órdenes, que no cumpliera tus expectativas ni respetara las reglas del juego. Pero aquí estamos, ambos sobrevivimos el abismo que advertía con alejarnos irremediablemente. Y no querías que abriera el refugio de alta seguridad, pero cuando estuvimos a punto de quebrar por falta de fondos, hiciste ese donativo que nos permitió tener a sesenta personas protegidas de la muerte. No querías que me casara con Salvador, pero me regalaste la posibilidad de comprar un departamento para tener una habitación propia. Temías por mi integridad y estabas harto de mi necedad por enfrentarme a los mafiosos, pero cuando salí de la cárcel publicaste aquel texto maravilloso que escribiste de puño y letra para decirle al presidente de México que querías que fuera tan valiente como tu hija y nos protegiera a las víctimas y a mí. Lloré como una niña y entendí que ése fue tu gran acto de amor que mi madre, si viviera, hubiera celebrado emocionada.

Alguna vez cuando joven te escribí que yo sabía que no era la hija que esperabas, pero que tú tampoco eras el padre que yo añoraba. No lo dije con crueldad, era un grito desesperado para que abrieras tu corazón, para que me abrazaras como los padres de mis amigas las abrazaban haciéndolas sentir seguras en el mundo. Me debatía pensando en que tu madre te depreció cuando eras niño y nadie te enseñó a prodigar afectos y a ser amoroso, te enseñaron a esconder el corazón para que no te lo rompiera nadie. Yo podía ver en tus ojos, igual que lo vi en los ojos de tu padre, una dulzura intransitable, una ternura en ciernes, la búsqueda silenciosa de un cariño al que nunca le pusiste nombre, al menos no frente a nosotras.

Con los años nos hemos suavizado tanto como pudimos, ahora tienes ochenta y seis años y esta pandemia te ha recluido como jamás quisiste estar; te han maltratado por tu edad al impedirte que entres a los supermercados por un falso miedo a que te contagies, dices que te has sentido como un hombre mayor por vez primera en tu vida. Esta crisis mundial nos recordó, a todos y todas, nuestra fragilidad, y tú y yo aborrecemos sentirnos vulnerables. Entonces han aflorado en ti las expresiones que nunca imaginé escuchar de tu boca, un "te quiero, hija mía" cada vez que hablamos y nos escribimos los domingos; yo he bajado la guardia también y te respondo con la intención purificada del amor incondicional, porque he aprendido lecciones de la vida también. Un domingo me dices que ya no vuelva a México porque todo está feo, complicado, y lo estará más para las periodistas; otro domingo me preguntas cuándo volveré, y al repetirte que es imposible que regrese porque hay unos sicarios pagados esperando mi retorno, me preguntas si nos volveremos a ver; y cuando se me quiebra la voz es tu turno para consolarme, aseguras que estoy mejor en el exilio, que seguramente lograremos vernos cuando se termine el riesgo de la pandemia y se abran las fronteras. Respondo que así será, como si la esperanza fuera mi hogar y no hubiera sitio para la duda. Estoy bien, padre, hay días difíciles, he tenido que tomar decisiones que me costaron mucho, como vender mi casa que como sabes es mi única posesión material, ¿te acuerdas que cuando llevaba siete años construyéndola me dijiste que yo estaba como los faraones? Te respondí a carcajadas que los faraones tardaban porque eran ricos y yo tardaba porque iba juntando el dinero para pagar cada piedra y cada viga de madera.

No me duele vender la casa por su valor material, me duele porque debo hacerlo a la fuerza, porque me expulsa mi país y su injusticia, porque logré encarcelar a poderosos pederastas en el país que los deja libres, porque encarcelé policías torturadores en el país que los perdona siempre, porque me enfrenté al sistema y evidencié que si una mujer puede no hay razón para que un gobierno entero no lo logre. Porque mi honestidad los evidenció y no soportan que una mujer le muestre al mundo que sí es posible desarticular una red trasnacional de delincuencia organizada sin pedir favores políticos, sin triquiñuelas legaloides.

Y me duele porque ese hogar fue mi refugio en los días más aciagos de mi vida, allí escribí libros, pinté veinte cuadros, leí poesía, perdí un amor y encontré otro; en ese hogar con sus gallinas y su huerto, con su cenote y sus palmeras, con mis cuatro perritas amorosas fui profundamente feliz en el silencio de la selva, cerca del mar. Allí fui libre, aunque una patrulla policiaca resguardara mi hogar cada noche.

Ya hice la paz con el hecho irrevocable de vender mi hogar para sostenerme en España. Aquí me he sentido más frágil que nunca, con la libertad amordazada para lograr ser asilada algún día, pero también me siento libre al caminar por las calles, hablo con los policías en lugar de desconfiar de ellos, conozco gente que abre un horizonte nuevo ante mis ojos, me abrazan mis amistades para que no me sienta sola. Llevo dos años pagando impuestos en España, así como seguridad social y un impuesto que se llama autónomo, porque se necesita permiso para trabajar por la libre como yo. He encontrado un departamento lindo frente a una placita que parece de pueblo, hago mis compras en el barrio, voy a la frutería y al mercado, tengo un marchante que me vende pescado y una señora que me vende pollo y huevos frescos, uno me dice "la mexicana", la otra me llama "la escritora". Camino a las once de la noche sola y ya no miro tantas veces a mi alrededor. Pongo la alarma de mi casa cuando salgo y sé que funcionará la puerta blindada. Le hago galletas a mi vecina María, de ochenta años, que me dice que siempre que la necesite estará aquí, y saludo a diario al portero. Mis caseros son buenas personas y me cuidan. He encontrado afectos inesperados y trabajos por todas partes. Compré plantas y compro flores cada semana, las arreglo como hacía mamá, para que haya vida en mi pequeño nuevo hogar. Entonces estoy bien, viva y cuidando mi salud, afortunada de estar rodeada de gente buena y amorosa. Leo y escribo, bailo y escucho música cada mañana. Soy, de nuevo, una sobreviviente del desplazamiento forzado, y te prometo, papá, que no me daré por vencida, que nos volveremos a ver, que nos daremos ese abrazo que ya estamos dibujando con cada mensaje y en cada llamada.

Tú prométeme que te cuidarás mucho, que estarás bien para que cuando sea posible puedas tomar un avión y venir a este país que me ha recibido como hija adoptiva porque está claro que, al mío, al nuestro, no podré volver.

Te abrazo desde este lado del mundo, con todo mi cariño.

Tu hija,
Lydia

Madrid, España,
26 de febrero de 2021

Gracias a mi querida asistente Adriana, quien ha rescatado cuidadosamente mis objetos personales de la casa de México, he recibido una nueva valija. Esta vez es pequeña y trae fotografías impresas en papel, más diarios de mi adolescencia, un par de libretas de reportera y una agenda con apuntes, direcciones y teléfonos de mis contactos en Tokio, Sri Lanka, Filipinas, Kazajistán y la República de Uzbekistán. Releo los datos separados cuidadosamente en recuadros, regreso inexorablemente a esos momentos emocionantes en que, desde mi estudio rodeado de palmeras, libros y cantos de aves, me preparaba para los viajes de investigación para escribir *Esclavas del poder. Un viaje al corazón de la trata sexual de mujeres y niñas en el mundo*. Las fotografías y materiales de ese viaje han llegado a mí como si fuera 2009 otra vez.

Me sorprende lo rápido que podemos procesar las pérdidas, basta escuchar las palabras correctas de alguien (en este caso de un agente secreto y de mi hermana Myriam) para soltar las amarras de una nave que ya no podrá llevarnos a ninguna parte. Una fría mañana de enero, en el café Universal del Parque Berlín, el agente de Interpol experto en mafias me miró a los ojos con una taza de café entre las manos y sin más me recordó que gané enemigos de por vida, que la inminente detención de Kamel Nacif en el Líbano significa que no podré volver a México, que sus redes políticas, judiciales y económicas en mi país siguen intactas. Me dijo que hace tiempo él aprendió a no tener ataduras, que se sufre más cuando se tienen anclas emocionales. "Véndelo todo, Lydia, comienza tu vida en Europa y sigue haciendo lo que sabes hacer", me dijo casi con ternura.

Esa noche hablé con Myriam, llorando le dije que me daba rabia y tristeza firmar los papeles para vender mi casa, que es mi única posesión material en el mundo. La construí a lo largo de diez años… La casa de mis sueños en la selva, piedra, madera, palapas, un huerto y árboles frutales, un gallinero para tener huevos frescos, un jardín de bambús para meditar, una fuente para escuchar el canto del agua mientras hago yoga, una cocina grande y luminosa para alimentar a mi tribu de amistades.

Perdí mi paraíso, le dije a Myriam, ella respondió que ése lo llevo dentro desde niña, que la casa redonda con su gran biblioteca y estudio para escribir y pintar cerca del mar se puede reconstruir en cualquier rincón del mundo. "Déjalo ir, hermanita, ya es hora de admitir que para tener un nuevo hogar debes deshacerte de éste. El apego te hará más daño". Firmé los papeles y se puso en venta de inmediato; ahora sí este exilio es definitivo. Desde que mi madre murió he sentido que mi único hogar verdadero era esa casa que ya no me pertenece.

Hace veinte años me construí un caracol de piedra y madera, rodeado de símbolos sagrados, mi escudo, mi nido mágico donde habita la inspiración día y noche; ya no miraré el atardecer desde el balcón de la selva de venados y jaguares. A los cincuenta y ocho años me siento con poca fuerza para comenzar de nuevo. Apenas comprendí que el exilio no te da un hogar sino una guarida. Tendré que descubrir cómo salir de este rincón de seguridad en alquiler para hallar un sitio donde la inspiración habite día y noche, donde pueda bailar desnuda, escribir poesía y atreverme a amar de nuevo lejos de una patria que desprecia el poder de las mujeres rebeldes.

Cancún, Quintana Roo,
6 de marzo de 2021

Lydia querida:

Desde hace meses, cada vez que cruzo el puente que atraviesa la entrada a Puerto Morelos, te escribo una carta en mi mente. Será que desde las alturas veo la selva que alberga tu casa...

Antes de tu exilio, esa imagen dibujaba una amplia sonrisa en mi rostro, porque me remitía a nuestras interminables charlas, las ceremonias de sanación en la palapa, la comida siempre deliciosa en tu mesa, el prosecco que nunca faltaba, pero, sobre todo, el cariño, la amistad entrañable y la sororidad compartida.

Este puente simbolizaba nuestros encuentros, porque si bien tus largos viajes al extranjero para dar conferencias o presentar tus libros no permitían que fueran frecuentes, me recordaba que tarde o temprano nos reuniríamos.

Pero, claro... eso era antes del exilio.

Ahora, cada vez que cruzo el puente, lloro y te "escribo" que no puedo con tanta injusticia, que es inhumana la factura que te están cobrando por defender a las niñas y niños de pederastas, por abrir un refugio para albergar a las víctimas, por no ceder, por ser constante y congruente, por no callarte. ¡Que ya basta con la persecución!

Me haces falta, amiga. Pero también te necesitamos en México.

Hace un par de semanas, el 24 de febrero para ser más exacta, estuve en Chetumal con las mujeres que se atrincheraron en la "Congresa" de Quintana Roo para exigir que se debatiera por lo menos una de las cinco iniciativas presentadas a favor de la despenalización del aborto, ignoradas sistemáticamente por las y los diputados de la autollamada "Legislatura de la Paridad". La abrumadora mayoría de esas mujeres son jóvenes, algunas provenientes de las comunidades mayas, otras universitarias, empleadas o activistas, feministas todas, que por casi noventa días resistieron la falta de agua y electricidad, las constantes agresiones de los grupos conservadores y antiderechos comandados por el clero de Chetumal.

Ese día, en el cual finalmente se acordó llevar la iniciativa al pleno, transité por muchas emociones: alegría, miedo, entusiasmo, frustración y también un momento de mucha tristeza cuando una de esas jóvenes me preguntó: "¿Cuándo regresa Lydia Cacho a Quintana Roo? ¿Vendrá a apoyarnos?". Yo no supe qué contestarle, sólo acerté a decir: "Lo ignoro, porque sigue en peligro su vida".

Ese día logramos que se aceptara la discusión en el pleno, pero el 2 de marzo se votó en contra de la despenalización. De hecho, trece diputados votaron en contra y sólo siete a favor. No obstante, sabemos que a pesar del resultado fue un logro poner en la agenda política el derecho a la autonomía sobre nuestros cuerpos.

Nuestra lucha nunca ha sido fácil, Lydia, tú lo sabes bien. Sin embargo, tengo la certeza de que lo lograremos, como también de que regresarás a tu país. Tu ausencia es una afrenta no sólo para ti, sino para todas las mujeres que vivimos y trabajamos por México. Te espero, amiga querida. No olvido que alguna vez me escribiste: "No me pierdo de tu vida, ni te pierdes de la mía". Eso ningún exilio nos lo va a arrebatar.

María Rosa Ochoa

8 de octubre de 2021

Hermanita Lydia:

Desde que éramos niñas me sorprendían tu pasión por la vida y la intensidad con la que experimentabas cada experiencia. Ahora que nos hemos convertido en mujeres adultas aún veo a esa niñita de ojos hermosos que tiene la fuerza para enfrentar lo que sea. Si me preguntaran qué es lo que más admiro de ti, podría responder con una larga lista de cualidades, aunque me quedaría con tres en particular: generosidad, valentía y resiliencia.

Te has atrevido a hacer cosas y enfrentar situaciones impresionantemente difíciles. Te levantas una y otra vez sin dejar de defender aquello en lo que crees y has convertido al mundo en un lugar mucho mejor gracias a tu lucha, a la misión de vida que asumiste.

Ahora te pido que pongas en el centro de esa misión a tu corazón grande y sabio, que la defensa ahora sea para ti tu tranquilidad y tu gozo. Que nunca más sientas que tienes que justificar tu fuerza, tu intensidad y mucho menos pedir perdón a quienes te aman por las luchas que has elegido.

Has caminado por lugares que casi nadie se atreve a transitar por defender a mujeres, niñas y niños. Si todas las personas hicieran lo que les corresponde para buscar justicia, tú no vivirías en la huida. Has pagado un precio personal muy alto por tu lucha, que ahora ha llegado a este exilio. Es tiempo de protegerte a ti ante todo, de permitir que te cuiden y protejan como tú has cuidado y protegido a miles de personas.

Quienes estamos cerca de ti tenemos un gran honor al conocerte y acompañarte en el camino.

Es una gran fortuna ser tu hermana y amiga.

Gracias por todo.

Te amo siempre,
Myriam

En fin…

Siempre que termino de escribir un libro o un ensayo, incluso cada vez que recibo algún premio, me pregunto "¿por qué yo?". Y no es una pregunta gratuita o de falsa modestia. Millones de mujeres en el mundo tienen historias relevantes que deberían ser leídas, escuchadas, reconocidas. Ahora que ha sido mi turno, al intentar diseccionar cómo y por qué se puede vivir desde la resiliencia con dignidad y cierto grado de felicidad intermitente, descubro que mi historia es la de miles de defensoras de derechos humanos y periodistas rebeldes que resisten a diario los embates del patriarcado violento.

Desde muy niña me he preguntado cómo dar la verdadera batalla contra las desigualdades, porque son muchas y lo atraviesan todo en nuestra vida. En la adolescencia de chica de clase media mexicana comprendí la diferencia entre desigualdad y opresión, aprendí de forma dolorosa a descubrir los privilegios reales y los aparentes, la rebeldía rugía en mi vientre sin encontrar palabras, por ello he dedicado una vida entera a buscar cada letra del abecedario para darle forma y significado a esa íntima y poderosa respuesta emocional e intelectual frente a las injusticias que descubrí desde la niñez. Tal vez mi historia de vida se ha convertido en un hecho relevante a nivel internacional porque evidencia con prístina claridad la gran hipocresía de la sociedad para enfrentar la violencia contra las mujeres y niñas, porque las mujeres como yo, que adquieren cierto poder por su notabilidad y credibilidad, son castigadas por el poder machista en todo el mundo, porque la valentía admisible debe someterse a las reglas judiciales y criminales del patriarcado. Billones de mujeres y niñas han recibido el mensaje cultural, social y religioso de que quien se rebela de los opresores será cruelmente castigada por los cómplices de la discriminación. La violencia sexual como castigo por tener voz propia que hace eco de otras voces; la tortura como castigo del Estado por atrevernos a ser protagonistas en una patria que sólo ama a los héroes que matan, humillan y conquistan; la cárcel y el ostracismo por resultar incómodas a una sociedad que celebra nuestra valentía, pero no se arriesga para imitarla y detener el horror.

Luego de releer tantas veces este libro, mis manos tiemblan ansiosas como lo hacían en la adolescencia al escribir esas cartas a mis padres, esos diarios secretos. Pienso en la posibilidad de no publicarlo, en guardarlo como recuerdo de un atrevimiento más de mostrar los hechos documentados sin reinterpretarlos. Como siempre, vuelven a mi mente el momento en que mi madre me regaló el primer diario para escribir verdades y después las voces de miles de sobrevivientes de violencia a quienes he entrevistado por el mundo, las que eligieron contarme su historia para reivindicar su voz y las de aquéllas que han vivido lo mismo que yo, en silencio, por las que han muerto, por las que han huido, por las que no logran salir del miedo de sus opresores, por las que despiertan ese volcán de indignación que hace temblar la tierra y a nosotras, a mí, que soy las otras.

Estoy segura de que si no hubiera crecido en esa familia tan contradictoria, profundamente amorosa, intensa, defectuosa y con una madre demasiado exigente y obsesionada con la ética, no habría construido esta extraña vida de la que ahora he mostrado los retazos más íntimos.

Cuando niña descubrí que defendía mis rarezas, me rehusé a integrarme para ser aceptada, descubrí que mi franca fortaleza no hacía juego con mi ímpetu cariñoso, los adultos me lo señalaban siempre. Fuera de mi hogar escuché constantemente que no se puede ser muchas cosas a la vez, para ser "creíble como mujer" debes asumir sólo uno de los roles o paradigmas aceptados. Siempre me pareció ridículo constreñirme a un estereotipo, por fuera y por dentro. Fui y he sido muchas mujeres a la vez, me enorgullecen mi fortaleza e inteligencia porque las he desarrollado a pulso y con entereza y disciplina, también mi capacidad de gozar cada instante, de aceptar mi vulnerabilidad, mi cuerpo y sexualidad, de amar hasta la locura y a destiempo; me llevó muchos años aprender a poner límites a quienes me pedían ser más discreta. Amo mis obsesiones y mi tozudez, sé que me han costado grandes golpes en la vida y no me arrepiento de haber corrido los riesgos implícitos en mis decisiones. He hecho la paz con mis defectos y aprendido a reconocer mis virtudes. Ahora intentaré protegerme como merezco, creo que la etapa más salvaje de mi misión ha terminado con las últimas letras de este libro. También estoy segura de que la aventura de vivir no ha terminado. Lo que me quede de vida lo gozaré con amor y rebeldía.

Agradecimientos

Resulta imposible agradecer a toda la gente que me ha acompañado en esta larga batalla por la vida, la dignidad y la justicia. Reduciré entonces esta lista a quienes con sus letras, cercanía, amistad y palabras me acompañaron en esta historia.

A mi madre Paulette Ribeiro, a sus padres Zeca y Marie Rose. A mi papá Óscar Cacho y mi abuelo José Ernesto. A mis hermanos y hermanas, Myriam, Óscar, José, Sonia y Alfredo. A Paco Báez, Paulina y Santiago. A mis amistades de la adolescencia, Atocha Aliseda, Juan Sisniega, Regina Orozco, Cecilia Guzmán, Beatriz Bugeda, Mario Cruickshank, Carlos Aguilar, Paco Alcalde, Alfonso André, Juan Carlos Schultz, Mireya y Eugenia Torres.

A Frank Brill, por su amistad vertida en noventa bellas cartas en mis tiempos en que aprendía a trabajar en cine donde descubría el mundo con Dana Rotberg, Alfonso Cuarón, Gerardo Tort, Jorge Fonz, René Goenaga, Alex Phillips, Teresa Jáuregui, Mónica Dupasquier, Miguel Lima, Berta Navarro, Martin Hewitt, Peter Horton, Miguel Gurza, Patrick Crowley y Teresa Pecanins.

A los amantes fugaces cuyas cartas decidí no publicar porque no pude encontrarlos para pedir permiso. A Salvador San Martín, que me enseñó a navegar en el amor, a mis colegas y primeros jefes, Fernando Martí y Carlos Hurtado, a Vicente Álvarez Cantarell, porque creyó en mí para ser directora editorial y socia de las revistas que reinventamos juntos. A María Rosa Ochoa, mi cómplice en la aventura de hacer radio pública de contenido feminista cuando eso era casi un pecado. A José y Ceci Torres

Allier, porque sin ellos no hubiera podido producir en los noventa mi programa feminista de televisión *Esta boca es mía*. A Miguel Ángel Meza, quien me abrió las puertas de la revista *Tropo a la uña*, para que publicara mis primeros textos literarios; junto con él, Leonardo Kosta, Carlos Hurtado y Eduardo Suárez creamos el Grupo Manglar para revisar nuestras primeras novelas y poemarios en Cancún. A Mónica Díaz de Rivera, mi entrañable amiga, maestra de literatura que ha revisado cada uno de mis libros con honestidad y paciencia.

A quienes me enseñaron a convertir mis entrevistas en acciones concretas invitándome a Unidos por la Vida, A. C.: Patricia Victoria, Alejandra Hernández, Adrián Aguilar, Irma Mencarini y todos los chicos que, sin saberlo, me forzaron a estudiar la masculinidad y el machismo en el mundo gay, por ellos estudié tanatología también. A la doctora Ana Fleisher, que nos ayudó a montar un laboratorio para detectar el VIH cuando el Estado se rehusaba a atender a las personas LGTB en las clínicas públicas. A Cayetana de Regil, que organizó al empresariado para que donaran recursos que hicieron posible construir el albergue/clínica para personas con VIH/sida.

A Lucía Lagunes, Sara Lovera y Esperanza Brito de Martí, por creer en mí como reportera y enseñarme el camino hacia el periodismo con perspectiva de género junto con Mirta Rodríguez Calderón y Rosalía Hernández Alarcón. Gracias a Lucía conocí al equipo de UNWomen en Nueva York para trabajar con Stephanie Urdang y Madu Bala Nath, que me contrataron para viajar a África y después al sureste asiático, donde descubrí mis habilidades para mapear las rutas de la violencia, la opresión, los crímenes contra mujeres y niñas, así como las estrategias discriminatorias desde las políticas de salud pública en el mundo; allí conocí a Desmond Tutu, que me abrazó y me recordó sonreír y bailar en tiempos difíciles para nunca perder la esperanza. Gracias a Pierre Schorri por acompañarme en la recepción del premio Olof Palme y por sentarme a desayunar por primera vez con Nelson Mandela, quien, en esa y otras ocasiones, pasó horas compartiendo consejos de cómo enfrentar la soledad propia de las rebeldes con causa.

A Ana Patricia Morales, Verónica Acacio, Cecilia Loría, Cecilia Lavalle, Celina Izquierdo, Priscila Sosa, Miren de Izaurieta, Betina Cetto y todas las mujeres que me acompañaron en la creación y fundación del refugio para mujeres CIAM Cancún, A. C. A lo largo de los años más de sesenta expertas y expertos en derechos humanos hicieron posible que CIAM Cancún se convirtiera en una institución sólida y ejemplar; les agradezco haber confiado en mis locuras y estrategias para enfrentarnos a las mafias del Estado, a los judiciales corruptos y a los agresores que mutilan la vida de mujeres, niñas y niños cada día. Nadie podrá negar nuestros logros.

A mis amistades del alma que me han acompañado entre risas, llantos y persecuciones: Marcela Zendejas, Fernando Espinosa, Rubén Olmos, Eduardo Suárez, Claudia Fronjosá, Adriana Varillas, Bapak Sau, Gabriela Jáuregui, Alberto Ruy Sánchez y Margarita de Orellana, Blanche Petrich, Javier Solórzano, Guillermo Arriaga, Juan Villoro, Emiliano Monge, Maruan Soto, Beto Tavira y Brando Alcauter, Elena Poniatowska, Rosa Montero, Catalina Botero, Roberto Saviano, Luz Estela Castro, Berta Navarro, Cristina del Valle, la cantante de Amistades Peligrosas y fundadora de la Plataforma de Artistas contra la Violencia, Dolores Pérez y en especial a Adriana Montalvo Aguilar, mi ángel de la guarda, la más profesional de las asistentes.

A quienes en Estados Unidos y España han hecho el exilio y nido de amor y amistad, una familia lejos del hogar: Kate del Castillo, Carmen Cervantes, Flor Keledjian, Stephanie Urdang, Iván Sánchez con Olivia, Jimena y Cuca, Eduardo Velazco, mi compañero insustituible; Alicia Luna, Isabel Coixet, Ceci Suárez, Issa Roemer, Roberta Lobeira, Alejandro Sanz, Bibiana

Aído, Carmen Calvo, Pilar del Río, Marta Herrero, Elia Galera, Lidia Sanjosé, Pablo Gil, Mariane Pearl, Lolita Bosch, Rosa Montero, Magis Iglesias, Belén Unzunzurraga, Miguel Lorente Acosta y María Stewart. A mi representante Ruth Franco. A mis cómplices en la aventura de exorcizar el pasado en el exilio: José Martret, Pedro Ayose, Marta Nieto, Marina Salas, Alicia Aguirre, Alessio Meloni, David Picazo, Sandra Vicente, Emilio Valenzuela, Juanfran García y Eva Paniagua.

A las y los abogados sin cuyo trabajo y enorme esfuerzo yo no estaría libre y viva: Alicia Elena Pérez Duarte, Leopoldo Maldonado y todo el equipo de Article 19, Aracely Andrade, Mario Patrón y en España a Cruz Sánchez de Lara. En especial Abraham "H" y Alberto Islas por tantas veces que su expertise en seguridad me ha salvado la vida y la de mis seres queridos.

Al doctor Víctor Valpuesta, que me salvó la vida, me enseñó a vivir desde la salud sin miedo a la enfermedad. Al doctor Jorge Barros que no me permite rendirme ante el dolor.

A mis agentes Andrea Montejo y Paula Canal, a mis editores Ariel Rosales y Andrés Ramírez. A mi exeditor, amigo y consejero invaluable Cristóbal Pera, quien leyó este manuscrito y me animó a seguir sin miedo.

Cartas de amor y rebeldía de Lydia Cacho
se terminó de imprimir en abril de 2022
en los talleres de
Impresora Tauro, S.A. de C.V.
Av. Año de Juárez 343, col. Granjas San Antonio,
Ciudad de México